손 종 흠   교 수 의

왕릉
역사
기행

KB179251

손 종 흠 교 수 의

왕릉
역사
기행

손종흠 지음

앨 Long Playing Book
로피

반쪽은 하늘에 걸리고, 반쪽은 땅에 잠긴
매개와 소통의 공간

무덤이란 반쪽은 하늘에 걸려 있고, 반쪽은 땅에 잠겨 있으면서 죽은 사람의 몸을 안장하는 공간이다. 무덤은 하늘과 땅, 인간과 신, 이승과 저승이라는 여섯 가지 의미를 품고 있으며, 이 세계들을 짝지어 연결시키는 매개체이면서 소통하게 하는 관문이 되기도 한다.

무덤은 둥근 모양 절반과 네모난 모양 절반이 위아래로 연결되어 겹쳐진 형태를 이루는데, 둥근 모양의 윗부분은 하늘―사람―이승과 연결되고, 네모난 모양의 아랫부분은 땅―신―저승과 연결되어 있다. 따라서 무덤의 형태는 서로 다르게 여겨지는 두 개의 세상과 두 개의 존재를 하나로 묶는다는 의미가 있다.

위를 향해 솟아서 하늘에 걸려 있는 봉분封墳은 이승에 사는 사람들에게는 기념물로서 표식이 되고 그것에 딸려 있는 여러 부속물들은 다양한 문화 현상을 만들어 낸다. 시신이 안치되는 아래쪽의 네모난 구덩이인 광중壙中은 신의 영역에 속하게 된 죽은 이의 이야기와 그의 혼백이 속하는 저승 세계의 사연들을 품으며 신성화되어 공경과 숭배의 대상이 된다.

이처럼 무덤은 이승과 저승, 신과 인간, 하늘과 땅이라는 양쪽 세계의 문화적 현상을 한 몸에 담고 있으면서, 어떤 방식으로든 우리에게 말을 걸어 와 다양한 형태의 문화현상을 만들어 내는 까닭에 매우 중요한 콘텐츠 소스가 된다. 특히 무덤의 주인이 살았을 때 많은 어려움을 겪다가 한을 품고 생을 마감한 경우, 이런 현상들이 한층 심화되고 널리 전파되는 경향을 띠게 되어 문화적 콘텐츠 소스로서의 가치가 더욱 커진다. 그러므로 무덤은 사람들이 살아가는 삶의 한 부분을 이루기도 하고, 훌륭한 문학적 소재로도 작용하며, 축제의 중심에 서기도 하면서 다양한 종류의 문화 현상을 생산해 냄과 동시에 수많은 사람들을 울리고 웃기면서 감동을 주는 하나의 예술이 되는 것이다.

무덤이 가지고 있는 콘텐츠 소스로서의 문화적 파급력은 당연히 평범한 일반인보다는 역사적으로 이름을 남긴 인물의 것이 크다. 그중에서도 군주의 무덤인 왕릉은 특히 중요한 의미를 가진다. 왜냐하면 한 나라에서 정치의 중심에 서 있을 수밖에 없었던 왕은 살아 있을 때는 말할 것도 없고, 죽은 후에도 다양한 측면에서 많은 사람들에게 큰 영향을 미치기 때문이다. 특히 삶과 죽음이 모두 한恨과 슬픔으로 점철된 왕의 경우, 그 파급력과 영향력이 더 커지면서 신격화되는 정도도 강해지는 경향을 보인다.

왕릉은 무덤의 규모가 매우 크고 화려할 뿐 아니라 그것을 구성하고 있는 부속의 장식물들 또한 그 시대의 사회적 특성을 종합적으로 반영하고 있어 문화적 의미가 깊다. 왕릉에는 한 인물의 삶과 죽음을 보여 주는 전기傳記, 민족적이면서도 정치적인 사건의 기록인 역사, 신화, 전설, 민담을 중심으로 하는 문학에서부터, 사회적 약속으로 행해지는 장묘葬墓와 제의

祭儀의 제도와 관습에 이르기까지 한 시대가 생산해 낸 사회문화적 현상들이 총망라되어 있기 때문에 왕릉은 가히 문화의 종합 콘텐츠라고 할 수 있다. 따라서 왕릉을 올바로 이해하고 그 문화적 의미를 제대로 알기 위해서는 해당 인물의 전기傳記, 그것과 얽혀 있는 정치적·역사적 사건들, 문학적으로 형상화하여 신화나 전설로 만들어진 다양한 종류의 이야기, 이와 관련된 노래, 문학작품의 증거물로 작용하는 다양한 형태의 유적과 유산 등에 대한 지식을 바탕으로 현장을 답사하는 것이 기본이라고 할 수 있다.

만주와 한반도를 중심으로 활동하면서 유구한 역사를 만들어 낸 우리 민족은 아주 오래전부터 풍부한 역사적 의미와 다양한 문화적 가치를 지니는 왕릉을 만들고 숭배하면서 지켜 왔다. 김수로왕릉과 박혁거세의 오릉 등을 위시하여 수천 년 전에 가야와 신라, 백제 등의 고대국가를 세웠던 건국의 시조始祖를 기리는 능陵에서부터 신라, 후백제, 고려, 조선 등 각 국가마다 최고 권력자로 군림했던 왕들의 능에 이르기까지 수많은 왕릉이 조성 및 보존되어 현재까지도 우리의 훌륭한 문화유산으로 이어지고 있다.

이 책에는 특히 물려받은 왕좌를 지키지 못하고 쫓겨났거나 죽임을 당한 군주부터, 한 왕조의 마지막 통치자가 될 수밖에 없었던 비운의 군주까지 뼈저린 한과 원통한 슬픔이 고스란히 깃들어 있는 왕릉이 다수 수록되었다. 해당 무덤의 사연을 미리 알고 그 전후 연관성을 이해한 다음 현장을 답사한다면, 무덤이 품고 있는 역사적 진실과 감성 그리고 감동을 새롭게 되새기는 계기가 될 것이다.

이러한 생각을 바탕으로 하여 이 책은 우리 왕릉의 올바른 이해에 필요한 정보를 최대한 제공하는 방향으로 구성하고 서술했음을 밝혀 둔다. 왕릉에 깃들어 있는 정보를 입체적이면서도 종합적으로 파악한다면, 이를 바탕으로 새로운 형태의 콘텐츠를 창조할 수 있을 것이다. 그러한 이해와 창조 작업에 조금이나마 보탬이 되기를 소망한다.

이 책을 세상에 내놓으면서 다시금 느끼는 것은, 세상일이란 혼자서 할 수 있는 것이 없다는 사실이다. 자료 사진을 확보하기 위해 왕릉 현장을 함께 답사하고, 거칠고 난해하기만 한 초고를 가다듬고 성심성의껏 교정하는 노고를 아끼지 않은 아내 박경희와 꼼꼼하면서도 체계적인 교정과 편집을 통해 흩어져 있던 정보와 자료를 한 권의 번듯한 책으로 묶어 준 출판사에 고개 숙여 감사드린다.

2016년 10월 죽계서실에서

손종흠

차례

머리말 반쪽은 하늘에 걸리고, 반쪽은 땅에 잠긴
          매개와 소통의 공간

1 **수로왕릉**首露王陵 │ 바다를 향한 거북왕의 마음

가야 여섯 왕을 불러낸 노래   18
북방계와 남방계가 섞인 건국신화   22
허황옥, 약속하고 만난 사이?   24
수로왕릉 제사에서 비롯된 성묘 풍습   29
일제가 '거북' 목을 자른 이유   35

2 **혁거세왕 오릉**五陵 │ 우물가에 떨어진 자주색 알이 품은 뜻

혁거세의 능일까, 박씨 왕가의 능일까   41
우물이 점지한 왕과 왕비   45
혁거세를 낳았다는 '사소' 여인의 정체   48
고대 천문기구였던 우물 '나정'   51
신라 · 고려 · 조선의 합작품, 오릉   55

3 **탈해왕릉**脫解王陵 │ 고대사 미스터리 품은 도래인

가야에 도착한 신라의 두 번째 시조   66
혁거세, 수로, 탈해의 연관성   72
"나는 대장장이 가문 사람이오"   75
처음 묻힌 '소천의 언덕'은 어디에   78

4 선덕여왕릉善德女王陵 | 도솔천에서 다시 태어나리!

죽을 날과 묻힐 곳 점지한 예지력　　　　89

"틀림없이 향기 없는 꽃일 것"　　　　　91

여근곡에 숨어든 백제 병사들　　　　　94

낭산은 신라 문화 유적의 보고　　　　 100

5 김춘추 무열왕릉武烈王陵 | 출중한 능력으로 '진골 천하'를 이루다

진골 연합 성사시킨 '문희의 꿈'　　　　109

고구려와 당 오간 '귀토설화' 주인공　　113

원효의 노래를 알아들은 지혜의 소유자　117

6 문무왕 수중릉水中陵 | 죽어서 동해 용이 되리

전쟁을 헤쳐 나간 준비된 태자　　　　　127

고구려·백제와 신라는 하나다　　　　　130

만파식적의 유래　　　　　　　　　　 133

수도검침원이 발견한 비석 조각　　　　137

7 헌강왕릉憲康王陵 | 기우는 국운을 되살리려 애썼으나

서로 즐기며 칭찬한 쇠망의 시기　　　　150

헌강왕이 등용한 용왕의 아들, 처용　　 153

신라가 절박하게 처용을 모신 까닭　　　157

56명의 신라 왕 중 문장이 가장 뛰어났으나　160

자연 붕괴된 무덤 안을 조사해 보니　　 163

8 **무령왕릉**武寧王陵 | 잊지 못할 '발굴'의 추억

동성왕의 아들인가, 개로왕의 아들인가   171
국제 해상왕국을 꿈꾸며   176
1971년의 왕릉 발굴 대참사   178
왕이 누운 '금송' 목관의 비밀   183

9 **무왕 쌍릉**雙陵 | 서동요, 백제의 마지막 불꽃

신라 공주를 꼬인 백제 남자   193
신라를 치고 당을 움직여 고구려 견제   197
정말 익산으로 도읍을 옮겼을까?   201

10 **의자왕릉**義慈王陵 | 부여 능산리에 있는 텅 빈 무덤

방탕한 폭군인가, 해동의 증자인가   211
용전에서 구리내–사근다리까지, 용의 전설   214
의자왕을 배신한 예식의 정체   218
백제 사람들이 울며 이별한 곳   222

11 **견훤왕릉**甄萱王陵 | 완산주가 보이는 곳에 묻어 주오

처녀가 임신한 지렁이 아들   231
신라와 고려를 상대로 한 40년간의 전쟁   235
맏아들을 응징하려 왕건에 항복하다   239
완산칠봉이 보이는 남남서향   242

12 경순왕릉敬順王陵 | 신라 도읍이 보이는 도라산 언덕에 서서

김─박─김, 신라 왕계가 바뀐 사연   249

'마의'태자의 반대에도 신라를 고려에 바치니   252

낙랑공주가 지어 준 '도라산都羅山' 암자   257

1973년 군사 지역에서 발견된 돌비석   261

천 년을 살아남은 경이로움   264

13 공양왕릉恭讓王陵 | 세 개의 능으로 남은 비운의 왕

임금이 되고 싶지 않았던 마지막 임금   273

함씨 형제의 본관을 가른 충심   276

삽살개가 지키는 고양 공양왕릉   281

14 태조 이성계 건원릉健元陵 | 500년 조선 왕릉의 표준

태조 묘를 벌초하지 않는 이유   291

4개의 공간, 2개의 영역   294

제향의 공간에서, 전이의 공간으로   298

혼백의 외유까지 고려한 능침 공간   302

엄격하고 촘촘한 사회체제의 상징물   309

15 문종 현릉顯陵 | 한 많은 세월 끝에 비로소 만나니

부부가 72년 만에 나란히 눕다   319

"내 집을 부수니 어디에 혼백을 붙일고"   324

중종 대까지 이어진 소릉 복권 운동   328

"나 때문에 고생이 많구나"   330

16 단종 장릉莊陵 | 죽어서 '대왕'으로 숭배받다

죽음과 매장에 얽힌 갖가지 이설異說　　337

사릉에서 옮겨 심은 소나무 한 그루　　342

불행한 임금, 태백산 산신령으로 거듭나다　　346

17 선조 목릉穆陵 | 문화적 융성기 '목릉성세'의 실체

사화에 이은 당파 싸움, 그리고 임진왜란　　359

파헤쳐지고 옮겨지고, 왕릉 수난사　　362

오랜 전란으로 엉성하게 만들어진 석물　　367

18 광해군묘光海君墓 | 죽음조차 강등된, 초라하기 짝이 없는

복권되지 못할 '천륜죄'의 빌미　　377

성공한 임금, 불행한 아들　　379

감시자들도 눈치 못 챈 고독한 죽음　　382

기본적인 능묘 구도조차 지키지 않은…　　386

1

바다를 향한 거북왕의 마음

수로왕릉

首露王陵

수로왕릉이 자리한 곳은 바다를 향하는 거북이 머리 앞부분에 해당한다. 김수로왕은 '거북의 머리'인 '구지봉龜旨峰'에서 태어났으니, 거북이 머리에서 태어나 거북이 머리에 잠든 셈이다. 강력한 해상 왕국 가야를 건설한 왕에게 어울리는 탄생과 죽음이라고 할까?

가야伽倻의 건국 시조인 김수로왕(?~199)을 모신 수로왕릉은 경상남도 김해시(김해시 가락로 93번길 26) 시내에 자리 잡고 있다. 수로왕릉이 자리한 곳은 '금거북이 고개를 숙이고 갯벌로 들어가는(金龜沒泥形) 지형 중 바다를 향하는 거북이 머리 앞부분에 해당한다. 김수로왕은 '거북의 머리'인 '구지봉龜旨峰'에서 하늘의 뜻을 받아 태어났으니, 거북이 머리에서 태어나 거북이 머리에 잠든 셈이다. 강력한 해상왕국 가야를 건설한 왕에게 어울리는 탄생과 죽음이라고 할까? 머나먼 인도에서 바닷길을 건너왔다는 수로왕의 아내 허황옥許黃玉은 구지봉의 왼쪽 산자락 거북의 심장 부분에 묻혀 있다.

수로왕과 거북의 인연은 언제, 어떻게 시작되었을까? 수로왕이 하늘에서 땅으로 내려온 순간부터 살펴보도록 하자.

가야 여섯 왕을 불러낸 노래

《삼국유사三國遺事》에 따르면 가야는 서기 42년경 고대국가의 모습을 갖추기 시작했다. '가락국駕洛國'으로도 불렸던 가야는 모두 여섯 개의 나라로 이루어졌으며, 그중 김수로왕이 통치한 금관가야가 지금의 김해 지역을 중심으로 해상무역 국가의 면모를 갖추며 맹주로 부상하였다. 김수로왕을 비롯한 가야 여섯 왕의 탄생설화는 다른 고대국가의 건국신화와 비슷한데, 한 가지 특이한 점이 있다. 여섯 '신인神人'이 하늘에서 땅으로 내려오는 탄강誕降(탄생) 과정에서 한 편의 노래가 결정적인 계기를 마련했다는 점이다.

노래는 인간의 뜻을 신이나 하늘에 전하는 핵심 수단의 하나였으므로 그 자체만으로 특이할 것은 없다. 그런데 유독 가야의 건국신화에만 노래를 불렀다는 내용이 등장하며, 또한 그 노래의 내용이 매우 특이하여 문화사적으로나 문학사적으로 대단히 중요한 의미를 지닌다. 《삼국유사》는 수로를 비롯한 여섯 신인의 탄생 과정을 이렇게 전하고 있다.

천지가 처음 열린 이후 한반도 남쪽 땅에 이름을 가진 국가가 아직 없을 때, '구간九干'(아도간我刀干 · 여도간汝刀干 · 피도간彼刀干 · 오도간五刀干 · 유천간留天干 · 신천간神天干 · 오천간五天干 · 신귀간神鬼干)으로 불리는 부족장들이 집단 지도체제 방식으로 백성들을 다스렸다. 가구는 대략 100호 단위였으며, 인구는 약 7만5천 명으로 대부분 마을 · 산 · 들 등에 흩어져 살며 우물을 파서 물을 마시고 논밭을 일구어 살았다. 그러던 어느 날(서기 42년, 후한後漢 광무제光武帝 재위 18년) 3월 3일(계락일禊洛日), 마을 북쪽의 돈

수로왕이 태어나고 잠든 구지봉

저 유명한 〈구지가〉가 불린 장소이기도 하다. 이 봉우리의 흙을 파서 뿌리면서 노래를
부르며 춤을 추니, 하늘에서 자색 줄이 내려왔다. 마치 조개를 엎어 놓은 것처럼 산봉
우리 모양이 둥글납작하다.

꾸러미(조개더미)를 엎어 놓은 것처럼 둥글납작한 산봉우리에서 이상한 소리가 들렸다.

사람들이 모여들었는데 산봉우리에서 모습은 보이지 않고 사람 소리 같은 것이 들렸다. 그 소리가 "여기에 사람이 있느냐?" 물었다. 구간 등이 말하기를 "저희들이 있습니다." 하였다. 소리가 다시 말하기를 "내가 있는 곳이 어디냐?" 하였다. 사람들이 "구지입니다."라고 하니, 다시 소리가 말하기를 "하늘이 나에게 명을 내려 이곳에 내려와 임금이 되어 새로운 나라를 세우라고 해서 이곳으로 오게 되었다. 너희들은 반드시 봉우리 흙을 파서 꼭대기에서 뿌리면서 이 노래를 불러라." 하였다.

거북아 거북아 머리를 내밀어라.　　　　　　龜何龜何, 首其現也.

내밀지 않으면 구워서 먹으리라.　　　　　若不現也, 燔灼而喫也.

바로 우리 역사에 현존하는 가장 오래된 고대가요 중 하나인 〈구지가龜旨歌〉이다. 그런데 신인神人의 탄생을 기원하는 의식에서 왜 하필 '거북'을 소재로 한 노래를 불렀을까? 거북은 오래 살고 죽지 않는다는 십장생十長生의 하나로서 예로부터 신령스런 존재로 여겨졌으므로, 거북처럼 오래 살고 신비한 힘을 지닌 존재를 기다리는 사람들의 바람이 담긴 노래라고 볼 수 있다.

거북 노래를 부른 이유는 또 있다. 거북의 머리를 뜻하는 '귀두龜頭'는 남성의 성기 끝부분을 가리키는 명칭이기도 하다. 그러니 거북을 불러낸 다음 머리를 내밀라고 요구하는 협박에 가까운 주문은, 생명의 잉태를 원하는 여성이 남성을 유혹하는 성적 의미를 강하게 드러내는 표현으로 볼 수 있다. 실제로 〈구지가〉에 등장하는 주요 단어는 거북(龜)·머리(首)·내밀음(現)·불(燔)·구움(灼)·먹음(喫) 등 성적 함의가 강한 말들이다. 그중 핵심은 '거북의 머리'와 '불로 굽는' 행위로, 거북의 머리가 성적 의미를 담고 있음은 뒤에 이어지는 불로 구워 먹겠다는 대목에서 더욱 분명해진다.

왜 불인가? 고대의 신화나 무가巫歌, 민요 등에서 '불'은 여성을 의미한다. 불은 모든 사물을 태워 없앤 다음 새로운 차원의 사물 현상을 만들어 낸다는 점에서, 씨앗 형태의 생명을 잉태하여 자궁에서 완전히 새로운 형태의 생명체로 키워 내는 여성과 본질적으로 통한다. 이처럼 새로운 생명이나 사물 현상을 만들어 내는 불을 여성의 성기로 볼 때, 굽는다는 것은 거북의 머리를 그 속에 넣는 것을 비유적으로 표현한 것으로 해석할 수 있다. 날것에 열을 가하여 익힘으로써 쉽게 먹을 수 있게 하는 '굽는(灼)' 행위는 생명의 잉태를 전제로 한 남녀의 성행위와 연결된다.

'먹는다(喫)'는 행위도 일정한 형태의 사물을 다른 형태로 전환시키는 것(먹는 행위를 통해 사물이 전혀 다른 형태의 에너지로 바뀜)을 의미하는 말로서 새로운 생명을 잉태하는 성행위와 연결된다. 곧, 〈구지가〉는 신성한 생명을 잉태하려는 사람(여성)을 화자로 하고 있으며, 오래전부터 이 지역 여성들이 부르던 구전민요가 유입되어 가야의 건국신화와 결합했다고 볼 수 있다.

고래로부터 노래는 두 가지 기능을 수행해 왔다. 하나는 인간의 뜻을 신에게 전달하는 것이고, 다른 하나는 인간이나 다른 존재의 마음을 움직여 행동하게 하는 주술 기능이다. 김수로왕을 비롯한 여섯 신인의 탄생 과정에서 불린 〈구지가〉 역시 신성한 인물을 보내 달라는 인간의 바람을 하늘에 전하고, 생명을 잉태하려는 여성의 성적 욕구를 표출하고 있다는 점에서 두 가지 기능을 모두 수행하고 있다.

성적 욕구는 새로운 생명을 잉태하는 행동을 수반한다. 〈구지가〉는 신에게 기원하는 동시에 신령한 인물을 하늘에서 내려오게 하려는 여성의 성적 욕구를 표현하고, 노래를 통해 결국 그 뜻을 이루었다는 점에서 매우 흥미롭다. 그렇다면 이 노래를 부른 사람들은 원하는 것을 얻었을까?

북방계와 남방계가 섞인 건국신화

구간 등이 그 소리를 좇아 모두 함께 노래를 부르며 춤을 추자, 하늘에서 자색 줄(紫繩)이 내려와 땅에 닿았고, 줄이 닿은 땅의 아래 부분을 파 보니 붉은 보자기에 싸여 있는 누런색 상자가 나왔다. 상자 안에는 황금색의 알 여섯 개가 있었는데 둥근 모양이 마치 해와 같았다.

사람들이 놀라고 기뻐하여 모두 엎드려 수없이 절을 하였다. 그런 다음 다시 알을 보자기에 싸서 품에 안고 아도간의 집으로 가서 탁자 위에 모셔 놓고 각자 흩어져 집으로 돌아갔다. 그로부터 12일 뒤 여섯 개의 알이 모두 어린아이로 바뀌었는데 용모가 매우 뛰어났다. 마침내 모셔다가 평상에 앉히고 모든 사람들이 숭배하면서 축하를 드렸다.

여섯 아이들은 하루가 다르게 성장하여 10여 일이 지나자 키가 9척(270센티미터)이나 되었고(상나라 탕왕湯王의 용모), 얼굴은 용처럼 생겼고(한고

조漢高祖의 용모), 눈썹은 여덟 가지 색깔을 가졌고(요왕堯王의 용모), 눈동자는 겹으로 되어 있는(순왕舜王의 용모) 모습이 되었다. 이들이 그달 보름에 왕위에 오르고 나라를 세우니, 맨 먼저 세상에 나타난 사람의 이름을 '수로首露'라 하고 나라의 이름은 '대가락大駕洛'(혹은 가야국伽耶國)이라 불렀다. 나머지 다섯 명도 각각 다섯 가야의 왕이 되었다.

이 이야기에서 눈여겨볼 것은, 김수로왕이 알의 모습으로 태어나 인간으로 다시 부화하는 '이중 탄생'의 과정을 거친다는 점이다. 하늘의 기운을 받아 알의 형태로 땅에 내려와 인간으로 다시 태어나는 형태의 이야기는 거대한 하늘을 통해 신을 이야기하는 '매크로macro 신화' 범주에 들어가는 북방계 건국신화의 전형적인 형태다. 가야의 건국신화는 이러한 이야기 구조를 갖고 있으면서 조금 다른 성격도 지니고 있다. 알의 형태로 태어나기는 했지만 그것이 하늘에서 직접 내려온 것이 아니라 하늘에서 내려온

구지봉의 자연석 알
알 모양으로 된 둥근 자연석이라는 점으로 볼 때 하늘에서 내려와 구지봉에 묻힌 알을 상징하는 것으로 추정된다.

줄이 닿은 곳에서 금색 상자가 나오고 그 속에 알이 들어 있었다. 이처럼 땅에서 나온 신인이 인간 세상의 지도자(군주)가 되는 이야기는 땅과 관련된 '마이크로micro 신화'의 범주에 들어가는 남방계 건국신화의 전형적인 모습이다.

가야의 건국신화는 북방계 신화와 남방계 신화가 섞여 있되, 마이크로 신화의 성격이 더 두드러진다. 가야의 건국신화가 이처럼 남방계 신화의 성격을 강하게 띠고 있는 것은 김수로왕과 가야 지배 세력이 남방에서 이주해 왔다는 주장의 근거가 된다. 이는 신라의 건국 시조 중 한 사람인 석탈해昔脫解와 김수로왕의 도술 시합(《삼국유사》〈가락국기〉), 김수로왕과 허황옥의 만남에서도 확인할 수 있다.

허황옥, 약속하고 만난 사이?

김수로왕이 즉위한 지 6년째 되던 해에 신하들이 말하기를, "대왕이 이 땅에 오신 뒤로 아직 배필을 정하지 못했으니 안타깝습니다. 원하건대 처녀들 중에서 좋은 사람을 골라 아내로 삼으소서." 했다. 왕이 말하기를 "내가 이곳에 와서 왕이 된 것도 하늘의 뜻이었으니 왕비도 하늘의 뜻에 따라 자연스럽게 맺어질 것이다. 그대들은 염려하지 않아도 된다."고 했다. 그런 다음 왕은 유천간에게 명을 내려 빠른 매와 말을 준비하여 김해의 남쪽 바닷가에 있는 '망산도望山島'에 가서 기다리도록 하고, 신귀간에게는 '승점乘點'에 가서 대기하도록 하였다.

갑자기 서남쪽 바다에서 붉은 깃발을 단 배가 북쪽을 향해 오는 것이 보였다. 유천간이 망산도에서 횃불로 신호를 하니 배가 점점 가까이 와서 돛대를 내렸다. 손님을 맞이하는 예를 갖추어 궁궐로 모시려 하자, 배의 주인인 젊은 처녀가 말하기를 "나와 너희들은 처음 보는 사이인데 어찌 경솔하게 너희들을 따라가겠느냐?" 하였다. 당돌한 이 처녀가 바로 수로의 왕비가 될 허황옥이었다.

신하들에게 이 말을 들은 수로왕은 대궐 밖 서남쪽에 휘장을 쳐 숙소를 마련하고 기다렸다. 허황옥은 그제야 안심하고 별포別浦 나루에 배를 대고 육지에 올라 높은 언덕에서 비단바지를 벗어 산신령에게 제사를 지냈

김해 남쪽 바다. 진해시 용원동에 있는 망산도비
'望山島'라는 글자가 선명하다. 아유타국 공주 허황옥의 배가 닻을 내린 곳이다.

다. 이 고개를 '비단고개'(능현綾峴)라고 한다. 허황옥은 왕을 만나기 위해 비단고개에서 '두동'이란 마을로 넘어갔다. 이곳은 지금도 '공주고개'라고 불린다.

수로왕과 만난 공주가 말하기를 "저는 원래 아유타국의 공주인데, 성은 허이고 이름은 황옥이며, 나이는 열여섯입니다. 올해 5월 부왕의 꿈에 옥황상제가 나타나 말씀하시기를 '가락국왕은 하늘이 보낸 신령한 사람이니 공주를 보내 배필을 삼게 하라'고 하셨답니다. 그 지시대로 부모님의 명을 받들어 제가 본국을 떠나 멀고 먼 바다를 건너 이제야 대왕의 용안을 뵙게 되었습니다." 하였다. 왕이 대답하기를 "나는 태어날 때부터 신성하여 공주가 올 것을 미리 알고 있었습니다. 이제 우리 두 사람이 만났으니 모두 하늘의 뜻입니다." 하고 이틀 밤과 하루 낮을 함께 보낸 후 궁궐로 돌아와 허황옥을 곧바로 왕후로 삼았다.

수로왕은 배필이 될 사람이 찾아올 날짜와 시간을 어떻게 정확히 알고 있었을까? 설화로 정착하면서 가미된 신화적 측면을 걷어 내고 본다면 두 사람은 장래를 약속한 상태, 곧 수로왕이 연락을 하면 어느 날, 어느 장소에서 만나기로 미리 약속해 놓았을 가능성이 크다. 그리고 두 사람의 만남이 약속된 것이었다면, 김수로왕도 남쪽 바다 어디에서 한반도로 이주해 온 '도래인渡來人'이라고 볼 수 있다.

바다에서 건너온 석탈해가 수로왕에게 왕위를 내놓으라고 요구하여 도술 시합을 벌였다는 이야기도 이를 뒷받침한다. 석탈해는 수로가 가야의 왕이 되었다는 사실을 어떻게 알고 무작정 찾아와 무력시위를 하며 왕위를 양보하라고 요구했을까? 수로왕과 석탈해는 같은 지역에서 온 존재로서 서로 경쟁 관계였으며, 김수로·석탈해·허황옥 세 사람은 같은 민족, 같은 지역 사람이었을 가능성도 충분하다.

목숨을 건 긴 여정 끝에 이루어진 만남이라는 애틋한 사연이 사람들의 마음을 움직였기 때문인지, 두 사람이 만나 부부의 연을 맺기까지의 여러 흔적들은 수천 년이 지난 지금까지도 김해 곳곳에 지명으로 남아 전하고 있다. 다만 비단고개(능현)에서 제사를 지내고 두동(공주고개)을 거쳐 명월사 뒷산을 넘어온 허황옥이 김수로왕과 초야를 보낸 곳(왕홍사)은 확인할 수 없어 아쉬움으로 남는다. 《삼국유사》에는 수로왕의 8대손인 김질왕金叱王이 452년에 왕과 왕비가 혼인한 곳에 절을 짓고 '왕후사王后寺'라고 이름 붙였다고 하는데, 고려시대에 절이 없어져 그 위치를 확인할 수 없다. 17세기에 만들어진 것으로 추정되는 '명월사사적비明月寺事蹟碑'에 흥국사興國寺(부산시 강서구 지사동) 자리가 왕과 왕비가 초야를 보낸 장소라고 씌어 있으나, 왕후사가 지금의 흥국사 자리에 있었는지는 알 수 없다.

왕후를 맞이하여 가정을 이룸으로써 왕실을 안정시킨 수로왕은 나라의 기틀을 다지는 데 온 힘을 쏟았다. 시대에 뒤떨어진 관직 명칭과 정부 조직을 새롭게 정비하여 왕권국가로서 체계를 갖추었으며, 나라를 다스리는 데 백성을 아들처럼 사랑하여 가르치고 기르는 것에 위엄이 있고, 정사를 처리하는 데 조리가 있으니 모든 백성들이 존경하여 따르지 않는 사람이 없었다고 전한다. 허황옥과 김수로왕은 열 명의 자식을 낳았는데, 그중 아들 둘은 허황옥의 성을 따르도록 하여 허씨 성이 생겨났고, 이런 까닭에 김해 김씨와 김해 허씨는 혼인을 하지 않는 풍습이 생겨났다는 것은 잘 알려진 이야기다.

《삼국유사》에 따르면, 허황옥은 189년 157세의 나이로 세상을 떠났다. 온 나라 백성들이 정신을 잃을 정도로 슬퍼하며 성대하게 장례를 치렀으며, 능은 구지봉의 동쪽이면서 김해의 진산鎭山(각 고을에서 제사를 올리던 산)인 분산盆山의 서쪽 기슭 언덕에 만들었다. 구지봉을 거북의 머리로 보면 몸뚱이가 바로 분산이 되는데, 그중에서도 거북의 심장에 해당하는 곳에 능이 자리 잡고 있으니 허황옥은 살아서나 죽어서나 수로왕의 품에 안겨 있게 된 셈이다.

왕비가 세상을 떠난 후 수로왕은 외로운 베개에 의지하여 탄식하다가 11년 뒤인 199년 3월 23일 158세의 나이로 세상을 떠났다. 온 나라 백성들

구지봉 동쪽, 김해 분산의 서쪽 기슭에 자리한 허황후릉
이 자리가 거북의 몽뚱이, 그중에서도 심장 자리다.

이 하느님을 잃은 듯 슬퍼하니, 그 비통함이 왕후가 세상을 떠났을 때보다 훨씬 더했다고 한다. 왕이 머물렀던 대궐의 동북쪽 평지에 높이 3미터, 둘레 22미터에 이르는 무덤을 갖춘 묘역을 만들어 장례를 치르고 수로왕릉이라고 하였다.

수로왕이 하늘에서 내려와 사람으로 태어난 장소인 구지봉을 중심으로 놓고 볼 때, 수로왕릉은 거북의 머리가 바다 쪽을 향하는 남쪽 방향 평지에 자리 잡고 있어서 바다로 뻗어 가는 강력한 해상왕국을 건설하겠다는 수로왕의 기상을 반영하고 있는 듯하다.

수로왕릉 제사에서 비롯된 성묘 풍습

수로왕릉을 답사하려면 왕후릉과 함께 둘러볼 것을 권한다. 구지봉으로 올라가는 길목인 가락로駕洛路에서 동북쪽을 바라보면, 남동 방향에 있는 수로왕릉을 내려다볼 수 있는 언덕배기 산기슭에 함초롬히 자리하고 있는 왕후릉이 눈에 들어온다. 능陵이나 사당(廟), 궁전, 관아 등의 초입에 세워 공간을 구별하는 표지 역할을 하는 홍살문紅箭門을 지나면 왕후릉의 정문인 구남문龜南門을 만나게 된다. 능이나 사당 등의 모든 정문은 네 개의 기둥, 세 개의 문으로 되어 있는데, 오른쪽 문으로 들어가서 왼쪽 문으로 나오는 것이 원칙이다. 가운데 문은 무덤이나 사당의 주인인 신神이 드나드는 문으로서 평소에는 닫혀 있다.

구남문을 지나면 정면에 아담한 왕후릉이 보이고, 올라가는 길 중간 오른쪽에 표지석이 눈에 띈다. 표지석에는 '수로왕보주태후허씨릉首露王普州太后許氏陵'이라고 적혀 있다. '보주태후普州太后'는 허황옥의 시호諡號인데, '보주'라는 곳은 중국 사천성 안악현 지역의 옛 지명이어서 아유타국(인도 혹은 중국에 있었을 것으로 추정)의 공주였던 허황옥이 난리를 피해 중국의 보주 땅으로 이주했다가 가야로 왔을 가능성이 점쳐지고 있지만, 이를 뒷받침할 만한 증거는 없다.

표지석과 함께 허황후릉에서 눈여겨봐야 할 것은 능 한 켠에 소박하게 서 있는 '파사석탑婆娑石塔'이다. 허황옥이 바다를 건너올 때 바다신의 노여움을 가라앉히고 안전한 항해를 기원하려고 고국에서 가져온 돌로 만들었다는 탑이다. 붉은색 돌을 5층으로 쌓아 올린 형태이며, 각 돌에는 기이한 형태의 조각이 새겨져 있다.

《삼국유사》에서는 파사석탑의 재질이 매우 특이하여 우리나라에서 나는 돌이 아니라고 하였고, 일반 돌과 다른 점을 확인하려고 닭 벼슬의 피를 발라 시험해 보았더니 다른 돌은 모두 물기가 말랐으나 파사석탑에 바른 피는 물기가 전혀 마르지 않았다

파사석탑(진풍탑)
아유타국 공주 허황옥이 고국에서 가져온 돌로 만들었다고 한다. 우리나라에선 보기 어려운 재질의 돌로 되어 있다.

고 했다. 이러한 내용은 중국 본초학 서적인《신농본초神農本草》에도 기록되어 있다.

이 탑은 원래 김해 시내에 있던 호계사虎溪寺에 세워져 있었는데, 19세기 후반인 1873년 사찰이 없어지게 되자 당시 김해부사였던 정현석鄭顯奭이 '이 탑은 허황후께서 아유타국에서 가져온 것이니 황후릉 곁에 두어야 한다'고 하여 옮겨 놓은 것으로 기록되어 있다(《신증동국여지승람新增東國輿地勝覽》〈김해도호부金海都護府〉'고적古蹟').

거센 파도를 진정시켜 주는 영험한 힘이 있다고 하여 '진풍탑鎭風塔'으로도 불리는 이 탑은, 오랜 세월 방치된 탓에 몸체를 이루고 있는 석재 옆면의 조각들이 원래의 모습을 잃고 흔적만 남아 있어서 보고 있노라면 안타까운 마음이 든다. 그래도 설화 속 탑이 수천 년의 시간을 묵묵히 견뎌 내고 지금까지 남아 왕과 왕비의 만남을 증언하고 있으니 놀랍다고나 할까?

신비한 사연을 품고 있는 왕후릉을 나와 가락로를 따라 남쪽으로 1.1킬로미터 정도 걷다가 오른쪽으로 꺾어 다시 300미터 정도를 가면 수로왕릉 입구에 닿는다. 수로왕릉은 2천 년의 세월이 흘렀는데도 비교적 원형이 잘 보존되어 있다. 이는 가야가 멸망한 뒤에도 후손들이 제사를 모실 수 있도록 신라 왕실에서 배려한 덕택일 텐데, 신라 말기에는 나라가 어지러워지면서 수로왕릉도 수난을 겪었다.

'영규'라는 자가 수로왕의 사당을 빼앗아 음란한 짓을 하려다가 대들보가 무너지는 바람에 죽고, 그 아들 준필이 그곳에서 아버지를 제사 지내려다가 미쳐서 그날 밤에 죽으니, 하늘이 낸 신인을 욕되게 한 죄를 받은 것이라고 하였다. 또한 수로왕 사당에 금은보화가 있다는 소문이 돌아 도적들이 여러 번 침입했는데, 한번은 갑옷을 입은 장군이 나타나 활을 쏴서 도적을 죽이고, 며칠 뒤 또 도적이 침입했을 때는 길이가 10미터가 넘는 큰 뱀이 나타나 8, 9명을 물어 죽이니 그 뒤로는 누구도 감히 침입할 엄두를 내지 못하였다고 한다.

고려 때에 이르러서는 김해의 조문선趙文善이란 사람이 왕릉에 딸린 토지를 농민들에게 나누어 준다고 거짓으로 나라에 고하고 몰래 자기 것으로 만들어 착복하려 했다. 일이 거의 성사될 즈음 조문선이 몹시 피곤하여 집에 가서 잠을 잤는데, 꿈에 귀신 무리가 나타나 말하기를 "네가 큰 잘못이 있으니 죽이겠다." 하였다. 놀라 잠에서 깬 조문선이 무섭고 두려워 그날 밤 멀리 도망을 가려 했으나 미처 관문을 나가지 못한 채 죽었다고 한다. 수로왕의 신령함과 영험함이 이처럼 대단했다. 조선시대 이수광李晬光이 지은 《지봉유설芝峯類說》의 기록을 보자.

1580년 영남 관찰사를 하던 허엽許曄이 수로왕의 묘를 대대적으로 보수하였다고 한다. 그 후 13년이 지난 뒤인 1592년에 왜인倭人이 수로왕의 능을 파헤쳤는데, 관(광중壙中)이 매우 넓었고, 두골은 크기가 구리동이(동분銅盆)만 하며 손발과 무릎 아래쪽을 지지하는 다리뼈의 바깥쪽에 있는 뼈(경골脛骨)가 매우 컸다. 관 옆에는 스무 살가량으로 보이는 두 미인이 있었는데, 얼굴빛이 산 사람과 같았다. 무덤 밖에 내어 놓으니 햇빛을 보자 곧 녹아 버렸다. 이는 대개 당시에 순장殉葬한 사람인 것으로 보인다. 왜인들이 물러간 뒤 나라 사람들이 모두 힘을 합쳐 왕릉을 다시 봉축하였다.

그리고 55년이 지난 뒤 영남 순찰사 허적許積이 묘를 다시 수리(증수增修)하고 묘비를 세워 '가락국군 수로왕묘駕洛國君首露王墓'라고 했다. 조선시대까지만 해도 왕릉이 있는 곳은 평지이면서 사방이 모두 낮은 논으로 되어 있었지만 아무리 큰 장마에도 왕릉 주위 10보 안에는 절대로 물이 고이지 않았으며, 그리 높지 않은 봉분의 풀도 말라 죽는 일이 없어서 그 지역 사람들이 모두 이상한 일이라 여겼다고 한다.

수로왕릉은 가야가 멸망한 뒤에도 신라, 고려, 조선의 세 왕조를 거치면

수로왕릉 입구에 서 있는 가락루
현재의 모습은 18세기에 갖추어져 문과 건물, 조각 등이 모두 조선시대 건축양식을 따르고 있다.

서 영험하고 신령스런 증험을 보인 덕에 매년 정월(맹춘孟春) 3·7일과 단오와 추석, 나중에는 동짓날에도 큰 제사를 지냈다고 기록되어 있다. 추석 때 묘소를 찾아서 성묘를 하는 풍습은 중국 등 다른 나라에는 없는 우리 고유의 풍속인데, 수로왕릉에 제사를 지낸 것에서 비롯되었다고 한다.

수로왕릉은 2천 년의 세월 동안 시대 변화에 따라 능묘의 모습도 변했을 것으로 추정되는데, 현재의 왕릉은 조선시대 묘제墓制를 갖추고 있다. 능의 정문인 숭화문崇化門을 들어서면 신성한 공간임을 알리는 홍살문이 정면에 우뚝 솟아 있고, 홍살문을 지나면 2층으로 되어 있어 아래로 사람이 드나들 수 있도록 만든 가락루駕洛樓가 나온다.

가락루 문을 들어서면 제향祭享을 모시는 데 필요한 부속 건물들과 신도비神道碑 등이 눈에 들어온다. 가락루에서 능을 바라볼 때 정면에는 '납릉정문納陵正門'과 시생대豕牲臺가 자리하고 있고, 왼쪽 방향에 이곳이 수로왕릉임을 알리는 신도비가 서 있으며, 오른쪽에는 왕과 왕비의 영정을 모신 숭정각崇幀閣이 자리하고 있다.

숭정각 오른편 문으로 들어가면 조선시대 종묘에 해당하는 것으로, 춘추대제를 지내기 위해 수로왕과 역대 가야 왕들의 위패를 모신 숭선전崇善殿과 숭안전崇安殿 등이 나온다. 숭화문·가락루를 비롯한 모든 부속 건물은 조선 후기인 18세기 무렵부터 갖추어지기 시작했다.

납릉정문 바로 앞에 놓인 시생대는 제향에 쓸 돼지를 잡는 의식을 행하던 곳으로 사각형의 화강암으로 되어 있다. 이것 역시 조선시대 제례에서 비롯된 유적이다. 납릉정문을 들어서면 곧바로 수로왕릉을 마주하게 되는데, 평지에 자리 잡은 왕릉은 돌이나 다른 장식물이 전혀 없이 흙으로 쌓아 올린 봉분으로만 되어 있어 깔끔하고 단정한 느낌을 준다. 주변에 무덤을 호위하는 문인석·무인석·양마석 등의 장식물 역시 모두 조선시대에 만들어진 것이다.

일제가 '거북' 목을 자른 이유

조선시대 묘제에 따라 조성된 수로왕릉에서 특별히 눈에 띄는 것은, 왕릉 앞에 세워진 '납릉정문'이다. 수로왕릉의 정문을 왜 '납릉정문'이라고 했

수로왕릉의 출입문인 납릉정문과 시생대
납릉의 '납'은 자라처럼 생긴 물고기로, 거북과 물고기 등 해양생물과 수로왕은 깊은
연관이 있다.

문설주 아래쪽에 그려져 있다.
역시 해양생물, 바다 건너온 도
래인의 흔적이다.

을까? '납릉納陵'은 수로왕릉의
별칭이다. '수로왕릉'은 '납릉' 혹
은 '수릉首陵'으로도 불린다. 납릉
의 '납納'은 '납魶'과 같은 뜻의 글
자이다. '납魶'은 자라와 비슷하게
생겼는데 딱딱한 등딱지가 없는
(似鰲無甲) 물고기다. 수로왕은 탄
강신화에서도 알 수 있듯 거북을
비롯한 바다 생명체와 깊은 관련
을 가진 존재였으므로, 그 성격을
드러내고자 납릉이란 명칭을 붙

인 것으로 보인다. '수릉'이란 이름은 금합에 싸여 땅속에서 나온 여섯 개
의 알 중 가장 먼저 머리를 내밀고 세상으로 나왔다 하여 붙여진 '수로왕'
의 호를 따서 붙인 이름이다. 두 개의 이름 중 특히 '납릉'은 고대국가 가야
의 성격을 상징적으로 보여 주는 명칭으로 여겨진다.

'납릉정문'은 조선시대에 지어진 건물답게 3문 형식으로 되어 있다. 중
앙 문설주 위에 납릉정문이라고 씌어진 팻말이 있고, 양쪽 문설주 위에는
다른 묘역에서는 볼 수 없는 특이한 문양의 조각과 그림이 그려져 있다.
문양은 두 부분으로 나뉜다. 위쪽 문양은 코끼리 모양을 도형 형태로 조각
한 것 같은데, 어떤 의미를 담고 있는지 짐작하기 어려울 만큼 난해하다.
아래쪽에는 푸른색 반원 중앙에 흰색 탑이 그려져 있고, 탑 양쪽에 흰색 물
고기 두 마리가 탑을 마주 보고 있다.

이 문양이 의미하는 것은 무엇일까? 그림 중앙의 탑은 허황옥이 바다 신의 노여움을 가라앉히고 안전한 항해를 위해 인도에서 가져왔다는 파사석탑이고, 두 마리의 물고기는 아유타국에서 신성神性의 상징으로 쓰이는 쌍어문雙魚紋, 혹은 신어상神魚象 그림이라는 것이 일반적인 해석이다. 그러나 여전히 의문점이 남는다. '탑'은 불교와 밀접한 관련이 있는 형상이어서, 납릉정문의 탑 그림이 꼭 파사석탑을 그린 것이라고 단정할 수 없다. 두 마리의 물고기 그림 역시 아유타국만의 상징이라고 단정하기 어려우며, 쌍어문이 아유타국의 상징이라 하더라도 그것을 군이 수로왕릉 정문에 그린 이유를 설명할 수 없다. 게다가 납릉정문을 비롯한 부속 건물들이 조선 후기에 건립된 것이므로, 능을 조성할 당시 모습을 고스란히 재현했다는 보장도 없다.

신어문과 탑 모양 그림은 '납릉'이란 명칭과 관련하여 해석하는 것이 타당할 듯하다. 수로왕이 바다를 건너온 인물일 가능성이 크고 거북 등의 해양생물과 관련이 깊은 존재여서 왕릉의 별칭을 '납릉'으로 정한 것으로 추정되므로, 납릉정문에 있는 도형과 그림 역시 수로왕을 비롯한 도래인의 흔적이자 그와 관련된 문화적 현상으로 이해하는 것이다.

사실, 수로왕과 허황옥을 둘러싼 이야기는 많은 부분이 신화의 영역으로 남아 있어서 역사적 사실로서 규명하기 어려운 부분이 많다. 하지만 그렇다고 해서 가야를 비롯한 고대국가의 신화와 설화, 그리고 그 유적들이 우리 현실과 동떨어진 옛날이야기로만 머무는 것은 아니다. 일제강점기 일본은 가야 건국과 관련된 수로왕의 흔적을 애써 지우고자 했다. 가야가 일본의 식민지였다고 주장하는 일본인들은, 구지봉의 신성한 맥을 끊어

버리려고 거북의 목에 해당하는 부분을 잘라서 길을 만들기도 했다. 일본 제국주의가 물러가고 45년이나 지난 1990년에 와서야 흙을 덮어 끊어진 맥을 불완전하게나마 이었으니 참으로 기가 막힌 사연이 아닌가.

2
우물가에 떨어진 자주색 알이 품은 뜻

혁거세왕
오릉
五陵

혁거세가 죽어 하늘로 올라가고 7일이
지난 뒤 유해遺骸가 다섯 개로 나누어져
떨어졌다. 신하들과 백성들이 나누어진
유해를 합하여 장사를 지내려고 하자 난
데없이 어디선가 큰 뱀이 나와 사람들을
쫓아다니면서 유해를 합치지 못하도록
훼방을 놓았다. 그리하여 어쩔 수 없이
다섯 개로 나누어진 시신을 각각 장사
지냈고, 그 결과 봉분이 다섯 개인 '오릉'
이 만들어졌다.

경부고속도로 경주 나들목에서 빠져나와 경주 시내로 연결되는 길로 접어들면 다섯 개의 봉분이 옹기종기 모여 있는 왕릉(경주시 탑동 67번지)을 만날 수 있다. 다섯 개의 능이 모여 있어서 이름 또한 '오릉五陵'이다. 왕릉은 그 위엄을 드러내고자 봉분을 크고 높게 돋우며 독립적으로 조성하는 것이 보통인데, 다섯 개의 무덤이 어울려 있는 모습이 꽤 특이하다. 신라 최초의 왕인 박혁거세朴赫居世(재위 기원전 57~서기 4)를 모신 오릉은 왜 다섯 개로 나누어져 있는 것일까?

혁거세의 능일까, 박씨 왕가의 능일까

《삼국유사》에 기록된 오릉의 조성 배경은 이렇다. 혁거세가 죽어 하늘로 올라가고 7일이 지난 뒤 유해遺骸가 다섯 개로 나누어져 떨어졌다. 신기하게도 왕의 유해가 하늘에서 떨어지는 날 왕후도 세상을 떠났다. 신하들과 백성들이 나누어진 유해를 합하여 장사를 지내려고 하자 난데없이 어디선가 큰 뱀이 나와 사람들을 쫓아다니면서 유해를 합치지 못하도록 훼방을 놓았다. 그리하여 어쩔 수 없이 다섯 개로 나누어진 시신을 각각 장사 지냈고, 그 결과 봉분이 다섯 개인 '오릉'이 만들어졌다. 오릉은 뱀이 훼방을 놓아 다섯 개의 능이 만들어졌다고 하여 '사릉蛇陵'이라고도 불린다.

여기까지가 《삼국유사》의 설명인데, 김부식金富軾이 쓴 《삼국사기》의

경주시 탑동에 있는 다섯 개의 능묘, 오릉
그런데 《삼국유사》와 《삼국사기》의 기록이 판이하다. 과연 혁거세의 다섯 유해를 모셨을까, 아니면 혁거세 부부를 비롯한 박씨 왕가의 능묘일까.

서술은 조금 다르다. 《삼국사기》는 오릉이 박혁거세, 알영閼英 왕비, 남해 차차웅南解次次雄(남해왕南解王), 유리이사금儒理尼師今(유리왕儒理王), 파사이사금婆娑尼師今(파사왕婆娑王)을 모신 무덤으로 박씨 왕가의 초기 능묘라고 기록하고 있다. 둘 중 어느 쪽이 진실일까? 안타깝게도 현재로서는 확인할 방법이 없다.

죽은 뒤 유해가 다섯 개로 나뉘어지고 뱀이 쫓아다니며 훼방을 놓았다는 《삼국유사》의 이야기보다는 《삼국사기》의 설명이 좀 더 현실적으로 보이지만, 알에서 태어나 신라의 건국 시조가 된 혁거세의 신비로운 탄생 설화에는 《삼국유사》의 서술이 더 어울리는 듯하다.

'왕릉'은 역사적 사실과 설화적 상상력이 결합되어 있는 독특한 공간이다. 죽은 이의 시신을 모시는 장소인 동시에, 무덤 주인의 출생부터 사망

에 이르기까지 전 생애는 물론이고 무덤이 조성된 때로부터 현재에 이르기까지 수천 년의 시간 동안 민족의 역사와 문화가 켜켜이 쌓인 공간이기 때문이다.

신라의 건국 시조였던 혁거세와 그의 부인 알영과 관련된 유적들은 시대적 필요에 의해 신비화되면서 새로운 이야기들이 덧붙여지거나 불필요한 것은 덜어 내는 과정을 겪었던 것으로 보인다. 그런 까닭에 역사적 사실을 파악하는 데에는 다소 어려움이 있지만, 수천 년 전 조성된 왕릉이 오랜 시간의 풍파를 견디면서 살아남아 지금 우리에게 많은 이야기를 들려주고 있다는 것만으로도 놀랍고 고마운 일이 아닐 수 없다. 특히 혁거세왕은 오릉 외에도 관련 유적들이 경주 곳곳에 남아 있어서 탄생과 성장, 왕위에 오르는 과정, 알영 왕비와의 관계 등 많은 이야기를 전해 주고 있다. 이런 이야기와 함께 혁거세와 알영이 탄강한 장소에서부터 묻혀 있는 왕릉까지 함께 답사해 본다면 지금까지는 느낄 수 없었던 색다른 경험을 하게 될 것이다.

잘 알려진 대로, 신라의 건국 시조는 박혁거세, 석탈해昔脫解, 김알지金閼智 세 명이다. 이 중 박혁거세의 후손이 1대부터 8대 중 일곱 차례 왕위를 계승했으니, 박혁거세는 명실공히 고대국가 신라를 열어젖힌 개국의 창업 시조라 할 만하다. 그 역시 고구려·가야·탐라 등 다른 나라의 건국 시조와 마찬가지로 하늘과 연관된 신성한 탄강신화를 지니고 있으니,《삼국사기》와《삼국유사》가 전하는 혁거세의 출생과 즉위 과정을 살펴보자.

우물이 점지한 왕과 왕비

삼한시대 한반도 동남쪽에 자리한 변한弁韓 땅에 고조선 유민들이 들어와 여러 산골에 나뉘어 살면서 여섯 개의 큰 고을을 이루고 있었다. 여섯 개의 고을은 첫째 알천閼川의 양산촌楊山村, 둘째 돌산突山의 고허촌高墟村, 셋째 취산觜山의 진지촌珍支村, 넷째, 무산茂山의 대수촌大樹村, 다섯째 금산金山의 가리촌加利村, 여섯째 명활산明活山의 고야촌高耶村으로 이 진한辰韓 6부가 부족국가 형태를 취하고 있었다. 기원전 70년 3월 초하루 날, 6부의 촌장들이 알천의 언덕 위에 모여 논의하였다.

"위로 여러 백성들을 다스리는 임금이 없기 때문인지 사람들이 모두 예의범절을 모르고 제멋대로 행동한다. 이를 바로잡고 나라를 잘 다스리려면 반드시 덕이 있는 분을 찾아내 임금으로 삼아 강력한 왕국을 세우고 번듯한 모습을 갖춘 도읍도 정해야 할 것이다."

그때 남쪽 양산 아래 있는 '나정蘿井' 옆에 번개와 같은 이상한 기운이 하늘에서 땅으로 드리워져 있고, 흰 말 한 마리가 꿇어앉아 절하고 있는 것이 보였다. 신기하게 여긴 6부 촌장들이 젊은이들을 거느리고 찾아가 보니 말 앞에 자주색 알이 하나 있었다. 말은 사람들을 보고 길게 목을 뽑아 소리 내어 울면서 하늘로 올라가 버렸다. 그 알을 쪼개어 보니 속에 사내아이가 있었는데 모습이 단정하고 매우 아름다웠다.

아이를 사뇌야詞腦野 북쪽에 있는 동천東泉에서 목욕을 시켰더니 몸에서 밝고 화려한 광채가 나고, 새와 짐승들이 모두 춤을 추며 하늘과 땅이 진동하는 듯하고, 해와 달이 맑고 밝게 빛났다. 《삼국사기》에는 고허촌장인 소벌공이 양산 기슭에 말이 있는 것을 보고 다가갔더니, 말이 알 하나를 남겨 놓고 하늘로 올라갔고 그 알에서 나온 아이를 데려다가 길렀다고 기록되어 있다. 이 신성한 아이의 이름을 변한 지역 말로 '밝은 빛으로 세상을 다스린다'는 뜻의 혁거세赫居世라 하였으며, 그 직위에 대한 칭호를 '거슬감居瑟邯' 혹은 '거서간居西干'이라고 했다. 이 칭호는 왕에 대한 존칭이다.

혁거세를 본 사람들이 모두 입이 마르게 치하하여 말하기를, "이제 하늘의 아들(天子)이 벌써 이 땅에 내려오셨으니 마땅히 덕이 있고 정숙한 여인을 찾아내 배필을 정해야 할 것이다." 하였다. 이때 사량리沙梁里에 있는 '알영閼英' 우물에서 계룡鷄龍이 나타나더니 왼쪽 옆구리로 계집아이를 낳았다. 얼굴이 아주 고우나 입술이 닭의 주둥이와 같아 월성月城 북쪽에 있는 시내(알천閼川)로 데리고 가 목욕을 시켰더니 닭 주둥이 같던 부리가 떨어져 나가고 사람의 입술 모양이 되었다. 이런 사연으로 말미암아 그 개천을 '뽑아낸 시내'라는 뜻의 '발천撥川'으로 부르게 되었다. 발천은 보문단지에서 내려와 경주의 중심을 가로지르는 '북천'을 가리킨다. 북천은 '알천'이라고도 불린다.

혁거세와 알영의 탄생설화에서 눈에 띄는 점은, 두 사람 모두 우물과 관련이 있다는 사실이다. 우물에는 어떤 의미가 담겨 있을까? 우물은 생명의 탄생과 성장에 결정적인 구실을 하는 물을 끊임없이 만들어 내는 곳이어서 고대인들은 이를 신성하게 여겼다. 머지 않은 과거까지도 우리나라 곳곳의 마을에서는 우물의 신을 모시는 제사의식이 행해졌다.

혁거세의 알이 발견된 나정(혹은 계정鷄井)은 지금의 경주시청 부근에 있던 동천사東泉寺의 우물로 호국룡이 살았다는 '청지淸池'와 '동지東池' 중 동지를 가리키는 것으로 추정된다. 신라를 지켜 주는 호국룡이 살았던 우물은 동천사의 청지와 동지 그리고 분황사의 삼룡변어정三龍變魚井 세 곳인데, 현재는 분황사의 우물만 남아 있다. 나정이 평범한 우물이 아니었음은 그 이름을 통해서도 추정해 볼 수 있다.

'나蘿'는 소나무에 기생하여 사는 겨우살이풀로 줄기가 실처럼 가늘다. '여라女蘿', 혹은 '송라松蘿'라고도 하는 이 식물은 고대사회에서 천문을 관찰하는 도구의 하나였다. 물을 담은 큰 그릇이나 우물 위에 송라의 줄기로 씨줄과 날줄을 만든 다음 그곳에 비치는 별자리의 이동을 보고 하늘의 변화와 길흉화복을 알아냈다. 곧, 나정은 천문학과 관련된 장소인 것이다.

사람들은 이 특별한 곳에서 태어난 거룩한 두 아이를 나정 남쪽의 남산 북서쪽 기슭(현재의 창림사昌林寺 터)에 지은 집(궁실宮室)에 모시고 받들어 길렀다. 혁거세는 성을 '박朴'이라 하고(알의 둥근 모양이 마치 박瓠과 같은데, 신라 사람들이 박瓠을 '박朴'이라고도 불렀다), 여자아이는 태어난 우물의 명칭을 따서 '알영'이라 이름 지었다.

기원전 57년 성스러운 두 아이가 13세가 되자 나라의 모든 사람들이 함께 추대하여 혁거세를 임금으로 세우고 알영을 왕후로 삼았으며, 나라의 이름은 서라벌徐羅伐(또는 서벌徐伐)이라 하였다. 다른 이름으로는 사라斯羅, 혹은 사로斯盧라고도 불렀다. 하늘이 이 땅의 백성들을 위해 보내 준 혁거세와 알영이 왕과 왕비가 되어 나라를 다스리니 그 성스러운 덕화에 감화되어 나라 안의 모든 백성들이 평화롭고 안락한 생활을 하면서 부모를 모시는 것 이상으로 두 성인을 떠받들었다고 한다.

여기까지가 《삼국사기》와 《삼국유사》의 기록을 바탕으로 정리한 혁거

세의 탄생설화이다. 그런데《삼국유사》에는 혁거세의 탄생과 관련하여
전혀 다른 내용도 기록되어 있어 살펴볼 만하다.

혁거세를 낳았다는 '사소' 여인의 정체

《삼국유사》〈감통感通〉'선도성모수희불사仙桃聖母隨喜佛事'에는 기원
전 84~기원전 74년 사이 신라로 건너온 중국 한나라 황제의 딸 '사소娑蘇'
가 혁거세와 알영을 낳았다고 되어 있다. 한나라 초기의 소제昭帝, 선제宣
帝 때 사람으로 '선도산신모仙桃山神母'(혹은 선도성모仙桃聖母)라고도 불리
는 '사소'라는 여인은 우리 고대사에서 논쟁의 중심에 있는 인물 중 한 명
이다. 중국 황제의 딸이 신라로 와서 혁거세와 알영을 낳았다는 이야기는,

오릉 서쪽에 있는 선도산
경주를 수호하는 '5악' 중 서악에 해
당한다.

나중에 당나라와 연합하여 백제와 고구려에 대항하기 위해 중국에 대한 사대事大가 필요했던 신라에서 억지로 만들어서 붙였을 가능성이 매우 크기 때문이다.

일찍부터 신선의 술법을 익힌 사소는 해동海東(한반도)에 머물면서 오랫동안 자신의 나라로 돌아가지 않았는데, 그녀의 아버지가 어느 날 솔개의 발에 편지를 묶어 보냈다. 편지에는 "이 솔개를 날려 보내 그것이 가서 앉는 곳에 집을 짓고 살도록 하라"고 씌어 있었다. 아버지가 시키는 대로 솔개를 놓아 보냈더니 지금의 선도산에 가서 내려앉았다. 마침내 그곳에 집을 짓고 머물러 땅 위의 신선(지선地仙)이 되었다. 이런 연유로 산 이름을 '선도산仙桃山', 혹은 '서연산西鳶山'이라 하였다. 선도산은 경주를 수호하는 오악五岳 중 하나인 '서악西岳'으로 오릉 서쪽에 자리 잡은 산이다. 선도산에 머물던 신모 사소는 홀로 혁거세와 알영을 낳았으며 나라를 보좌하고 영험을 나타내는 일을 많이 하였다고 전하며, 나중에 동쪽으로 옮겨 가서 운제산雲梯山(포항에 있는 산으로 그 아래 오어사吾魚寺가 있다)의 산신이 되었다고 한다.

사소가 문제적 인물인 이유는 그녀의 국적 때문이다. 신라의 시조인 혁거세와 알영을 낳은 여인이라고 했으니 그 출신은 신라의 기원과 직접적으로 연관될 수밖에 없다. 사소의 정체에 대해서는, 첫째 부여夫餘 황실의 딸이라는 주장, 둘째 혁거세왕의 '고기잡이 어미'(해척지모海尺之母, 제사장으로 무당을 가리킴)였던 '아진의선阿珍義先'이라는 주장, 셋째《삼국유사》의 기록대로 중국 황실의 딸이라는 주장 등이 엇갈리고 있다.

첫째, 사소가 부여 황실의 딸이라는 주장은《환단고기桓檀古記》를 근거로 하며 신라의 뿌리가 부여에 있다는 주장으로 이어진다. 《환단고기》에 부여 황실의 딸인 '파소婆蘇'가 고조선 유민들이 살고 있는 진한 땅으로 와 혁거세와 알영을 낳았다고 기록되어 있는데, 이 파소가 바로 사소라는 것이다.

둘째, 사소가 혁거세왕의 고기잡이 어미인 '아진의선'이라는 주장(《삼국유사》〈기이紀異〉 '제4第四 탈해왕脫解王')은 사소를 '바다의 신' 혹은 무당으로 보는 시각을 담고 있다. 옛 기록에서 '척尺'은 기술자 혹은 전문가를 지칭하는 글자로, 바다의 전문가는 '해척', 무용의 전문가는 '무척舞尺', 노래를 잘하는 전문가는 '가척歌尺' 등으로 쓰였다. '수척水尺'이 무당을 지칭했던 것으로 미루어 볼 때 '해척'은 바다를 관장하는 무당 혹은 신일 가능성이 큰데, '아진의선'이 바로 사소라는 주장이다. 그러나 《삼국유사》에 '아진의선'과 '선도산 성모'가 각기 다른 항목에 기록되어 있어 이렇게 보기에는 무리가 따른다.

가장 믿을 만하다고 평가받는 주장은, 기록 그대로 사소가 중국 황실의 딸이라는 것이다. 하지만 이 또한 짚고 넘어갈 문제가 있다. 초기 고구려·백제·가야에 비해 상대적으로 약한 나라였던 신라가 주변국들을 차례로 멸망시키고 한반도 일부를 통합할 수 있었던 결정적 힘은 당나라와의 연합이었다. 당나라의 도움이 절실했던 신라는 당나라 조정의 비위를 맞추고 환심을 사기 위해 갖은 노력을 다했다. 이는 650년 진덕여왕眞德女王이 당나라 고종에서 보낸 5언고시五言古詩 〈치당태평송致唐太平頌〉에도 잘 나타나 있다.

이 과정에서 신라 조정은 우리 민족과 중국을 역사적으로 연결시키려

했고, 그 과정에서 혁거세의 어머니가 중국 황실의 딸이라는 이야기가 만들어졌을 가능성이 있다. 당나라와의 연합을 위해 신라의 뿌리가 중국에 있음을 보여 주려는 의도가, 신선의 술법을 익힌 한나라 황실의 여인이 한반도로 건너와 혁거세와 알영을 낳았다는 식의 이야기로 윤색되었을 수 있는 것이다. 중국 한나라 황실의 딸이 신라의 시조를 낳았다고 하면 신라와 당은 피를 나눈 형제의 나라가 되니, 동맹을 맺는 데 더없이 좋은 명분이 된다.

고대 천문기구였던 우물 '나정'

앞서 말했듯, 경주 곳곳에는 오릉 외에도 혁거세왕과 관련 유적이 비교적 잘 보존되어 있다. 오릉을 기점으로 볼 때 반월성을 끼고 흐르면서 오릉의 남쪽에 있는 문천蚊川을 건너 남산 기슭으로 들어가면 나정, 양산재, 창림사 등이 있으며, 동쪽으로는 반월성과 분황사 유적이 자리하고 있다. 또한 오릉에서 서쪽에 있는 형산강을 건너면 바로 선도산이 눈 앞에 보이는데, 그리 높지 않아 힘들지 않게 성모사까지 답사할 수 있다. 이처럼 혁거세 관련 유적들은 경주의 중심지인 반월성과 오릉을 중심으로 그리 멀지 않은 곳에 동서남북으로 골고루 위치하고 있어서 함께 답사하는 데 큰 무리가 없다.

그중 가장 먼저 들러볼 만한 곳은 나정(경북 경주시 탑동 700-1)이다. 이곳은 조선 후기부터 체계적으로 관리되었으며, 신라시대 우물 터임을 전제로 비각碑閣과 우물 등이 설치되어 있었으나, 현재는 발굴과 복원을 위해 모두 파헤쳐진 상태다. 2002년부터 여러 차례 발굴이 이루어진 결과 팔각 건물 터, 원형 건물 터, 우물 터로 보이는 구멍, 기와 조각, 석재 등이 발견되어《삼국사기》에 기록된 신라 '신궁神宮'의 자리로 추정되고 있다.

그런데 이곳에서 발견된 구멍들이 우물과 관련이 있는지에 대해서는 전문가들의 의견이 분분하다. 이곳에 혁거세 탄강신화에 등장하는 나정이 있었으며 그 자리에 신라시대 신궁을 지어 신성시했다는 견해와, 구멍이

혁거세는 이 '나정' 우물 옆에서 자주색 알로 태어났다
이곳의 구멍들이 우물의 흔적인지는 알 수 없지만, 다른 유물들로 보아 기록으로만 남은 신라 '신궁' 자리로 추정된다.

우물 터가 아니라 건물 기둥의 받침대를 세웠던 흔적이라는 견해가 나뉜 것이다. 어느 쪽이 맞는지 단언할 수는 없지만, 신궁 자리에 우물이 없으란 법이 없으며 현재 남아 있는 구멍의 흔적을 굳이 우물이라고 하지 말아야 할 이유 또한 없다.

고대사회에서 우물은 하늘의 기운을 받아들여 인간 세상으로 연결시키는 통로로 여겨졌다. 강원도 강릉의 학산鶴山에도 동네 처녀가 해가 떠 있는 물을 길어 마시고 범일梵日을 낳았다는 범일국사國師 탄생설화를 간직하고 있는 우물이 있다. 또한 고대사회에서 우물은 해와 달, 그리고 별 등과 연결되어 있어서 그것의 움직임을 통해 인간 세상의 길흉화복을 점치는 중요한 도구 중 하나였다. 나정 역시 별자리를 관측하여 하늘의 움직임을 파악하는 천문기구 구실을 했고, 혁거세가 그 능력을 인정받아 왕위에 올랐을 가능성을 배제하기 어렵다. 앞서 말했듯, 소나무겨우살이(나蘿)의 줄기를 씨줄과 날줄로 삼아 맑은 물이 고인 우물 위에 격자형으로 놓고 천문을 관측하는 수단으로 사용했으니, 그곳에서 태어난 인물이라면 하늘의 변화를 감지할 수 있는 신성한 인물로 추앙되었을 것이다. 혁거세가 바로 그런 인물이었고, 그 능력을 인정받아 신라의 첫 임금이 되었다는 것이다. 나정 유적이 신성한 우물이나 신궁神宮 형태보다는 하늘의 변화를 관측하는 기능을 했던 모습으로 복원된다면 첨성대와 함께 신라의 천문 관측 기술을 상징하는 곳이 될 수 있을 것이다.

나정에서 경주 남산 방향으로 200미터 정도 올라간 곳에는 양산재楊山齋 (경주시 탑동 690-3)가 자리 잡고 있다. 6부 촌장이 혁거세를 추대하기 위해 의견을 모아 신라 천 년의 사직을 열게 된 역사적 사실을 기념하기 위해 6

부 촌장의 위패를 모시고 제사를 지내는 사당이다. 양산재는 조선시대 사당 형태를 따르고 있다. 바깥문인 외삼문外三門에 해당하는 '대덕문大德門'을 지나면 동쪽과 서쪽에 재실인 '윤적당允迪堂'과 '익익재翼翼齋', 그리고 사당 안쪽 문에 해당하는 내삼문인 '홍익문弘益門'이 있다.

사당의 출입문은 문이 세 개라서 '외삼문', '내삼문'이라고 부르는데, 여기에는 재미있는 문화적 규칙이 숨어 있다. 중앙에 있는 문은 신이 드나드는 출입구이므로 제사를 모실 때를 제외하고는 열지 않는 것이 원칙이다. 양쪽의 두 문이 제관祭官을 비롯한 사람들이 드나드는 문인데 들어갈 때는 오른쪽 문을, 나올 때는 왼쪽 문을 이용한다. 사당으로 올라가는 층계나 문도 마찬가지 형식이어서, 중앙은 '신의 길'(신도神道)이고, 양편의 것은 사람의 길이다. 사당에서는 이 원칙을 지키는 것이 예의이므로 답사할 때 유념해 두면 좋겠다.

내삼문인 홍익문 안에는 6부 촌장의 위패를 모신 입덕묘立德廟가 자리하고 있다. 양산재의 내부 구조와 건물 양식 등은 조선시대의 것을 따랐지만 20세기 후반인 1970년대에 만들어진 것이어서 문화재로서 가치는 그리 크지 않다. 신라 건국의 요람이라는 역사적 의미를 생각하며 둘러본다면 좋을 듯하다.

양산재에서 남쪽으로 1킬로미터 떨어진 산기슭에는 신라 최초의 궁궐 자리로 추정되는 창림사 터(경북 경주시 배동 145번지)가 있다. 발굴 작업 중이어서 '창림사지삼층석탑'과 '창림사지쌍귀부' 정도를 확인할 수 있을 뿐이지만, 남산을 등지고 있으면서 북쪽과 서쪽으로 광활한 평야가 펼쳐져 있고 강이 겹겹으로 흐르고 있어 초기 고대국가의 궁궐터로 손색이 없는 명당임을 한눈에 확인할 수 있다. 이곳의 왕궁은 '금성金城'이라고 불렸다고 하는데,《삼국사기》에 따르면 신라 제5대 임금인 파사이사금(80~112) 재위 22년(101) 2월에 월성月城을 쌓고 그해 7월에 새로운 궁실로 왕궁을 옮겼다고 한다. 신라의 첫 궁궐인 금성을 쌓은 것이 혁거세 재위 21년(기원전 37)이라고 했으니, 건국 이후 150년 넘게 지금의 창림사 터 자리에 왕궁이 자리하고 있었던 것이다.

그렇다면 창림사는 언제 축조되었을까? 정확하게 알 수 없으나 8세기 초중반 인물인 김생金生이 창림사비를 쓴 것으로 볼 때, 비슷한 시기에 세워졌을 것으로 추정된다. 창림사가 세워지기 전까지는 왕궁의 흔적이 남아 있었을 것이다. 이곳에서 어떤 유적이 발굴되고 유물이 출토될지 알 수 없지만, 신라 왕궁의 역사적 변천 과정을 살펴볼 수 있는 의미 있는 장소로 복원되기를 바란다.

신라 · 고려 · 조선의 합작품, 오릉

창림사 터에서 나와 북쪽으로 구불구불하게 이어지는 들길과 마을길을 수백 미터 내려오면 오른쪽에 양산재가 보이고 조금 더 내려오면 나정이 있는데, 내쳐 내려오면 만나는 포석로에서 북으로 우회전하여 600여 미터를 가면 바로 오릉 입구에 닿는다. 오릉은 둥글게 흙을 쌓아올린 원형봉토 무덤으로 가장 큰 것은 높이가 10미터나 된다. 다섯 개 봉분 중에서 두 번째로 큰 무덤은 봉분이 두 개인 표주박 모양의 2인용 무덤 형식이다.

경주시 탑동 67번지에 위치한 오릉 전경

이처럼 크고 둥글게 흙을 쌓아 올린 형태의 무덤은 4세기 이후에 등장하므로, 기원전 69년에 태어난 혁거세 당시의 무덤 형식으로 보기 어렵다. 신라가 본격적인 고대국가로 발돋움하면서 개국시조를 신격화했을 가능성이 크다.

능 동쪽에 있는 오릉 재실과 오릉 비각

조선 초기 세종 때 처음 설치되어 조선시대 격식을 그대로 따랐다.

신라에서는 이처럼 크고 둥글면서 흙을 쌓아 올려 만든 형태의 무덤이 4세기 이후에 등장하므로, 현존하는 오릉은 혁거세 당시의 무덤 형식이라고 보기 어려운 점이 있다. 곧 오릉은 고구려, 백제, 가야에 비해 뒤쳐졌던 신라가 새로운 도약을 준비하는 과정에서 개국시조를 신격화하면서 조성했을 가능성이 있다. 어쨌든 혁거세릉이 지금까지 보존될 수 있었던 것은 고려가 신라의 정통성과 문화를 존중했고, 이후 핏줄로 이어지는 사람의 근본 뿌리를 존중하는 유학을 정치이념으로 삼았던 조선시대에 이르러 한층 격식을 갖춘 모습으로 재정비한 덕분일 것이다.

오릉 서쪽에는 제사를 올리는 공간이 마련되어 있는데, 수로왕릉과 마찬가지로 조선시대 제향의 공간 배치 방식에 따라 조성되어 있다. 능 동쪽편에 있는 재실齋室은 왕릉을 관리하고 제사를 담당하는 사람들의 거주 공간이자 혼백을 모시는 사당으로서, 이것 역시 조선시대의 격식을 그대로 따르고 있다. 이 건물들은 조선 초기인 세종 때 설치되었다가 임진왜란을 지나면서 불타 버려, 광해군과 숙종·경종 시대에 다시 고쳐 지었다가 영조 대에 지금과 같은 모습을 갖추게 되었다.

홍살문 안쪽으로 들어서면 '영숭문永崇門'과 '숙정문肅敬門'이 보이고, 영숭문 왼쪽에는 혁거세왕의 신도비와 비각이 서 있다. 영숭문과 숙정문을 지나면 '숭덕전崇德殿'이 나오고 숭덕전 왼쪽에는 '상현재象賢齋', 오른쪽에는 '동재東齋'가 자리하고 있다. 조선시대에는 능참봉이 능을 관리하고 지켰으며 현재에도 능을 관리하는 사람들이 살고 있다.

숭덕전까지 둘러보면 오릉 묘역을 대략 살핀 셈인데, 여기서 돌아 나오면 중요한 유적을 놓치게 된다. 숭덕전을 나오자마자 동쪽으로 담장을 따라 한참을 돌아가면 작은 연못이 보이고, 그 북쪽에 '알영정閼英井'이라고 새겨진 돌이 눈에 들어온다. 혁거세의 부인 알영이 태어났다는 바로 그 우물임을 알리는 표지다. 돌 옆에 있는 작은 문을 들어서면 직사각형 모양의

오릉 뒤쪽의 연못과 알영정으로 들어가는 문
'알영정閼英井'이라고 새겨진 돌 옆의 문으로 들어서면, 혁거세의 부인 알영이 태어났다는 우물 터가 나온다.

신라시조왕비탄강유지

알영정 옆에 세워진 비각의 지붕 네 귀퉁이에는 용과 함께 닭의
머리가 새겨져 있다. 닭의 부리를 갖고 태어났다는 알영 신화를
따른 것이다.

혁거세의 부인 알영이 태어났다는 알영정 터

길고 큰 돌(장대석長大石) 세 개를 덮어 놓은 우물 터와 그 옆에 '신라시조왕
비탄강유지新羅始祖王妃誕降遺址'라고 새겨진 비와 비각이 눈에 들어온다.
하지만 돌로 덮여 있어 우물이 어떤 모양인지, 실제로 안에 물이 고여 있는
지 확인할 수는 없다.

일반적으로 비각 네 귀퉁이에는 여의주를 물고 있는 용의 조각이 있기
마련인데, 알영 비각의 지붕 귀퉁이에는 붉은 여의주를 물고 있는 용의 조
각과 함께 닭의 머리를 새긴 조각물이 나란히 새겨져 있다. 태어날 때 닭
의 부리를 갖고 있었던 알영을 알천에서 목욕시켰더니 닭의 부리가 떨어
져 나가고 사람의 모습을 갖추게 되었다는 설화를 구현한 것이다.

신라 건국 시조의 부인인 알영의 신비한 탄생설화를 간직한 우물이 외
진 곳에 숨어 있는 걸 보면 안타까운 마음이 들지만, 그래도 옆에 서 있는
비각에 알영의 흔적이 남아 있어 반갑다.

3

고대사 미스터리 품은 도래인

탈해왕릉

脫解王陵

탈해왕이 죽은 뒤 처음 무덤을 만들었다가 탈해의 혼령이 내린 계시를 따라 그 뼈를 꺼내 부순 다음 그것을 진흙과 섞어서 탈해와 같은 모습을 지닌 소상塑像을 만들고, 토함산으로 가져가 안치하여 서라벌을 지키는 동악東岳의 산신으로 모셨다. 그 무덤이 언제 지금의 자리로 옮겨졌는지는 알 수 없다. 그 안에 묻힌 주인공만큼이나 많은 비밀과 이야기를 간직한 무덤이라고 할까?

신라의 두 번째 건국 시조로 일컬어지는 탈해왕(재위 57~ 80)은 출신과 출현, 생애부터 사후에 이르기까지 미스터리 투성이인 인물이다. 남쪽 바닷가에서 온 탈해는 가야에 들러 김수로왕과의 도술 시합에 패해 쫓겨난 후 동쪽으로 가서 나아리 해변(현재 월성 원자력발전소가 자리한 곳)에 상륙한 후 토함산에 머물면서 사정을 살핀 후 신라의 서울 경주로 들어왔다. 경주로 들어온 석탈해는 나중에 도성이 들어선 반월성 자리에 살던 호공瓠公의 집을 빼앗아 세력을 키워 신망을 얻은 후 군주의 자리에까지 올랐으니 비범하면서도 신비한 인물임은 틀림없다.

독특한 이력과 마찬가지로 그의 무덤 역시 신라의 다른 왕릉과는 여러 면에서 차별성을 보여 눈길을 끈다. 신라의 왕릉은 대개 도성이 있었던 반월성을 중심으로 동, 남, 서쪽의 비교적 가까운 거리에 자리하고 있으며 수중왕릉인 문무왕의 무덤을 제외하면 봉분의 높이와 면적이 매우 커서 장대한 느낌을 준다. 그에 비해 탈해왕릉은 북쪽으로부터 신라의 도성을 보호해 주는 구실을 하는 알천(지금의 '북천') 위쪽에 자리 잡고 있으며(신라 초중기 왕릉 중 이곳에 위치한 왕릉은 탈해왕릉뿐이다.), 규모가 매우 소박해 신라의 왕릉치고는 초라한 편이다.

사실 탈해왕릉은 처음부터 이 자리에 조성된 것이 아니었다. 탈해왕이 죽은 뒤 처음에 무덤을 만들었으나 탈해의 혼령이 내린 계시를 따라 그 뼈骨를 꺼내 부순 다음 그것을 진흙과 섞어서 탈해와 같은 모습을 지닌 소상塑像(인물 모형)을 만들었고, 이후 다시 혼령의 지시를 받아 그 소상을 토함산으로 가져가 안치하여 서라벌을 지키는 동악東岳의 산신으로 모셨다고 전한다. 토함산에 있던 탈해의 무덤이 언제 동천동으로 옮겨졌는지는 자료가 남아 있지 않아 자세히 알 수 없다. 형태는 소박하지만 그 안에 묻힌 주인공만큼이나 많은 비밀과 이야기를 간직한 무덤이라고 할까?

가야에 도착한 신라의 두 번째 시조

고구려, 백제, 가야, 신라 네 나라 중 건국 시조가 셋인 나라는 신라뿐이다. 유독 신라만 건국 시조가 셋인 이유는 무엇일까? 다양한 추정이 가능한데, 무엇보다 신라가 강력한 힘을 가진 독자적 세력이 세운 나라가 아니라 여러 성읍城邑이 동맹을 맺은 연맹체 형태로 출발했기 때문일 것이다. 석탈해는 신라의 첫 번째 시조인 박혁거세와 그 후손이 3대까지 왕위를 이은 다음 네 번째로 왕위에 오른 인물이다. 이후 5·6·7·8대 왕위는 다시

알천 위쪽에 자리한 탈해왕릉

경주 시내 북서쪽의 동천동 산기슭에 있는 탈해왕릉(경상북도 경주시 동천동 산17
번지)은 둥글게 흙을 쌓아 올려 만든 원형봉토분圓形封土墳으로 높이 4.5미터, 지름
14.3미터 규모이며, 능 내부는 굴 형태의 돌방무덤橫穴式石室墓으로 추정된다. 능 주
변에 무덤을 보호하는 호석護石이나 조각 등의 시설이 없어 다른 신라 왕릉에 비해 매
우 작고 소박한 모습을 하고 있다.

박씨 집안으로 넘어갔다가 석씨 후손이 9대 이후 10·11·12대까지 잇고, 13대는 김알지의 후손인 미추왕味鄒王이 차지했다가 석씨가 다시 14, 15, 16대를 잇는다. 17대 내물왕奈勿王 이후 비로소 김씨 세습이 이루어져 신라가 멸망할 때까지 오직 김씨만 왕위를 계승하게 된다. 내물왕이 서기 356년에 왕위에 올랐으니, 박혁거세가 기원전 57년 신라를 세운 뒤 400여 년이 지난 후에야 본격적인 왕권 세습이 시작된 것이다. 신라가 제대로 된 체계를 갖춘 고대국가로 거듭나기까지 수백 년의 시간이 걸렸음을 알 수 있다. 그만큼 신라는 고구려, 백제, 가야에 비해 출발과 발달이 늦은 약체 국가였다.

박혁거세, 석탈해, 김알지 세 명의 시조 중 석탈해는 한반도가 아닌 다른 나라에서 태어나 바다를 건너온 '도래인渡來人'임을 분명히 알 수 있는 인물이다. 구체적인 내용은 조금 다르지만 탈해가 도래인이라는 기록은《삼국사기》와《삼국유사》에 공통적으로 등장한다.《삼국사기》와《삼국유사》에 기록된 그의 탄생설화를 살펴보자.

별명이 '토해吐解'라고도 하는 탈해이사금脫解尼師今은 기원전 19년 62세의 나이로 신라 제4대 왕이 되었다. 그는 왜국倭國의 동북쪽 천 리 밖에 있던 '다파나국多婆那國'에서 태어났다. 그 나라 왕이 여국女國의 왕녀를 아내로 삼았는데, 왕비가 임신한 지 7년이 지나서야 큰 알 하나를 낳았다. 이를 본 왕이 탄식하며 말하기를 "짐승이나 낳는 알을 사람이 낳았으니 이는 결코 좋은 징조가 아니다. 그러니 저 알을 내다버리는 것이 마땅하리라." 하였다. 왕비는 왕의 명을 어길 수 없어 비단으로 알과 보물을 함께 싸서 상자에 넣은 다음 배에 실어 바다에 띄워 보냈다.

아이를 실은 배는 여러 바다를 떠돌다가 금관국金官國(금관가야)의 바닷가에 닿았다. 이를 본 수로왕과 가야 사람들이 북을 치며 맞이하여 머물게 하려 했지만, 배가 갑자기 뱃머리를 돌려 신라의 동쪽 하서지촌下西知村에 있는 '아진포阿珍浦' 입구에 가서 닿았다. 혁거세왕의 바다어미(해척지모海尺之母)인 아진의선이 "이쪽 바다 가운데에는 큰 돌이 없는데, 무슨 이유로 까치가 모여들어 우짖고 있을까?" 하며 배를 타고 가 보았더니 커다란 배 하나가 물 위에 떠 있었고, 그 안에 궤짝 하나가 놓여 있는데 길이가 6미터, 넓이는 4미터나 되었다.

아진의선은 줄을 매달아 배를 해변으로 끌고 온 다음 나무 밑에 매어 놓고, 좋은 징조인지 나쁜 징조인지를 알 수 없었으므로 하늘에 대고 지극정성으로 빌었다. 그 후 상자를 열어 보니 단정하고 기품 있게 생긴 어린아이와 온갖 보물, 여러 명의 시종들이 있었다. 7일 동안 극진하게 대접하였더니 아이는 그제야 자신이 어디에서 왔으며 어떤 사람인지를 밝히면서 "배가 흘러가는 대로 가다가 인연이 있는 땅에 가서 나라를 세우고 집을 이루라고 축원하신 어머니의 말씀대로 '붉은 용'(적룡赤龍)이 배를 호위하여 이곳에 오게 되었다"고 하였다.

이후 아이는 아진의선을 어머니로 모시고 살았는데 점점 자라서 어른이 되자 키가 9척(210센티미터)에 이르렀으며, 기풍과 정신이 매우 훌륭하고 지식과 식견이 보통 사람들에 비할 수 없을 정도로 뛰어났다. 어떤 사람이 말하기를, "이 아이는 태어난 곳과 성씨를 알 수는 없으나 처음에 상자가 바닷가에 도착했을 때에 까치 여러 마리가 모여들어 울며 따라왔으니 성을 '까치 작鵲'에서 조鳥를 떼어낸 글자인 '석昔'으로 하는 것이 좋겠다. 그리

경주시 양남면의 석탈해왕 탄강유허

석탈해왕이 도착했다는 '계림의 동쪽 하서지촌下西知村 아진포'를 지금의 경상북도 경주시 양남면 나아리羅兒里로 비정하여, 조선 헌종 11년(1845)에 하마비下馬碑와 땅을 하사하였으며, 고종 초에 석씨 문중에서 유허비와 비각을 건립하였다.

고 아이가 상자 뚜껑을 열어젖히고 밖으로 나왔으니 벗을 '탈脫'과 풀 '해解'를 써서 탈해로 이름을 짓자"고 하여 '석탈해'로 부르게 되었다.

탈해는 어릴 때부터 고기를 잡아 어머니를 봉양하였는데, 한 번도 게으름을 피운 적이 없을 정도로 성실하고 근면하였다. 아진의선이 탈해에게 말하기를, "너는 보통 사람이 아니다. 골격과 관상이 특이하니 마땅히 학문에 종사하여 세상을 위해 공명을 세우는 것이 좋겠다"고 하였다. 의선의 깨우침에 따라 탈해는 오로지 학문을 닦는 데 전념하였으며, 그와 함께 지리 공부도 게을리하지 않았다.

석탈해는 태어난 나라 이름이 구체적으로 명시되어 있지만 그 나라가 어떤 나라인지 정확히 알 수 없다는 점에서 우리나라 건국 시조 중 가장 신비에 싸인 인물이다. 석탈해를 미스터리한 인물로 만든 또 다른 요소는 그가 처음에 상륙하려 했던 장소가 왜 하필이면 가야였는가 하는 점이다. 《삼국사기》에서는 가야에 도착하니 수로왕과 사람들이 북을 울리면서 환영했지만 그곳을 버리고 신라로 갔다고 하였고,《삼국유사》에서는 탈해가 수로의 왕위를 빼앗으려 하였지만 거부당하고 수로왕과의 도술시합에서 패하게 되어 쫓겨나 신라로 갔다고 되어 있다. 두 기록에 차이가 있기는 하지만, 석탈해가 바다를 건너와 가장 먼저 착륙한 곳이 가야인 것은 명백해 보인다. 그는 왜, 어떻게 가야로 향하게 되었을까?

세 번째 의문은 탈해가 어머니로 모신 '아진의선'과의 관계이다. 아진의선은 박혁거세를 지키는 바다어미인데, 왜 탈해가 그녀의 손에서 길러졌을까? 혁거세를 수호하는 신모가 탈해를 보호했다는 것은 혁거세와 탈해가 어떤 방식으로든 연관되어 있음을 뜻한다. 이 때문에 두 사람이 캄차카

반도에서 태어나 버려진 쌍둥이 형제라는 주장도 있지만, 이를 뒷받침할 만한 근거는 충분하지 않다.

탈해는 알의 형태로 탄생했으며 바다를 건너온 도래인이라는 점에서 혁거세·수로와 출신 배경이 일치한다. 세 건국 시조의 관계를 명확히 규명할 수는 없지만, 세 사람이 어떤 식으로든 인연을 맺고 있을 가능성은 충분하다.

혁거세, 수로, 탈해의 연관성

탈해가 태어난 나라는 '용성국龍城國', '다파나국多婆那國', '정명국政明國', '완하국琓夏國', '화하국花廈國' 등 다양한 이름으로 기록되어 있는데,《삼국유사》에서는 이 나라가 왜에서 동북쪽으로 천 리 떨어진 곳에 있다고 하였다. 여기서 문제가 되는 것이 '왜'이다. '왜'가 지금의 일본 지역을 뜻하는지 아니면 다른 나라를 지칭하는지 분명하지 않기 때문이다.

왜의 위치에 대해서는 첫째, 일본의 가장 남쪽 섬인 큐슈北九州 지방으로 보는 견해, 둘째 일본 남부 지역에서 남지나해南支那海에 이르는 섬 지역 전체를 지칭한다는 견해, 셋째 북인도양 동쪽의 동남아시아 지역으로 보는 견해 등이 있다.

우선 큐슈 지역이 '왜'에 해당한다는 견해는 '용성국'이 큐슈에서 북동쪽으로 수백 킬로미터 떨어진 일본의 이즈모出雲 지역이라는 주장과, 알로 태어난 인물이 버려지는 탈해 이야기와 거의 동일한 구조의 설화가 존재하는 캄차카 반도라는 주장으로 나누어진다. 그러나 탈해의 출생설화와 비슷한 구조의 설화는 인도 남부 지역부터 남지나해 부근의 여러 나라에서도 나타나고 있어, 그것만으로 석탈해가 캄차카 반도에서 왔다고 보기는 어렵다. 탈해의 출생지가 일본의 이즈모 지역이라는 견해도 문제가 있다. 고대 선진 문물은 대개 한반도를 거쳐 일본으로 건너갔는데, 반대로 가야나 신라의 사람들보다 뛰어난 기술과 능력을 지닌 사람 혹은 집단이 그곳에서 이주해 와 권력의 핵심인 왕이 되었다고 보기는 어렵기 때문이다. 게다가 도술시합에서 패한 석탈해가 바다로 나가자 수로왕이 전선 오백 척을 보내 감시하다가 신라 영내로 들어가는 것을 확인한 다음 안심하고 돌아갔다는 기록에서 탈해의 세력이 전선 오백 척을 동원해야 할 정도로 막강했음을 알 수 있는데, 당시 역사 발전 단계를 감안하면 왜가 지금의 일본 지역을 지칭한다고 보기는 어렵다.

'왜'라는 명칭은 중국 《삼국지三國志》〈위서魏書〉와 《후한서後漢書》의 〈왜倭〉 등에 쓰이기 시작하면서 후대의 여러 기록에 계속 등장하는데, 매우 광범위한 지역을 아우르고 있다. 또한 8세기에 이르러 고대 율령국가로 거듭나기 전까지 일본은 부족국가 형태를 유지하고 있었으므로 《삼국사기》나 《삼국유사》에서 말하는 '왜국'이 일본을 지칭한다고 보기 어렵다. 또한 당나라 태종太宗 시대인 6세기 말에서 7세기 초 무렵 외방의 여러 나라에서 온 사신을 그린 〈당염립본왕회도唐閻立本王會圖〉를 보면, 왜국 사신은 동남아시아나 인도양 부근 사람처럼 코가 뭉툭하고 털이 많으며 신장이 매우 작고 신발도 신지 않는 모습이며 피부색도 검은 편이다.

이러한 여러 사실들로 미루어 볼 때, 2천 년 전 '왜'는 중국 대륙에서 동남·남·서남 방향으로 바다 건너 멀리 떨어진 광범위한 지역을 지칭한다고 볼 수 있다. 곧, 여러 섬에 흩어져 살면서 고대국가의 조직과 체계를 갖추지 못하고 제대로 된 의복도 갖춰 입지 않아 중국인들 눈에 야만인으로 보인 키 작은 사람들을 통칭하는 용어인 것이다. 왜국의 범위가 이렇게 넓어지면 탈해가 탄생한 국가도 한층 포괄적으로 접근할 수 있다. 용성국, 다파나국, 정명국 등 명칭의 의미와 유래를 살펴보면 탈해의 출신지를 좀 더 분명하게 추정할 수 있을 것이다.

탈해가 태어난 나라 이름 중 가장 확실하게 의미를 짚을 수 있는 것은 '다파나국多婆那國'이다. '다多'는 '타陀'와 같은 의미로 석가모니를 뜻한다. '타陀'는 '언덕'을 뜻하는 한자인데 '불타佛陀'와 발음이 같아 석가모니를 지칭하게 되었다. '파나'는 석가모니가 고행한 장소인 '시타림'과 관련이 있다. '시타림'은 중인도의 마갈타국 왕사성 북쪽에 있는 숲의 이름으로 시체를 내다버리는 곳을 뜻하는 범어 '시타바나Sitavana'를 소리 나는 대로 표기한 것이다. 범어인 '시타'는 '차가운', '바나'는 '숲'이란 뜻이니 '차가운 숲', 곧 공동묘지를 가리키는 말이다. 석가모니가 깨달음을 얻고자 고행의 장소로 택한 곳이 바로 공동묘지였던 것이다. 이를 근거로 할 때 '다파나' 혹은 '타파나'는 '불타가 있는 숲'이란 의미이므로, '다파나국'은 불교와 관련이 깊은 국가임을 알 수 있다.

'왜국'이 북인도양 부근의 스리랑카, 수마트라 같은 섬나라와 환태평양권의 섬나라까지 광범위하게 포괄한다면, 《삼국유사》에 왜국(북인도양 부근 섬나라)에서 동북쪽 1천 리 되는 곳에 있다고 한 용성국, 혹은 다파나국은 남인도나 중인도의 동쪽 지역이거나 인도양 북동쪽 연안에 접해 있는 미얀마나 타이泰國일 가능성이 크다. 인도양 북쪽에서 남지나해와 타이완을 거쳐 한반도의 남서해로 들어오는 바닷길과 바람의 길을 따라오면 가야에 닿는다는 사실이 이를 뒷받침한다. 또한 석탈해가 한반도로 온 시대에는 일본 어느 지역에도 불교가 들어간 흔적이 없으므로, 그곳에서 동북쪽으로 천 리나 떨어진 곳에 불교의 나라로 지칭되는 명칭을 가진 나라가 있다는 것 자체가 불가능하다.

석탈해의 고향인 다파나국이 인도 동쪽 지역이나 북인도양 동북쪽 연안에 있던 나라였다면, 바닷길을 타고 온 석탈해가 신라보다 가야 땅으로 먼저 들어간 이유도 쉽게 이해할 수 있다. 해상무역 국가였던 가야는 그 활동 범위가 상당히 넓어 먼 나라에까지 이름이 알려져 있었을 것으로 추정된다. 이는 김수로왕이 혼인을 하지 않고 남쪽 바다에서 올 아유타국 공주 허황옥을 기다렸으며, 탈해가 김수로의 왕위를 빼앗을 목적을 가지고 가야에 발을 들여놓았다는 사실에서 알 수 있다. 수로가 응하지 않자 도술을 동원한 완력을 써서 왕위를 빼앗으려 했다는 것은, 탈해가 처음부터 가야에 대한 정확한 정보와 왕위를 빼앗겠다는 확실한 목표를 가지고 바다를 건너왔음을 보여 준다.

"나는 대장장이 가문 사람이오"

그런데 가야에 도달한 탈해는 그곳에 정착하지 못하고 신라로 건너갔고, 이후 '아진의선'의 손에서 자랐다. 도래인인 탈해가 신라의 실력자가 되기까지 여러 우여곡절을 겪었을 것임을 짐작할 수 있는데, 그 과정에서 또 한 사람의 미스터리한 인물 '호공弧公'이 등장한다.

세상에 나갈 충분한 실력을 갖춘 탈해는 시중을 드는 하인 두 사람을 데리고 그동안 머물렀던 해변의 집을 떠나 토함산에 올라가 돌집(석총石塚)을 만들고 7일을 머물렀다. 자신이 살 만한 곳을 찾고자 서라벌 성안을 살피던 탈해는 양산 북쪽 기슭 시내 옆에 있는 초승달 모양(삼일월三日月)의 봉우리가 능히 오래 머물 수 있는 지형이라고 판단하여 그곳을 찾아가니 '호공'이란 사람이 이미 살고 있었다.

탈해는 몰래 호공의 집 옆에 숫돌과 숯을 묻어 놓고 이튿날 아침 호공의 집에 가서 말하기를, "이곳은 우리 조상의 집입니다." 하였다. 호공은 말도 안 되는 소리라고 무시하였고, 아무리 다투어도 결말이 나지 않았다. 결국 관청에 고발하기에 이르렀는데, 심판관이 탈해에게 "어떤 증거로 이곳을 너의 집이라 하느냐?" 묻자, 탈해가 대답하기를 "우리 집은 본래 대장장이였는데 잠시 이웃 마을로 갔다 온 사이에 다른 사람이 자기 집으로 만들어서 살고 있는 것입니다. 땅을 파 보면 알 수 있을 것입니다." 하였다. 탈해의 말대로 땅을 파 보았더니 숫돌과 숯이 나왔다. 결국 탈해는 호공의 집을 빼앗아 자신의 것으로 만들었다. 이때 남해왕南解王이 석탈해가 매우 뛰어난 지혜를 지닌 인물임을 알고 큰 공주(長公主)를 시집보내 사위를 삼았으니 바로 '아니부인阿尼夫人'이다.

세력을 넓히러 서라벌로 온 탈해는 왜 호공의 집을 선택했을까? 호공은 탈해와 마찬가지로 왜에서 온 도래인이며, 훗날 탈해가 왕위에 오른 뒤 신하 중에서 가장 높은 직위인 '대보大輔'로 발탁되는 인물이다. 호공에 관한 역사 기록은 빈약한 편인데,《삼국사기》에 왜국에서 온 사람이면서 반달처럼 생긴 지형에 큰 집을 짓고 살았다고 한 걸로 보아, 신라에서 이미 상당한 세력을 형성하고 있었음을 알 수 있다. 그런 그가 탈해라는 인물이 몰래 묻어 놓은 숯과 숫돌 때문에 집을 내주었다는 것은 선뜻 믿기 어렵다. 그보다는 두 사람이 특별한 인연을 맺고 있었을 가능성이 크다. 이러한 추정은 탈해가 왕위에 오른 뒤 호공을 '대보'라는 관직에 발탁한 데서 한층 설득력을 가진다. 탈해와 마찬가지로 도래인이라는 점, 상당한 세력을 지니고 있었으면서 너무 쉽게 집을 빼앗긴 점 등을 볼 때 탈해를 위해 먼저 신라로 들어와 있던 인물로 추정할 수도 있다.

탈해가 호공의 집을 빼앗을 때, 숫돌과 숯을 증거물로 내밀고 자신이 대장장이 가문의 사람이라고 한 것도 눈여겨볼 필요가 있다. 숯은 철을 단련하는 데 꼭 필요한 재료이고, 숫돌은 철기를 다듬는 도구이다. 이를 다루는 대장장이가 어떤 신분이었기에 탈해가 이토록 당당하게 밝힐 수 있었던 것일까?

철을 다루는 대장장이는 철기문화의 기술을 지니고 있는 사람을 상징한다. 당시 사회에서 철은 강력한 무기였으므로, 이것을 다듬을 수 있는 기술은 곧 막강한 힘을 가진 존재임을 뜻한다. 곧, 탈해는 가야나 신라로 올당시에 이미 상당한 세력과 재력財力을 갖춘 인물이었을 가능성이 크다. 실제로 탈해왕의 시대에 백제와 가야 등과의 전투가 많았고 꽤 많은 승리를 거두었는데, 이는 신라가 백제나 가야에 비해 작은 나라였지만 군사력이 강했고 철기문화를 기반으로 한 힘을 지녔음을 의미한다.

처음 묻힌 '소천의 언덕'은 어디에

신라의 건국 시조임에도 석탈해 관련 유적은 그리 많이 남아 있지 않다. 그나마 그의 흔적을 찾아볼 수 있는 곳이 토함산이다. 토함산은 석탈해와 관련이 깊은 산인 데다가 동쪽의 바다에서 들어오는 적으로부터 신라의 도읍지를 지키는 천혜의 요새다. 그런 까닭에 신라는 초기부터 토함산을 신성하게 여겨 수호신으로 모셨다. 불력佛力으로 나라를 지키려는 염원을 담은 석굴암이 토함산에 있는 것이 이러한 사실을 잘 보여 주고 있다. 탈해가 신라로 들어온 과정에 대해 《삼국사기》와 《삼국유사》의 기록이 조금 차이가 나지만, 그가 '아진포'에 도착해 경주 동쪽을 지키고 있는 산(동악東岳)인 토함吐含으로 들어와 서서히 세력을 넓히면서 사회적 신망을 얻어 왕위에 오른 과정은 일치한다.

탈해가 도착한 '아진포'(경주시 양남면 나아리 667번지)에는 조선시대 말기인 1845년에 세운 유허비遺墟碑가 남아 있다. 아진포 바로 남쪽은 '정자해변'으로 불리는 율포로, 이곳은 신라 눌지왕 대에 일본에 잡혀 가 있던 왕자를 구출하고 장렬하게 죽음을 맞이한 박제상朴堤上이 배를 타고 신라를 떠난 장소이기도 하다. 좀 더 남쪽에 위치한 울산 개운포開雲浦는 바다에서 경주로 들어오는 최대 관문으로, 출입문을 지키는 신에 대한 이야기인 '문신설화門神說話'를 간직하고 있는 처용암이 자리하고 있다. 곧, 울산에서 감포에 이르는 바닷가는 신라의 수도인 경주로 통하는 중요한 관문이었다.

아진포에서 신라의 도읍지인 경주로 진입하려면 양남면과 북쪽으로 맞닿아 있으면서 문무왕의 수중릉水中陵이 있는 감포를 거쳐, 토함산의 북쪽 줄기와 무장산의 남쪽 줄기가 맞닿은 곳에 위치한 경주시 양북면 노루목 마을(장항리獐項里)의 추령楸嶺을 넘어 들어오는 길이 가장 빠르고 정확하다. 곧, 탈해는 신라의 수도인 경주에 들어가기 전 그곳을 한눈에 내려다 볼 수 있는 토함산에 거주지를 마련하고 속속들이 사정을 살핀 다음, 가장 좋은 자리인 호공의 집을 빼앗아 자신의 집으로 삼는 계책을 세운 것이다.

이외에도 토함산에는 석탈해와 관련된 신비한 일화가 전한다. 호공의 집을 빼앗아 살던 탈해가 하루는 토함산에 올랐다가 돌아오는 길에 목이 말라 시종 백의白衣를 시켜 물을 떠오게 하였다. 백의가 오는 도중에 갈증을 참지 못하고 물을 마시려고 잔에 입을 대자 뿔잔이 백의의 입에 붙어서 아무리 발버둥쳐도 떨어지지 않았다. 잔을 입에 붙이고 돌아온 백의를 보고 탈해가 그의 잘못을 깨우쳐 주며 꾸짖었다. 백의는 잘못을 뼈저리게 뉘우치고 눈물을 흘리면서 맹세하기를 "앞으로는 가까이에 있을 때나 멀리 있을 때나 절대로 먼저 마시는 짓은 하지 않겠습니다." 하니 그제야 물잔이 입에서 떨어졌으며, 그 후 백의가 탈해를 매우 두려워하고 마음으로부터 복종하여 감히 속일 엄두를 내지 못하였다고 한다. 그때 토함산에서 백의가 탈해에게 드리기 위해 물을 떠 왔다는 우물을 민간에서는 '요내정遙乃井'이라 부른다.

이처럼 토함산에서 자신의 특별한 능력을 드러내며 세력을 확장한 탈해는 이후 박혁거세의 맏아들인 남해왕南解王의 사위가 되고 주변의 신망을 얻었지만, 남해왕의 태자였던 유리儒理에게 자리를 양보한다. 신라 사회에서 더 큰 신뢰를 얻기 위함이었을까? 어쨌든 이로써 다음 왕위를 물려받을 수 있는 기반을 다진 탈해는 서기 57년 왕위에 올라 24년 동안 신라를 이끌다가 서기 80년에 세상을 뜬다.

《삼국사기》의 기록에 따르면, 성 북쪽에 있는 '양정의 언덕'(양정구壤井丘)에 능을 만들어 장사를 지냈다고 한다. 《동국여지승람東國興地勝覽》에서는 양정의 언덕을 '소천의 언덕'(소천구疏川丘)이라고 칭하고 있는데 두 지명이 정확하게 어디인지는 명확하지 않다. 또한 《동국여지승람》의 탈해사당昔脫解祠 관련 기록에 의하면, 탈해왕릉은 신라 문무왕 때 사라졌을 가능성도 배제할 수 없다.

석탈해사당은 토함산 산꼭대기에 있다. 탈해왕이 문무왕文武王 재위 20년인 서기 680년 어느 날 왕의 꿈에 나타나서 말하기를, '소천 언덕에 있는 나의 해골을 파내어서 찰흙으로 만든 형상塑像으로 제작해서 토함산에 안치하라'고 하였다. 신령의 계시를 받은 문무왕이 탈해왕릉을 파헤쳐 보니 세상을 떠난 지 600년이나 지났는데도 뼈가 썩지 않고 그대로 있었는데, 두개골 주위는 약 95센티미터(3尺 2寸)가 되고 뼈의 길이는 대략 3미터(9尺 7寸)나 되었으며, 치아는 하나로 뭉쳐져 있는 데다가 모든 뼈마디가 이어져 있었다. 마침내 경주의 동쪽 산(동악東岳)인 토함산 꼭대기에 사당을 세우고 석탈해사라 하였다.

신라 문무왕 때 세워진 석탈해사당은 조선시대까지 유지된 것으로 보이는데 현재는 흔적도 없이 사라졌다. 토함산 정상 남쪽 방향에 있는 헬기장 부근으로 추정할 뿐이다. 하인 백석이 물을 떠오면서 먼저 마시려다 잔이 입에 붙었다는 전설을 가지고 있는 '요내정'으로 추정되는 포수우물이 동쪽으로 수백 미터 떨어진 곳에 위치하고 있는 점도 정상 부근을 탈해사당의 위치로 보는 근거가 된다.

기록만을 보면 탈해왕릉은 신라시대에 이미 사라지고 소상으로만 남겨졌을 가능성도 있다. 그렇다면 현재 남아 있는 탈해왕릉은 어떻게 조성된 것인가?

《삼국사기》와 《삼국유사》에서 언급한 이래로 《홍재전서弘齋全書》, 《정조실록》 등의 기록에 탈해왕릉이 등장하는 것으로 보아 조선 정조 시대까지 능을 지속적으로 가꾸고 보존했음을 알 수 있다. 그러나 처음 탈해왕릉을 조성했다는 '양정의 언덕'(혹은 '소천의 언덕')이 어디인지는 정확히 알기 어렵다.

물길을 뚫는다는 의미를 지닌 '소천疏川'이란 단어를 단서로 추정해 보면, '소천'이란 말은 중국 하夏나라의 시조인 우禹 임금이 홍수를 다스리는 과정에서 나온 것이다. 우 임금은 그 아버지인 곤鯀이 물길을 막아 홍수를 통제하려다 실패한 것을 교훈 삼아 물길을 터서 막힌 것을 이끌어 줌(疏川導滯)으로써 홍수를 다스려 '치수治水의 신인'으로 일컬어진다. 우 임금의 치수 방법에서 나온 소천이 물길을 소통시킨다는 의미를 지니고 있으므로, 경주의 월성과 남산 사이에 있는 물길(남천南川)을 배가 드나들 수 있도록 파 준 다음에 붙인 이름일 가능성이 크다. 그럼 이 물길은 언제 만들어졌을까?

소천이란 명칭은 문무왕 시대 기록에 탈해왕릉이 소천의 언덕에 있었다는 사실을 적시하는 과정에서 나온다. 따라서 소천은 월성에 왕궁을 축조

숭신전

영녕문

조선시대 지어진 탈해왕릉의 재실과 사당

재실과 비각, 홍살문 등은 모두 조선시대 말기에 지어진 것들이다. 현재의 탈해왕릉은 석씨 후손들이 가늠하여 정한 것이어서 그 진위에 대한 의구심이 크다.

하고 난 다음 전국에서 들어오는 물자와 조세租稅 등을 운반하기 위해 궁궐의 남쪽에서 서쪽으로 흘러나가는 물길을 새롭게 단장하면서 붙여진 이름으로 볼 수 있다. 실제로 월성은 경주의 최고 명당 자리로서, 탈해가 호공의 집을 빼앗아 살았던 곳이므로 그의 능陵도 이곳에 만들어졌을 가능성이 매우 크다. 결국 '강가의 언덕'이라는 월성 부근의 땅은 석탈해 이후 석씨 거주 구역이 되었다가 600여 년이 지난 후 신라의 왕궁이 되었다고 볼 수 있다.

현재의 탈해왕릉은 1969년 8월 27일에 사적 제174호로 지정되었는데, 석씨 후손들이 비정比正한 것이어서 그 진위에 대한 의구심이 크다. 능 주변에는 아무런 시설과 표식이 없으며, 능 아래쪽 평지에는 조선 말기인 1898년에 지어진 재실齋室과 비각 등이 들어서 있다. 사당임을 알리는 입구에는 홍살문이 있고 바로 뒤에 신라석탈해왕비명新羅昔脫解王碑銘과 비각碑閣이 있으며, 그곳을 지나 영녕문永寧門과 경업문敬業門을 거쳐 안으로 들어서면 중앙에 위패를 모시고 제를 올리는 숭신전崇信殿, 왼쪽에 상의재尚義齋, 오른쪽에는 상인재象仁齋가 있다.

여러 기록에 등장하는 신라 왕릉 중 탈해왕릉 외에 벌휴왕伐休王, 내해왕奈解王을 비롯한 일곱 명의 석씨 후손 왕릉은 어디에서도 확인할 수 없는 점 또한 특이하다. 어쩌면 문무왕 시대에 왕궁을 축조하면서 탈해왕릉만을 현재의 위치로 이장하고, 다른 왕릉은 원래 있던 월성 자리에 그냥 두었는지도 모를 일이다.

4

도솔천에서 다시 태어나리!

선덕여왕릉
善德女王陵

여왕은 죽은 뒤 살아생전 자신을 짓눌렀던 모든 것을 벗어던지고 싶지 않았을까? 여왕이 인간 세상의 끝없는 욕망과 고통에서 벗어나는 유일한 길은 불교에 귀의하는 것이었다. 선덕여왕릉에는 인간적인 고뇌에서 벗어나고자 했던 여왕의 마음이 오롯이 담겨 있는 듯하다.

신라의 제27대 군주이자 우리 역사상 최초의 여왕이었던 선덕여왕(재위 632~647)의 무덤은 경북 경주시 낭산狼山의 남쪽 기슭(경주시 배반동 산 79-2)에 자리하고 있다. 선덕여왕릉은 봉분의 크기나 장식물 등이 신라의 여느 왕릉과 다를 바 없으나, 이곳에 왕릉이 조성된 경위에는 특별한 의미가 담겨 있다.

선덕여왕은 세상과 하직할 날을 미리 알고 자신이 죽은 뒤 시신을 낭산의 남쪽 기슭에 묻으라고 지시했는데, 왕릉이 조성되고 10년 뒤 아래쪽에 '사천왕사四天王寺'가 세워지면서 사람들이 여왕의 뜻을 알고 크게 놀랐다고 한다. 불교 경전에 사천왕사 위쪽에 도솔천兜率天이 있다고 했으니, 여왕의 무덤 자리가 바로 도솔천이었던 것이다.

낭산에 자리 잡은 선덕여왕릉

낭산은 신라 초기부터 신이 내려와 노니는 숲으로 신성시된 곳이다. 남쪽 능선 끝에
사천왕사 터가 있고, 동북쪽에는 황복사 터, 서북쪽에는 미탄사 터가 있다. 사천왕사
터 북쪽 솔숲 사이를 오르다 보면 울창한 소나무 사이로 선덕여왕릉이 보인다.

죽을 날과 묻힐 곳 점지한 예지력

선덕여왕이 자신이 죽을 날을 알고 묻힐 곳을 미리 정해 주었다는 이야기는 《삼국유사》에 전한다. 아무 병도 없이 건강하던 여왕이 어느 날 갑자기 여러 신하들을 불러 놓고 말하기를 "내가 아무 해 아무 날에 죽을 것이니 나의 시신을 도리천忉利天(도솔천) 가운데 장사지내도록 하라."고 하였다. 여러 신하들이 그곳이 어딘지를 몰라 물으니 왕이 대답하기를 "낭산의 남쪽이다." 했다. 예언한 날짜인 647년 2월 17일(음력 1월 8일)이 되자 왕이 정말로 세상을 떠나니 여러 신하들이 유언대로 낭산의 남쪽 기슭에 능을 만들어 장례를 치렀다.

그로부터 10여 년이 지난 뒤 문무왕文武王 시대에 불교의 힘을 빌려 당나라군을 물리치고자 사천왕사를 세웠는데, 그 자리가 바로 선덕여왕릉 남쪽의 끝자락이었다. 여러 신하들이 '사천왕의 하늘 위에 욕계欲界의 두 번째 하늘인 도리천이 있다'고 한 불경의 내용을 떠올리고는 비로소 여왕의 성스러움과 신통함을 알 수 있었다. 《삼국사기》의 기록에 따르면, 실제 사천왕사가 세워진 것은 선덕여왕이 세상을 떠나고 32년 뒤인 679년이다.

식욕·성욕·수면욕 등 여러 욕망에 휩싸인 중생들이 사는 욕계의 여섯 하늘(欲界六天) 중 네 번째 하늘인 도솔천은 세계의 중심인 수미산須彌山 꼭대기에서 150만 킬로미터 위쪽에 존재한다고 한다. 도솔천은 석가모니와 미륵보살이 중생을 제도하기 위해 땅으로 내려갈 시기를 기다리고 있는 내원궁內院宮과 수많은 하늘 사람(天人)들이 오욕五欲을 충족하며 즐거움을 누리며 사는 외원궁外院宮으로 나뉜다. 일곱 가지 보석(七寶)과 밝은 빛(光

明)으로 장엄하게 장식되어 있으며, 열 가지 착한 것(+善)과 네 가지 큰 발원(四弘誓願)을 알려 주는 음악이 끝없이 흘러나와 그 소리를 들으면 자연히 불심(菩提心)이 일어난다고 한다.

도솔천은 끊임없이 정진하여 덕을 많이 쌓은 사람, 깊은 선정禪定을 닦은 사람, 경전을 독송하는 사람, 지극한 마음으로 미륵보살을 염불하는 사람, 계율을 지키며 네 가지 큰 발원을 잊지 않은 사람, 널리 복업福業을 쌓은 사람, 죄를 범하고서 미륵보살 앞에 진심으로 참회하는 사람, 미륵보살의 형상을 만들어 꽃이나 향 등으로 장식하고 예배하는 사람 등이 태어날 수 있는 곳, 하늘 사람들이 가장 좋아하는 이상적인 불국세계이다. 선덕여왕은 죽은 뒤 이러한 도솔천에서 다시 태어나기를 간절히 원했던 것이다.

이 이야기에서 짐작할 수 있는 것은 세 가지다. 첫째 불교에 대한 왕의 믿음과 열망이 깊고 적극적이라는 점, 둘째 미래를 내다보는 왕의 예지력이 매우 뛰어나다는 점, 셋째 왕위에 있는 동안 고통과 번뇌가 매우 컸을 것이라는 점 등이다.

선덕여왕 대에 신라는 사회의 이념적 중심체인 불교와 인재 양성 조직인 화랑제도를 중심으로 똘똘 뭉쳐 고구려·백제를 상대로 영토 확장 전쟁을 끊임없이 벌였다. 여왕은 당나라와의 우호를 더욱 돈독하게 함과 동시에 나라 내부의 힘을 기르는 데 힘을 쏟았다. 이 과정에서 백성들의 마음을 하나로 묶는 데 큰 역할을 한 것이 바로 불교였다. 왕과 왕실, 귀족들의 전폭적인 지지를 얻은 불교는 신라를 지탱하는 버팀목이 되었다. 이는 당시 사람들이 불국토를 꿈꾸었던 것, 선덕여왕의 어머니 이름이 석가모니 어머니의 이름과 같은 '마야摩耶'였던 점 등에서도 확인할 수 있다. 분황사, 영묘사, 통도사 등 20여 개의 사찰을 지으며 불교 중흥을 꾀한 선덕여왕은, 자신의 무덤을 도리천 안에 써 달라고 함으로써 그곳에서 다시 태어난 석가모니의 어머니 마야의 전례를 따르고자 했던 것이다.

선덕여왕이 정말 자신의 무덤 아래쪽에 사천왕사가 세워질 것을 미리 알았지는 알 수 없다. 하지만 선덕여왕이 신라 왕 중에서도 특히 예지력과 신통력이 뛰어난 인물로 그려지고 있고, 여왕의 예지력과 신통력이 신라가 고구려 · 백제 등과 어깨를 나란히 할 정도로 국력을 키우는 데에 큰 힘을 발휘한 것은 사실이다.

여왕이기 때문에 맞닥뜨릴 수밖에 없었던 한계를 극복하기 위한 방책이었을까? 부계 중심 사회구성체가 성립된 뒤 오랜 동안 여성이 왕위에 오른 전례가 없었던 1,300여 년 전, 여성이 최고 통치자의 자리에 오른다는 것이 얼마나 어려운 일이었는지는 신라의 세 여왕을 제외하고 백제 · 고구려 · 고려 · 조선을 거쳐 20세기에 이르기까지 여성 통치자가 한 번도 나타난 적이 없었다는 역사적인 사실만 보더라도 충분히 짐작할 수 있다.

"틀림없이 향기 없는 꽃일 것"

우리 민족 최초의 고대국가인 고조선부터 부여, 고구려, 백제, 가야, 신라, 고려와 조선에 이르기까지 여왕이 존재했던 나라는 신라가 유일하다. 선덕여왕이 왕위에 올랐을 당시(632) 신라는 혁거세가 처음 나라를 세운 때부터 700년 가까이 지나면서 국내적으로나 국제적으로 큰 위기를 맞았다.

그런 상황에서 남성만으로 왕위가 계승되어 오던 전통을 깨고 권좌에 올랐으니 여왕의 삶이 얼마나 힘들고 고달팠을지 짐작하고도 남음이 있다.

선덕여왕의 아버지 진평왕眞平王은 슬하에 덕만德曼(선덕여왕), 천명天明, 선화善化 세 공주만 두었다. 그중 맏딸 덕만은 어렸을 적부터 남다른 총명함과 예지력을 발휘했다고 전하는데, 그중 '향기 없는 꽃' 이야기는 특히 유명하다.

진평왕 때인 627년 당나라 태종太宗이 홍색紅色, 자색紫色, 백색白色 세 가지 빛깔의 모란꽃 그림과 그 씨앗 세 되를 신라 왕궁으로 보내 왔다. 그림을 본 덕만공주가 "이 꽃이 곱기는 하지만 틀림없이 향기가 없을 것입니다." 하였다. 진평왕이 웃으며 "네가 그것을 어찌 안단 말이냐?" 물으니, 대답하기를 "꽃을 그렸으나 나비가 없으니 이것으로 알 수 있습니다. 무릇 여자로서 아름다움을 갖추고 있으면 남자가 따르는 법이고, 꽃에 향기가 있으면 벌과 나비가 모여드는 것입니다. 그런데 꽃이 이리 고운 데도 그림에 벌과 나비가 없으니 이는 틀림없이 향기가 없는 꽃일 것입니다." 하였다. 그 후 씨앗을 심어서 꽃이 핀 후에 보니 과연 덕만이 말한 대로 향기가 없었다. 덕만이 왕위에 오른 후 여러 신하들이 "어떻게 향기가 없다는 것을 아셨습니까?" 묻자, "꽃 그림에 나비가 없으니 그것으로 향기가 없음을 알 수 있었는데, 이것은 내가 배우자 없이 홀로 지내는 여인이란 점을 빗대어서 나타낸 것이다."라고 하였다.

이 이야기는 《삼국사기》와 《삼국유사》에 모두 전하는데, 두 기록이 약간 차이가 난다. 설화를 바탕으로 한 《삼국유사》가 여왕의 신통력에 초점을 맞추었다면, 《삼국사기》는 지도자로서의 자질(왕재王才)이 얼마나 훌륭한지를 보여 주는 데 중점을 두었다. 또한《삼국유사》가 중국에서 그림을 보내온 시기를 '처음에'라고만 기술하고 있는 데 반해,《삼국사기》는 그림 이 온 때가 여왕이 공주였을 때라고 밝혀 놓고 있다.《삼국사기》가 여왕의 자질을 강조하는 데 중점을 두었다는 것을 염두에 둔다면, 이 일화가 왕위에 오르기 전 가까운 시기에 일어난 일임을 짐작할 수 있다.

덕만이 왕위에 오르는 과정 역시《삼국사기》와《삼국유사》의 기술이 약간 차이를 보인다.

> 선덕여왕은 이름이 덕만인데 진평왕의 장녀이고, 어머니는 김씨 성을 지닌 마야부인摩耶夫人이었다. 덕만은 성품이 너그럽고 인자하며, 총명하고 민첩하였다. 진평왕은 끝내 아들을 보지 못하고 세상을 떠났으므로 나라 사람들이 맏딸인 덕만을 왕으로 모셨다. —《삼국사기》

> 성골 중에는 남자가 없어서 여자를 왕으로 세우게 되었다(聖骨男盡 故女王立). —《삼국유사》

《삼국사기》에서 '진평왕에게 아들이 없어 맏딸 덕만을 왕으로 세웠다'고 한 것으로 보아 진평왕 시대에는 '왕의 적자'인 아들에게 왕위가 계승되는 것이 굳어진 상태였으며, 또한 다른 왕족의 남자로 왕위를 이을 수도 있었을 텐데 맏딸 덕만을 왕으로 세웠다고 한 데서 한 집안의 독점 세습이 확립되어 있어 왕자가 아닌 공주가 왕위를 잇더라도 큰 문제가 되지 않았음을 알 수 있다.

'성골 남자가 없어서 여자를 왕으로 세웠다'는 《삼국유사》의 기록은 좀 다른 시각에서 볼 수 있다. 애초에 성골과 진골의 구분이 명확하지 않은 데다가 훗날 선덕여왕과 진덕여왕의 뒤를 이어 천명공주의 아들인 김춘추 金春秋(무열왕)가 왕위를 계승한 것으로 보아, 성골이 아닌 진골 출신이 왕권을 이어받는 것도 크게 무리한 일은 아니었던 것으로 보인다. 그럼에도 성골 남자가 없어 여자로 왕위를 이은 데에서 다른 혈통에게 왕위를 넘기지 않으려는 진평왕의 의지를 읽을 수 있다.

여근곡에 숨어든 백제 병사들

남아 전하는 자료가 턱없이 부족하고 너무 간결하여 더 이상의 추정은 어렵지만, '최초의 여왕'이었다는 사실 하나만으로도 덕만이 왕위에 오르는 과정에서 기록 이상의 복잡한 사정이 있었을 것임을 짐작할 수 있다. '성골의 핏줄에는 남자가 없다(성골남진聖骨男盡)'는 논리를 내세운 진평왕의 후원과 화백회의和白會議의 결정에 힘입어 왕위에 오르기는 했으나, 백제와 고구려의 침입이 끊이지 않는 가운데 민심을 수습하고 영토를 지켜내는 것이 힘에 부쳤을 것이다.

선덕여왕은 바다 건너의 강대국인 당나라와의 동맹을 강화함으로써 고립에서 벗어나기 위해 피나는 노력을 기울이는 동시에, 화랑도와 불교를 중심으로 국가 내부의 단결을 도모했다. 특히 불교는 신라 왕실과 선덕여왕을 지탱해 주는 중요한 버팀목이었으니, 이는 자신의 무덤을 도솔천에 만들어 달라고 한 것만 보아도 쉽게 알 수 있다.

《삼국유사》에 따르면, 신라의 수도인 서라벌(경주)에는 석가모니가 세상에 나타나기 전 시대의 부처인 가섭불 때의 일곱 개 사찰 터(七處伽藍之墟)가 남아 있어 이를 '칠처가람七處伽藍'이라고 하였다. 이는 신라가 '불국토'라는 인식을 형성하는 결정적인 단서가 된다. 일곱 개의 장소 중 신라에서 가장 먼저 세워진 사찰이 흥륜사興輪寺(현재의 경주공고 자리로 추정,《삼국유사》에서는 이곳을 '천경림天鏡林'이라 했다)이고, 다섯 번째로 지어진 것이 선덕여왕 즉위 4년(635)에 세웠다는 영묘사靈廟寺이다.

영묘사는 선덕여왕과 특별히 인연이 많은 절이다. 지금은 그 터만 남아 있고 아직 발굴과 복원 작업이 이루어지지 않고 있으나(영묘사 터는 그동안 현 흥륜사 터로 잘못 알려져 있었다), 선덕여왕과 관련하여 많은 이야기를 담고 있는 만큼 선덕여왕릉과 함께 답사해 봐야 할 곳이다.

영묘사 터는 토함산 서편에서 발원하여 불국사를 거쳐 왕궁이었던 월성月城을 끼고 돌아 서쪽으로 내려와 형산강兄山江과 합쳐지는 모래내(남천)의 끝(사천미沙川尾) 부분에 자리하고 있다. 남천을 사이에 두고 혁거세의 왕릉인 오릉과 남과 북으로 마주보고 있는 형국이다. 원래 이 자리에는 큰 연못이 있었는데 선덕여왕의 발원으로 귀신 무리인 '두두리頭頭里'가 하룻밤 사이에 못을 메워 절을 지었다는 이야기가 전해 온다. 영묘사가 완공된 시기가 635년이니, 선덕여왕은 왕위에 오르자마자 영묘사 창건을 서둘렀던 것으로 보인다. 선조의 혼백을 모신 집이 '영묘靈廟'이니 영묘사는 선덕여왕이 부왕인 진평왕의 명복을 빌기 위해 발원하여 지은 것임을 알 수 있다.

《삼국유사》에 따르면, 이 절에는 신통력이 뛰어나며 향가를 짓기도 했던 승려인 양지良志가 만든 작품이 많았다고 한다. 높이가 5미터에 달하는 장륙상丈六像과 수미산須彌山 중턱에서 사방을 지키고 불법을 수호하는 사천왕상四天王像, 벽돌로 쌓아서 만든 전탑塼塔의 기와, 사찰의 현판 등을 모두 양지가 만들었다. 장륙상을 만들 때는 성안에 있는 많은 사람들이 함께 진흙을 날라 도왔는데, 이때 양지가 지어서 사람들이 일할 때 불렀다는 향가가 바로 〈풍요風謠〉이다. 〈풍요〉는 장륙상을 만들기 위한 진흙을 나르는 일이 부처를 향한 공덕功德을 닦는 것임을 노래한 작품이다.

조선 선조 때 편찬된 《대동운부군옥大東韻府群玉》에는 영묘사를 배경으로 선덕여왕을 사모하다 불귀신(화귀火鬼)이 된 남자 '지귀志鬼'의 슬픈 사랑 이야기가 전한다. 선덕여왕의 아름다움에 빠져 사모하는 마음을 품은 '지귀'라는 자가 제대로 먹지도 않고 고민하면서 하루가 다르게 몸이 여위어 갔다. 이 소문을 들은 여왕이 절에 가는 길에 그를 불렀는데, 그녀가 불공을 드리는 사이 지귀는 탑 밑에서 기다리다가 잠이 들었다. 불공을 드리고 나오던 여왕이 그를 보고 가엾게 여겨 자신의 팔찌를 빼서 가슴에 올려놓고 궁으로 돌아갔다. 나중에 잠에서 깨서 이 사실을 안 지귀는 사모하는 마음이 더욱 불타올라 마침내 불귀신이 되어 절과 민가를 불태우고 다녔는데, 이 소식을 들은 여왕이 술사術士에게 명하여 불귀신을 쫓는 주문을 만들도록 했다.

지귀가 마음에 불이 있어 몸을 태우고 불귀신이 되었네, 바다 밖으로 멀리 흘려보냈으니 가까이 있지도 않고 보이지도 않으리.

사람들이 이 주문을 문과 벽에 붙여서 화마를 막았다고 한다. 이 이야기는 불교설화에 바탕을 둔 것으로, 원래는 고려 때 박인량朴寅亮이 지은《수이전殊異傳》에 실려 있었는데,《수이전》은 사라지고《대동운부군옥》에 옮겨 놓아 지금까지 전해지게 되었다.

영묘사와 얽힌 선덕여왕의 예지력과 신통력을 잘 보여 주는 설화가 또 있다.《삼국유사》에 실려 있는 이야기가 바로 그것이다. 영묘사에 있는 옥문지玉門池('옥문'은 여성 성기 바깥쪽을 높여 부르는 말이다)에 겨울임에도 불구하고 개구리 여러 마리가 모여들어 3, 4일 동안 울어 댔다. 사람들이 이상하게 생각해 여왕에게 여쭈자, 여왕이 황급히 각간角干 알천閼川과 필탄弼呑 등에게 "지금 즉시 정예 병사 2천 명을 뽑아 급히 서쪽 교외(西郊)로 나가라. 사람들에게 물어 여근곡女根谷(여성의 음문을 닮은 골짜기)을 찾아가라. 그곳에 반드시 적병이 숨어 있을 것이니 단단히 가두어 모두 잡아 죽이라."고 명했다.

알천과 필탄 등이 각각 군사 1천 명씩을 거느리고 경주 서쪽 교외로 나가서 찾아보니 서쪽에서 들어오는 적으로부터 경주를 방어하는 최고의 요새인 부산성富山城 동쪽 아래에 과연 '여근곡'이란 이름의 골짜기가 있었고, 백제 군사 5백 명이 몰래 들어와 그곳에 숨어 있는 것을 알게 되었다. 두 장수가 군사를 이끌고 기습하여 모두 잡아서 죽였다.

나중에 신하들이 여왕에게 "개구리가 적의 침입을 알리는 것이란 사실을 어떻게 해서 아셨습니까?" 묻자, "개구리가 성난 모양으로 우는 것은 병사의 모양이요, 옥문은 곧 여자의 음부를 가리킨다. 여자는 음陰으로 그 색色은 희다. 흰빛은 서쪽을 뜻하므로 군사가 서쪽 여근곡에 있다는 것을 알 수 있었다. 또한 남근男根은 여근 속에 들어가면 반드시 죽는 법이니 병사가 여근곡에 숨어 있을 것이므로 쉽게 잡을 수 있음을 알았다."고 했다. 이 말을 들은 모든 신하들이 여왕의 성스러움과 슬기로움에 탄복했다고 한다.

여근곡(경주시 건천읍 신평리 산82)은 그 이름처럼 여성의 음문과 매우 흡사하게 생겼다. 여근곡 아래 마을인 신평리에는 여근곡에 얽힌 재미있는 이야기들이 전해 오고 있다. 여근곡 중앙에 맑고 시원한 물이 솟아나는 샘이 있는데, 이 샘물을 흐려 놓으면 신평리 처녀들이 모두 바람이 난다고 하

여성의 음문을 닮은 여근곡
맨 앞, 중앙의 봉우리가 문제의 계곡이다. 바로 백제 병사 5백 명이 숨어 있다 몰살당했다는 곳이다. 여근곡 동쪽에는 '남근산'이란 야산이 있어 재미난 이야기가 전한다.

여 봄만 되면 이웃 동네 남자들이 숨어 들어와 샘물을 흐려 놓으려고 해서 신평리 청년들이 몇 명씩 조를 짜서 밤낮으로 샘물을 지켰다고 한다.

또한 여근곡에서 동쪽을 바라보면 '남근산'이라 불리는 야산이 하나 있는데, 그 이름처럼 거대한 남근이 누워 있는 형상을 하고 있다. 전설에 따르면 남근산의 신이 자신의 거대한 남근을 앞세워 여근곡으로 쳐들어 왔는데, 때마침 옷을 짓고 있던 여근곡의 신이 화가 나서 마름질하던 자로 남근을 쳐서 그 충격으로 남근의 끝이 잘려 나갔다. 그리하여 남근산의 모양이 끝이 잘려 나간 형체를 가지게 되었다고 한다. 실제로 이 마을에는 옛날부터 "여근곡은 흥하고, 남근산은 망한다"는 예언이 전해져 왔는데, 20세기 후반 남근산에 공동묘지가 들어서고, 여근곡은 선덕여왕의 유적지로 찾는 이들이 늘어나고 있으니 예언이 실현된 셈이라고 할 수 있을까?

그런데 안타깝게도 여근곡 중앙에서 솟아나는 맑고 시원한 샘물을 지금은 찾아볼 수 없다. 이유인즉 여근곡에서 신평리 마을 쪽으로 약 500미터 정도 내려온 곳에 위치한 작은 절에서 여근곡 샘을 봉한 후 절 앞마당까지 파이프를 묻어 물이 그곳으로 흘러들도록 만들어 놓았기 때문이다. 기회가 있을 때마다 경주문화재관리국에 유적지의 샘을 훼손하여 절에서 물을 당겨서 쓰는 것을 왜 그냥 두느냐고 항의해 보았지만 아직까지 아무런 조치도 취해지지 않고 있다.

여근곡 서쪽 뒷산인 오봉에는 부산성 터가 있다. 신라 효소왕孝昭王 때 득오得烏라는 낭도가 이곳에 부역을 왔다가 자신이 모시는 화랑 풍월주風月主 죽지랑竹旨郎에 대한 그리움을 노래하였다는 이야기가 전한다. 그 노래가 바로 향가 〈모죽지랑가慕竹旨郎歌〉이다.

낭산은 신라 문화 유적의 보고

불교의 힘을 빌리고 예지력과 신통력을 발휘해도 여왕의 치세治世는 힘에 겨웠다. 끊임없이 이어지는 백제와 고구려의 침범으로 선조들이 넓혀놓은 영토를 지켜 내는 것도 힘이 부쳤다. 이에 여왕은 재위 12년째가 되는 642년에 중국에서 유학 중이던 자장慈藏을 불러들여 불교사상을 왕권 강화의 도구로 적극 활용하는 한편, 당나라에 조공을 바치며 구원을 요청했다. 그러나 당태종의 반응은 싸늘했다. 당태종은 사신에게 "여왕이 통치하니 권위가 없어 고구려·백제 두 나라의 침범을 받게 되었다."고 하면서 별다른 조치를 취하지 않았다. 당나라 황제가 내뱉은 이 말은 적지 않은 영향을 끼쳤다.

647년 1월, 상대등上大等 자리에 있던 비담毗曇과 염종廉宗 등 진골 귀족들이 '여왕이 정치를 잘못한다'는 구실을 내세워 역모 사건을 일으켰다. 비담의 반란은 김춘추와 김유신 등에 의해 진압되기는 했으나, 선덕여왕은 비담의 난이 한참 진행되는 도중 사촌 형제인 진덕여왕眞德女王을 후계자로 정하고 세상을 떠났다.

선덕여왕릉이 자리 잡은 낭산은 신라 초기부터 신이 내려와서 노니는 숲(神遊林)으로 일컬어질 만큼 신령스런 곳이었다. 그 때문인지 낭산 주변은 역사적으로나 문화적으로 중요한 유적지가 상당히 많이 자리 잡고 있는 신라 문화 유적의 보고寶庫이다. 낭산 자락에는 신라 거문고의 명인 백결선생이 살았던 곳, 최치원崔致遠이 머물며 책을 읽었다는 독서당과 그가 마시던 우물 터가 있다. 남쪽 능선 끝에는 사천왕사 터가 있고, 그 앞으로는 월명사가 통소를 불면 하늘의 달이 멈추는 기적이 일어났다고 알려진 월명리 들판이 펼쳐져 있다. 사천왕사는 당나라 군대를 물리치기 위해 명랑법사明朗法師의 발원과 신통력을 바탕으로 세운 대표적인 신라 호국사찰이다. 현재는 터만 남아 있는 상태로 복원 작업을 위해 일반인의 출입을 막고 있다. 사천왕사 터 중간을 동해남부선 철도가 남북으로 가로지르고 있는데, 이 철도는 일제강점기에 개설된 것으로 이로 인해 사천왕사의 금

낭산 남쪽 능선에 있는 사천왕사 터
사천왕사 터 중간을 동해남부선 철도가 가로지르고 있다. 사천왕사는 당나라 군대에 맞서기 위해 세운 신라의 대표적인 호국사찰이다.

당지金堂址 유적이 파괴되었다. 온전한 복원을 위해서는 철도를 옮기는 작업이 함께 이루어져야 할 것이다.

한편, 낭산 동북쪽에는 황복사 터와 삼층석탑, 그리고 서북쪽에는 미탄사 터와 석탑이 있고, 서쪽 중턱에는 마애삼존불과 문무왕의 화장터로 추정되는 능지탑이 있다. 동쪽 벌판에는 선덕여왕의 아버지인 진평왕의 무덤이 있고, 그 부근에 설총의 묘소가 자리하고 있다. 사천왕사 터 동남쪽 방향으로 효공왕릉, 신문왕릉, 신무왕릉 등이 즐비하게 자리하고 있으며, 신문왕릉의 서쪽 편에는 도로 건너편에 망덕사 터와 당간지주가 있다.

사천왕사 터 북쪽으로 난 철길 너머 울창한 솔숲 사이 산길을 따라 300여 미터 올라가면 소나무 사이로 선덕여왕릉이 함초롬한 모습을 드러낸다. 선덕여왕릉은 무덤 밑 둘레가 74미터, 봉분의 높이가 6.5미터, 봉분의 지름이 24미터로, 흙을 둥글게 쌓아 올린 형태를 지니고 있으며, 무덤 맨 아랫부분은 능을 보호하기 위해 자연석으로 2~3단의 축석을 쌓아 흙이 유실되지 않도록 만들었다.

현재까지 남아 있는 신라 왕릉의 형태를 보면, 선덕여왕 이전의 능은 모두 호석護石 없이 흙으로만 봉분이 조성되어 있다. 후대로 갈수록 사람 손으로 다듬은 호석이 등장하여 한층 세련되고 탄탄한 형태로 바뀌며 수호신의 모습을 새겨 넣은 모양이 나타난다. 이런 점에서 볼 때 능 아래쪽에 호석을 쌓아 봉분을 보호함과 동시에 장엄함을 갖추면서 맵시 있게 멋을 낸 신라의 왕릉 형식이 선덕여왕릉에서 비롯되었음을 알 수 있다. 후대의 신라 왕릉은 몇 기를 제외하고는 거의 모두 인공적으로 다듬은 돌을 사용한 데다가 12지신상을 비롯한 다양한 종류의 호신護神을 정교하게 조각한

신라 왕릉 형식의 전환점이 된 선덕여왕릉

그전에는 능의 둘레에 돌려 쌓은 돌 없이 흙으로만 봉분을 쌓았다. 선덕여왕릉은 밑단
을 자연석 축석으로 둘러 튼튼하고 정교한 느낌을 준다.

모습을 하고 있어, 비록 자연석이지만 호석을 사용한 구조를 지닌 선덕여왕릉이 후대 왕릉의 조성에 미친 영향이 매우 컸음을 알 수 있다.

왕위에 머물렀던 시간이 힘들고 고통스러웠으니 죽은 뒤에는 살아생전 자신을 짓눌렀던 모든 것을 벗어던지고 싶지 않았을까? 여왕이 인간 세상의 끝없는 욕망과 고통에서 벗어나는 유일한 길은 불교에 귀의하는 것이었다. 선덕여왕릉에는 인간적인 고뇌에서 벗어나고자 했던 여왕의 마음이 오롯이 담겨 있는 듯하다.

5

출중한 능력으로 '진골 천하'를 이루다

김춘추
무열왕릉
武烈王陵

타고난 국제적 감각과 외교력, 직계 친족 세력과 김유신 등의 혼인 족벌 세력을 바탕으로 한 강력한 통치력으로 신라를 이끈 무열왕은, 백제를 멸망시키고 난 후부터는 하루 세 끼 식사를 두 끼로 줄이더니 백제가 멸망한 이듬해에 세상을 하직한다. 신라의 전성기를 이끈 왕의 무덤치고는 봉분 장식이 소박한 편으로 무덤 앞에는 혼유석魂遊石만 갖추어져 있다.

경북 경주시 서악동 842번지에 있는 신라 제29대 임금 태종太宗 무열왕 武烈王(재위 654~661)의 능은 신라 왕릉 중 무덤의 주인(피장자被葬者)을 분 명하게 알 수 있는 몇 안 되는 무덤이다.《삼국사기》는 무열왕의 능을 영 경사永敬寺 북쪽에 만들었다고 기록하고 있는데, 영경사의 위치가 어디였 는지는 분명하지 않다. 그럼에도 경주 서쪽의 선도산(서악西岳) 동쪽 아래 언덕에 자리한 서악리 고분군의 다섯 기 왕릉 중 가장 아래 위치한 원형봉 토분을 태종 무열왕릉으로 비정할 수 있는 것은, 무덤 옆에 남은 태종무열 대왕지비太宗武烈大王之碑라고 새겨진 이수螭首(용의 형체를 새겨 장식한 비석 의 머릿돌) 덕분이다.

경주 서쪽 서악리 고분군에 위치한 태종무열왕릉

무열왕은 재위 기간은 8년에 불과했지만, 뛰어난 능력과 지혜로 신라의 전성기를 대표하는 왕이 되었다. 무열왕릉 왼편에 저 유명한 거북 모양의 '태종무열왕릉비'(국보 제25호)가 있다.

진골 연합 성사시킨 '문희의 꿈'

무열왕은 8년이 채 안 되는 짧은 기간 동안 재위하였으나, 신라의 왕권을 크게 강화하고 나라의 힘을 길러 백제·고구려 등에 맞서 본격적인 정복전쟁을 시작할 수 있는 기틀을 마련하였다. 신라를 강력한 나라로 탈바꿈시킨 군주 무열왕에 대한 이야기는《삼국사기》를 비롯한 여러 문헌에 다양한 형태로 전하고 있다.

'김춘추金春秋'라는 이름으로 잘 알려진 태종 무열왕은 성골 혈통으로만 왕위를 이어 오던 신라에서 진골 출신으로 왕위에 오른 첫 번째 인물이다. 신라 제25대 왕인 진지왕眞智王(재위 576~579)의 손자로, 진지왕의 아들인 이찬伊飡 김용춘金龍春의 부인이자 신라 제26대 임금인 진평왕眞平王의 딸인 천명공주의 아들이다. 김춘추 집안은 성읍연맹체 형태로 출발한 신라가 박씨와 석씨를 거쳐 김씨만으로 왕위 세습이 이루어진 이래 가장 강력한 세력을 지닌 혈통이었다.

신라시대는 상대上代·중대中代·하대下代로 구분되는데, 그중 상대는 박혁거세(재위 기원전 57~서기 4)부터 제28대 진덕여왕(재위 647~654) 때까지의 711년간으로, 박·석·김 세 성씨의 자손들이 왕위를 돌려 가면서 이어받다가 서기 402년 세상을 떠난 제17대 내물왕奈勿王 때부터 김씨가 왕위를 계승하였다. 이 시기 김씨 왕권이 안정을 찾으면서 신라의 골품제도骨品制度도 성립되었다. 중대는 제29대 태종 무열왕(재위 654~661)부터 제36대 혜공왕惠恭王(재위 765~780)까지로 신라가 가장 안정적으로 번영을 누리던 시기였다. 하대는 제37대 선덕왕宣德王(재위 780~785)부터 마지막 임금인 제56대 경순왕敬順王(재위 927~935)까지로 호족 세력의 성장과 중앙정부의 부패로 신라가 혼란을 겪으면서 쇠퇴하는 시기였다.

신라 상대를 통치한 28명의 임금은 성골, 중대와 하대를 통치한 28명의 군주는 진골 출신인데, 진골 출신으로 왕위에 오른 첫 임금이 바로 무열왕 김춘추이다. 중대에는 김춘추(무열왕)의 직계 자손으로 왕위가 이어졌으며 왕권이 가장 강력했다.

진골 출신이었던 무열왕이 정치적으로 성장해 나가는 과정은 매우 흥미롭다. 김춘추는 진지왕의 손자이면서 진평왕의 외손자라는 막강한 기득권과 세력을 등에 업었지만, 그것만으로는 부족했는지 가야의 왕족이었지만 고국이 신라에 통합되자 진골로 편입되어 들어온 김유신 집안과의 혼인을 통해 세력 기반을 다진다. 《삼국유사》에 실려 있는 김춘추와 김유신의 누이 문희의 혼인 이야기도 이러한 맥락에서 이해할 수 있다.

김유신의 누이인 보희寶姬가 하루는 괴이한 꿈을 꾸었다. 경주 서쪽에 있는 선도산(서악西岳)에 올라 오줌을 누었는데 그로 인해 경주 시내에 홍수가 난 것이었다. 보희가 다음 날 아침 동생 문희에게 꿈 이야기를 하자, 문희가 그 꿈을 사겠다고 나섰다. 보희는 비단 치마를 받고 문희에게 꿈을 팔았다.

그로부터 열흘이 지난 날(정월 보름날 오기일午忌日) 평소 교분이 두터웠던 유신과 춘추가 유신의 집 앞에서 공차기(축국蹴鞠) 놀이를 했다. 이때 김유신이 일부러 김춘추의 옷고름을 밟아 찢어져 떨어졌다. 유신은 "우리 집에 들어가서 떨어진 옷고름을 달도록 하십시다." 하고 보희를 불러 바느질(봉침奉針)을 시켰다. 그런데 보희가 사소한 일로 어찌 가벼이 귀공자를 가까이할 수 있겠냐며 거절하여 어쩔 수 없이 문희에게 바느질을 부탁하였다. 김유신의 속마음을 알아차린 김춘추는 문희와 사귀면서 빈번하게 그녀의 집에 드나들었다.

시간이 많이 지난 후 문희가 임신한 것을 안 김유신은 문희를 꾸짖고 온 사방에 누이동생을 불태워 죽일 것이라고 소문을 냈다. 그 즈음 선덕여왕이 남산에 거둥하려고 길을 나섰는데, 그 틈을 타서 김유신이 자신의 집 앞뜰에 장작을 쌓아 놓고 불을 피우니 연기가 하늘을 찌를 듯이 높이 솟았다. 여왕이 멀리서 연기를 보고 무슨 일인지 물으니 신하들이 대답하기를, "유신이 자신의 여동생을 불태워 죽이려고 그런답니다."고 하였다. 선덕여왕이 이유를 물으니 답하기를, "유신의 여동생이 아비도 알지 못하는 아이를 가졌기 때문이라고 합니다." 하였다. "그럼, 그것은 누구의 소행이란 말이냐?' 물으니 때마침 곁에서 왕을 모시고 있던 김춘추의 얼굴색이 크게 변하는 것이었다. 이를 본 여왕이 말하기를 "이것은 아마도 자네의 소행인 것 같으니 나의 명령이라 하고 빨리 가서 두 목숨을 구하도록 하라." 하였다. 춘추가 말을 달려 유신의 집으로 급히 가서 왕의 명을 전하여 문희를 죽이지 못하게 한 후에 곧바로 혼인을 올려 부부가 되었다.

훗날 선덕여왕의 뒤를 이은 진덕여왕이 세상을 떠나자 김춘추가 왕위에 올랐으며, 문희는 태자太子로서 신라 제30대 왕(문무왕文武王)이 된 법민法敏을 비롯하여 각간 계급에 오른 인문仁問ㆍ문왕文王ㆍ노저老且ㆍ지경智鏡ㆍ개원愷元 등의 왕자를 낳았다. 뿐만 아니라 문희의 셋째 딸 지소智炤는 나중에 삼촌인 김유신의 부인이 된다. 문희가 이처럼 큰 복을 누릴 수 있었던 것은 옛날에 비단치마를 값으로 쳐주고 언니인 보희에게서 좋은 꿈을 샀던 까닭이라 하였다.

무열왕은 이후 제2왕후가 된 김유신의 또 다른 누이 보희에게서 아들 셋과 딸 둘을 더 얻었으니, 대단한 재력과 정력의 소유자라 할 만하다. 무열왕은 한 끼에 쌀 서 말(三斗)과 꿩 아홉 마리를 먹는 대식가이기도 했다. 660년 백제를 멸망시킨 뒤에는 점심을 거르고 아침과 저녁 두 끼만 먹었다고 하는데, 그럼에도 불구하고 왕이 하루에 먹는 양이 쌀 여섯 말, 술 여섯 말, 꿩 열 마리였다고 전한다.

《삼국유사》에서는 재미있는 꿈 이야기로 김유신과 김춘추의 인연을 설명하고 있지만, 사실 두 가문의 결합은 왕족이라는 신분(김용춘과 김춘추)과 군사적 능력(김서현과 김유신)이라는 서로의 필요에 의해 이루어진 것이었다.

잘 알려진 대로 김유신은 신라에 투항한 금관가야 구해왕仇亥王의 자손으로 진골 귀족으로 편입되었는데, 신라에서 큰 세력을 가지지는 못한 상태였다. 김유신 가문은 유신의 아버지인 김서현金舒玄이 진흥왕의 누이인 공주 만명부인萬明夫人과 혼인하면서 새로운 세력으로 성장할 수 있는 바탕을 마련했고, 유신의 누이동생이 김춘추와 혼인함으로써 신라 최고의 권문세가로 부상하였다. 그러나 김유신은 이에 만족하지 않고 또 다른 누이동생 보희마저 춘추에게 보내 제2왕후로 삼게 하였으니 그의 정치적 야욕을 짐작할 만하다. 김유신은 60세의 나이에 여동생 문희와 김춘추 사이에서 낳은 셋째 딸 지소와 혼인했다. 지금 보면 결코 성립하기 어려운 외삼촌과 질녀의 결혼이었지만 당시 신라 사회에서는 별 문제가 되지 않았다.

고구려와 당 오간 '귀토설화' 주인공

김유신 가문과의 결합으로 세력 기반을 다진 김춘추는 내외의 신망을 얻는 데에도 탁월한 능력을 발휘했다. 그는 일본과 당나라·고구려 등을 오가며 외교적 실력을 쌓음과 동시에 국제적 인지도를 크게 넓히면서 괄목할 만한 성과를 냈다. 《삼국사기》에는 그가 고구려에 사신으로 갔다가 죽을 고비를 넘기고 살아 돌아오게 된 이야기가 실려 있는데, 그 내용이 매우 흥미롭다. 우리나라 사람이면 한번쯤 들어 봤을 유명한 설화로 문화사적으로도 후대에 큰 영향을 미쳤는데, 막상 이 이야기가 김춘추와 관련이 있다는 것을 아는 사람은 많지 않다.

신라 선덕여왕 11년(642) 백제가 대량주大梁州(지금의 합천)를 쳐서 격파했을 때 김춘추의 맏딸 고타소古陁炤가 남편 김품석金品釋과 함께 죽임을 당했다. 이를 한스럽게 여겼던 춘추는 진덕여왕 즉위 첫해(647) 고구려에게 구원병을 빌려 백제에 대한 원한을 갚겠다며 사신으로 갈 것을 청하여 허락을 받았다. 김춘추가 궁궐에 당도하니 고구려 보장왕寶藏王은 태대대로太大對盧인 개금盖金을 보내 맞이하고 연회를 열어 환대하더니 이렇게 말했다. "마목현과 죽령은 본래 우리 땅이니 이를 돌려주지 않는다면 그대는 고국으로 돌아가기 어려울 것이오." 춘추가 답하기를 "한 나라의 영토는 신하가 마음대로 할 수 있는 것이 아니므로 저는 감히 그 명령을 따를 수 없습니다." 하니, 고구려 왕은 화를 내며 그를 감옥에 가두라고 명했다.

감옥에 갇힌 춘추는 고구려 왕이 총애하는 신하 선도해先道解에게 푸른 베 300필을 뇌물로 보냈다. 선물을 받은 선도해가 음식을 준비해서 감옥으로 와 함께 먹고 마시면서 이야기를 나누다가 농담조로 다음과 같은 이야기를 들려주었다.

"그대는 일찍이 거북이와 토끼의 이야기를 들은 적이 있는가? 옛날 동해 바닷속에 있는 용녀龍女가 마음에 병이 났는데 의원이 말하기를 '이 병은 토끼의 간을 약에 섞어서 먹으면 나을 것입니다' 했다오. 바다에는 토끼가 없으니 어떻게 하면 좋을지 뾰족한 수가 떠오르지 않아 고민하고 있는데, 거북이 한 마리가 용왕에게 자신이 토끼의 간을 구해 오겠다고 하더니 마침내 육지로 나와 토끼를 만나 말을 걸었지요. '동쪽 바다 가운데 섬이 하나 있는데, 거기에는 맑은 샘과 흰 돌이 있고, 무성한 숲과 맛있는 과실이 있으며, 추위와 더위도 범접하지 못하고 사나운 산짐승도 침범할 수 없다. 만약 네가 그곳에 가기만 한다면 아무 걱정 없이 편안히 살 수 있을 것이다.'

거북이의 달콤한 말에 넘어간 토끼는 거북의 등에 올라타고 섬에 가기로 했답니다. 바다 한가운데로 2~3리 정도를 헤엄쳐 갔을 때 거북이가 토끼를 돌아보며 사실대로 말하니, 토끼는 속으로는 당황했지만 태연한 척하면서 거북에게 말했지요. '아깝다! 나는 천지신명의 후손인지라 배에서 오장五臟을 꺼냈다가 씻어서 다시 넣을 수 있다. 얼마 전 속이 불편하여 잠시 간과 심장을 꺼내어 씻은 후 바위 아래에 두었다. 그런데 그대의 달콤한 말을 듣고 급하게 오느라 간을 그대로 두고 왔으니 다시 돌아가서 그것을 가지고 오지 않을 수 있겠는가! 그렇게 하면 그대는 구하려는 약을 얻게 될 것이고, 나는 비록 간이 없더라도 잘 살아갈 수 있으니 이것이야말로 누이 좋고 매부 좋은 격이 아니겠는가?' 그 말을 들은 거북이가 이번에는 토끼의 꾀에 넘어가 토끼가 원래 살던 곳으로 돌아갔다고 합니다. 육지에 올라간 토끼는 언덕으로 깡충깡충 뛰어 올라가면서 말하기를, '어리석기도 하구나 거북이야! 어찌 간이 없이 살 수 있는 놈이 있을 수 있겠느냐!' 하는 것이었소. 토끼의 말을 들은 거북은 너무나 황당하여 아무 말도 못하고 바다로 돌아갔다고 합니다."

선도해의 이야기를 들은 김춘추가 그 안에 담긴 뜻을 알아차리고 고구려 왕에게 글을 보내 말했다. "대왕께서 말씀하신 곳은 본래 고구려 땅이 맞습니다. 제가 돌아가 우리 대왕에게 말씀드려 이를 돌려보내도록 하겠습니다. 저 하늘의 해를 두고 맹세하겠습니다."

한편, 신라에서는 춘추가 고구려에 간 지 60일이 지나도록 돌아오지 않자 김유신이 용감한 병사 3천 명을 선발하여 고구려로 향할 결심을 하고 날짜를 정해 달라고 왕에게 요청하였다. 이 사실을 안 고구려 첩자가 고구려 왕에게 전했고, 소식을 들은 고구려 왕은 이미 춘추의 맹세를 들은지라 더 이상 춘추를 붙들어 두지 못하고 후하게 대접하여 신라로 돌려보냈다. 고구려의 영토를 벗어나 신라 땅으로 들어온 김춘추는 전송하러 나온 사람에게 이렇게 말했다.

"나는 백제에 원수를 갚고자 고구려에 군사를 요청했다. 그런데 그대의 대왕은 이를 허락하지 않고 도리어 나에게 땅을 요구하였다. 그러나 그것은 한 나라의 신하로서 마음대로 할 수 있는 일이 아니다. 이전에 내가 그대의 왕께 보낸 글은 죽음을 모면하려는 하나의 방편이었을 뿐이다."

'귀토설화龜兎說話'로도 불리는 이 이야기는 인도의 불전설화佛典說話에 바탕으로 두고 있는 것으로, 우리나라 동물설화의 효시이다. 고전소설

《토끼전》의 근원설화로서 100여 종에 이르는 판본이 있을 정도로 많은 사람들의 사랑을 받은 작품이다. 손으로 쓴 필사본筆寫本을 비롯하여 나무활자로 찍은 목판본木版本, 금속활자본에 이르기까지 다양한 판본이 존재하며, 작품의 명칭도 '토끼전', '별주부전鼈主簿傳', '토공전兎公傳', '토생전兎生傳', '토兎의 간肝' 등 매우 다양하다. 18세기 이후에는 호남 지방을 중심으로 발달한 판소리 사설의 창본唱本으로도 만들어져서 수많은 명창들에 의해 불렸으며 '수궁가水宮歌', '퇴별가兎鼈歌' 등의 명칭으로 불린다.

불경에 근거한 불교적인 이야기가 이처럼 강력한 전승력으로 폭넓게 수용되며 우리나라의 대표 설화로 자리 잡을 수 있었던 것은, 많은 사람들의 존경을 받는 무열왕과 연결된 인물설화로 거듭난 덕분이었을 것이다.

실제로 고구려에 구원병을 요청하러 갔다가 목숨까지 위태로울 지경에 이르렀던 김춘추는, 그때부터 당나라와의 외교에 심혈을 기울이기 시작했다. 당나라에 사신으로 갈 것을 자청하여 648년 12월에 둘째아들인 문왕과 함께 신하의 예로 입조入朝하여 당태종의 환대를 받았으며, 국립교육기관인 국학國學을 방문하여 문묘文廟에서 공자를 비롯한 성인들의 신위를 모시고 지내는 제사인 석전釋奠과 경서를 강의하고 배우는 강론講論을 참관하고, 신라의 관리가 입는 모든 의관章服을 고쳐 중국의 제도에 따를 것을 요청하기도 했다.

당태종은 김춘추를 극진하게 대접했다. 중국 역사서는 김춘추가 개인적으로 만난 자리에서 당태종에게 군대 파병을 간곡히 부탁하여 허락을 받아냈다고 기록하고 있다. 당태종의 약속을 받은 김춘추는 믿음의 증표로 함께 들어갔던 아들을 유학생(숙위宿衛)으로 남겨 두고 돌아왔다. 이러한 정책을 주도했던 김춘추가 진덕여왕의 뒤를 이어 보위에 올랐으니 당나라에 대한 신라의 의존은 더욱 강화되었고, 이는 660년 소정방이 이끄는 당나라 13만 대군의 백제 침공으로 이어졌다. 이런 까닭에 무열왕에 대한 역사적인 평가가 썩 긍정적이지만은 않지만, 무열왕에 대한 신라 백성들의 존경과 사랑이 당대뿐 아니라 후대에도 엄청난 영향을 미친 것은 사실이다.

원효의 노래를 알아들은 지혜의 소유자

8년이라는 짧은 기간 동안 재위했으나 무열왕은 신라의 전성기를 마련한 대표적인 왕으로서, 그의 뛰어난 능력과 지혜로움을 드러내는 이야기들이 지금도 많이 전하고 있다. 이는 신라10현新羅＋賢 중 한 사람인 설총薛聰의 아버지인 원효元曉와 요석공주瑤石公主 사이에 벌어진 사건과 노래를 통해서도 확인할 수 있다.

무열왕에게는 부인이 셋 있었다. 정실부인 설씨는 그가 왕위에 오르기 전에 세상을 떠난 것으로 보이고, 김유신의 작은 누이동생 문희가 제1왕후, 큰 누이인 보희가 제2왕후가 되었다. 보희 왕비가 낳은 큰딸(무열왕의 둘째 딸)인 요석공주는 내물왕의 7대손인 김흠운金歆運과 혼인하여 세 딸을 낳았으나, 655년 백제와의 전투에서 남편이 전사하고 과부가 되어 요석궁에 머물고 있었다.

이때 승려였던 원효가 길거리를 다니면서 큰 소리로 노래를 부르기를

"누가 자루 없는 도끼를 내게 빌려 주겠는가! 내가 하늘을 괼 기둥을 깎으리라(誰許沒柯斧 我斫支天柱)"고 하였는데, 사람들이 모두 무슨 뜻인지를 알지 못했다. 당시 원효는 대중 교화의 방법으로 거리를 다니면서 사람들에게 불교를 전파하는 중이었다. 원효가 부른 노랫말은 결국 무열왕의 귀에까지 들어가게 되었는데, 무열왕은 그 노래의 뜻을 금방 간파하고는 "아마도 이 스님이 귀부인을 얻어서 아들을 낳고 싶은 모양이다. 나라에 큰 현인賢人이 있으면 그보다 더한 이익이 없을 것이다." 하더니 요석궁의 관리에게 명을 내리기를 "원효 스님을 찾아서 요석궁으로 모시고 가도록 하라."고 했다.

원효가 옷을 적신 문천의 다리
그때 무열왕의 둘째 딸 요석공주는 과부가 되어 요석궁에 머물고 있었다.

임금의 명령을 받은 관리가 스님을 찾아 나섰는데, 마침 그때 원효가 남산에서 내려와 요석궁 옆에 있는 문천蚊川의 다리를 건너려고 하였다. 관리는 모른 척 다리를 건너다가 비켜 줄 것을 요구하면서 실랑이를 벌였고, 그 과정에서 원효가 다리 밑으로 떨어져 옷이 물에 젖고 말았다. 관리는 죄송하다면서 원효를 요석궁으로 모시고 가서 옷을 말리게 했다. 그리고 한동안 원효가 궁 밖으로 일체 나오지를 않았고, 그가 떠난 후 오래지 않아 과연 요석공주에게 태기가 있었다. 공주가 달이 차서 아이를 낳으니 이 아이가 바로 이두吏讀를 집대성한 설총이었다.

《삼국유사》에 실려 전하는 이 이야기는 무열왕의 지혜로움과 박식함을

무열왕의 손자이자 원효의 아들인 설총의 묘
경주시 보문동 명활산 동쪽 능선에 있다. 설총은 경주 설씨의 시조이다.

잘 보여 준다. 무열왕은 원효가 부른 노래의 뜻을 금방 알아들었을 뿐 아니라, 원효에게서 총명하고 현명한 아이를 얻으면 나라에 이익이 될 것이라는 생각에 과부인 딸을 맺어 주었다.

무열왕의 지혜로움은 당나라에서도 높이 평가하는 바였다. 백제를 멸망시킨 소정방이 의자왕을 사로잡아 알현하자, 당태종이 "어찌하여 백제를 멸망시킨 김에 그 길로 곧바로 신라를 치지 않았는가?" 물었다. 소정방이 말하기를 "그 나라의 군왕은 어질고 신하는 충성스러워 정벌할 수 없었습니다."라고 답하였다고 한다.

타고난 국제적 감각과 외교력, 직계 친족 세력과 김유신 등의 혼인 족벌 세력을 바탕으로 한 강력한 통치력으로 신라를 이끈 무열왕은, 개인적인 목표이기도 했던 백제를 멸망시키고 난 후부터는 하루 세 끼 식사를 두 끼로 줄이더니 백제가 멸망한 이듬해인 661년, 59세를 일기로 세상을 하직한다.

무열왕릉이 포함된 서악리의 다섯 기의 고분군은 사적으로 지정되어 있지만 무덤의 주인이 누구인지는 알 길이 없다. 다만 무열왕릉이 맨 아래쪽에 있는 것으로 보아 김춘추와 혈연적으로 관련이 깊은 왕이나 왕족의 무덤일 것으로 추정된다. 무열왕릉의 봉분 면적은 1만4,169제곱미터, 높이는 약 11미터, 둘레는 110미터이며, 봉분 아래는 자연석을 축대처럼 쌓고 큰 돌을 드문드문 괴어 놓는 방식으로 보호석을 둘렀다. 지면과 수평으로 판 굴 형태의 길을 통해 돌로 만들어진 널방으로 들어가는 '굴식돌방무덤'(횡혈식석실분橫穴式石室墳)으로 추정된다.

신라의 전성기를 이끈 왕의 무덤치고는 봉분 장식이 소박한 편으로 무덤 앞에는 혼유석魂遊石만 갖추어져 있다. 무열왕릉은 1963년 1월 21일 대한민국 사적 제20호로 지정되고, 1972~1973년에 주변 정비가 이루어져 지금과 같은 모습을 갖추게 되었다.

무열왕릉에서 눈여겨보아야 할 것은 국보 제25호인 태종무열왕릉비太宗武烈王陵碑이다. 왕릉 왼쪽 편에 비각을 지어 보호하고 있는 이 비석은 몸돌(비석碑石)은 없어지고, 거북 모양의 받침돌인 귀부龜趺와 용을 조각한 머릿돌인 이수螭首만 남아 있다. 귀부는 거북이 고개를 들고 엎드려 있는 모양으로, 등에 네모난 구멍을 파서 비석을 세울 수 있게 만든 가장 보편

무열왕릉에 있는 '태종무열왕릉비'

화강암으로 된 이 비석은 당나라의 영향을 반영하고 있다. 무열왕릉 이후 신라 비들은 받침돌은 거북 모양, 머릿돌은 용 모양이 되었다.

적인 형상이다. 이수에는 여의주를 물기 위해 다투는 여섯 마리의 용을 정밀하게 묘사한 조각이 있는데, 가운데가 깨져 있는 상태다.

무열왕은 정치사적으로나 문화사적으로나 깊은 족적을 남긴 인물이므로, 왕릉의 역사적 의미를 제대로 이해하려면 왕릉뿐 아니라 무열왕과 관련된 여러 유적들을 함께 살펴보는 것이 중요하다.

무열왕 김춘추와 처남·매부지간이면서 사위과 장인 관계이기도 했던 김유신이 깃발을 달기 위해 만든 돌인 기간지주旗竿支柱, 김유신이 천관을 위해 세운 사찰인 천관사 터, 선도산의 북쪽이자 송화산 남쪽에 있는 김유신묘, 요석공주·원효·설총 이야기의 배경이 된 문천蚊川과 문천교(월정교), 원효가 불도를 닦았던 분황사 터, 요석공주가 머물렀던 요석궁 터, 요석궁과 남북으로 이어지는 남산, 경상도 경산에 있는 설총 탄생지 마을인 지름골(유곡油谷), 경주시 보문동에 있는 설총의 묘, 원효가 열반에 든 골굴암 터, 무열왕릉의 영향을 가장 크게 받은 신문왕릉, 원효와 혜공惠空의 이야기가 서려 있는 포항의 오어사 등을 답사해 본다면, 성골이 아니면서 정치적 세력 또한 약했던 김춘추가 왕위에 오르기까지의 과정과 그 후의 생애를 좀 더 생생하게 이해할 수 있을 것이다.

6

죽어서 동해 용이 되리

문무왕

수중릉
水中陵

"내가 죽으면 우리나라를 침략하는 왜군을 막아 나라는 지키는 큰 용(護國大龍)이 될 것이니 화장한 유골을 동해 바다에 뿌리도록 하라."

경북 경주시 양북면 봉길리 해변에서 동쪽을 바라보면 200여 미터 떨어진 곳에 작은 바위섬 하나가 눈에 들어온다. '대왕암'이라 불리는 이 바위섬이 신라 제30대 왕 문무왕(626~681)의 무덤이다. 이처럼 물 가운데에 능을 만든 '수중릉'은 신라 사회에서 그 이전에도 이후에도 전례를 찾아볼 수 없는 독특한 형태이다. 문무왕릉은 안쪽에 동서남북으로 인공수로를 설치하여 바닷물이 동쪽에서 들어와 서쪽으로 나가게 만들어 수면을 항상 잔잔하게 유지하고, 수면 아래 남북으로 길게 놓인 넓적한 돌 안에 문무왕의 유골을 매장했을 것으로 추정된다.

한편, 대왕암에서 북서쪽으로 1.5킬로미터 정도 떨어진 곳, 토함산에서 발원하여 감은사 앞으로 흘러내려오는 대종천大鐘川과 동해 바다가 만나는 언덕에는 '이견대利見臺'라는 이름의 작고 아담한 정자가 하나 있다. 문무왕을 장사 지내고 얼마 되지 않아 광풍과 우레가 크게 일어나더니 바위

'이견대'에서 바라본 대왕암
이견대는 문무왕 사후 대왕암 위로 황룡이 나타나 신문왕이 언덕에 올라 절을 했다는
곳이다.

위로 황룡이 보이자 신문왕과 신하들이 이 언덕에 올라 절을 했다고 한다. 나라에 이로운 황룡黃龍을 본 곳이어서 이 언덕臺을 '이견利見'이라 부르게 되었으며, 훗날 가뭄이 극심할 때 이곳에 올라 빌면 곧바로 비가 내려 이 언덕에서 기우제를 지내게 되었다고 한다.

이 독특한 무덤은 능을 만들지 말 것과 불교식으로 화장할 것을 당부한 문무왕의 유언에 따라 조성된 것이다.

전쟁을 헤쳐 나간 준비된 태자

신라 천 년의 역사를 이끌어 간 임금은 모두 56명인데, 그중 정사를 제대로 돌보지 못하여 나라를 어려움에 빠뜨린 군주도 있고, 탁월한 판단력과 강력한 지도력으로 신라를 최강의 반열에 올려놓은 군주도 있다. 쉰여섯 명의 군주를 한두 마디로 평가하는 것은 매우 조심스러운 일이다. 그럼에도 후대의 기록자와 역사가들이 나름의 이념과 기준을 바탕으로 선대 지도자의 업적과 과실을 평가하는 것은, 과거 역사에 대한 분석과 비판을 통한 성찰이 지금보다 더 나은 미래를 만들어 나가는 데 밑거름이 되기 때문일 것이다.

문무왕을 한 마디로 평가한다면, 당나라와의 치열한 전쟁을 마무리함으로써 한반도를 중심으로 발해와 신라가 양립하는 남북국시대南北國時代를 본격적으로 열어젖힌 왕이라고 할 수 있으며, 또한 평가는 엇갈릴지언정 천 년의 신라 역사에서 가장 특이한 왕이라는 데에는 이견이 없을 것이다.

문무왕의 이름은 '법민法敏', 태종 무열왕과 문명왕후文明王后(김유신의 누이) 사이에서 맏아들로 태어났다. 법민은 일찍이 왕재王才로 키워져, 어려서부터 통치 기술은 물론이고 외교 문제에 이르기까지 상당히 광범위한 분야에 걸쳐 학습을 받았다. 650년 6월, 진덕여왕이 백제와 싸워 이긴 사실을 당에 보고하면서 직접 지어 비단에 수놓은 5언시五言詩 〈치당태평송治唐太平頌〉을 바칠 때 사신으로 간 사람도 법민이다. 당나라 사신으로 파견될 당시 법민의 나이는 25세로 추정된다. 그때 이미 법민은 신라 왕실의 가장 중요한 과업인 당나라 외교사절의 책임자를 맡을 만큼 능력이 검증된 상태였던 것이다.

법민은 아버지 무열왕이 즉위한 651년, 진골만 오를 수 있는 17개 관등 중 제4등급에 속하는 파진찬波珍飡에 올라 지금의 국방부장관에 해당하는 관직인 병부령兵部令이 되었다가 이듬해에 태자로 책봉되었으며, 660년 아버지 무열왕이 당나라 장수 소정방과 함께 백제를 정벌할 때 종군하여 큰 공을 세우기도 했다. 이처럼 왕재로서 완벽하게 준비된 상태에서 661년 무열왕이 세상을 떠나자 신라 제30대 군주로 등극하였다.

"나는 어지러운 때에 태어나 자주 전쟁을 만날 수밖에 없는 운명이었다. 서쪽을 정벌하고 북쪽을 토벌하여 강토를 평정하였으며, 반란자는 쳐내고 화친하기를 바라는 자와는 손을 잡아 마침내 나라 전체를 안정시켰다." ─ 《삼국사기》 권7

죽음을 앞두고 남긴 이 말처럼, 왕위에 오른 순간부터 문무왕의 재위 기간은 말 그대로 전쟁의 연속이었다. 백제를 멸망시킨 당나라가 신라까지 집어삼키려고 호시탐탐 노리고 있었으며, 백제를 다시 살려 보려는 잔여 세력의 저항도 만만치 않았다. 뿐만 아니라 말갈靺鞨과 연합한 고구려 군대가 끊임없이 신라의 국경을 침범하였다.

문무왕은 즉위하던 그해 7월, 당나라의 요청을 받아 군대를 새롭게 정비하고 8월에 고구려로 진격할 계획을 세웠다. 그러나 백제 부흥군의 저항이 거세어 배후에 적을 두고 전쟁을 할 수 없다는 의견이 분분했다. 문무왕은 지금의 대전광역시 대덕 부근인 옹산성甕山城과 우술성雨述城에 웅거하던 백제 부흥 세력들을 쳐서 항복을 받음으로써 백제의 기세를 크게 꺾어 놓았다. 백제 저항군을 어느 정도 진압했을 때, 고구려로 쳐들어온 당나라 소정방의 군대가 양식이 떨어져 구원을 요청하기에 이르렀고, 이에 662년 2월 김유신의 군대를 보내 임진강을 건너 개성 부근까지 군량을 운반하도록 했다. 날씨도 춥고 식량도 떨어진 소정방 군대는 당나라로 철수하고, 김유신의 군사도 신라로 돌아왔다.

이때는 백제가 완전히 멸망한 상태가 아니고 왕자인 부여 풍扶餘 豊이 다시 왕이 되어 나라를 이끌었으므로 신라와 당나라는 한편으로는 백제와 싸우면서 다른 한편으로는 파상적으로 고구려를 공격하는 양동작전을 펼쳤다. 이처럼 길고 긴 전쟁이 667년까지 계속되었는데, 그 과정에서 백제 부흥군은 내부 분열로 자멸하고 고구려 역시 연개소문이 세상을 떠난 후 권력 다툼이 심해지면서 지도부가 분열되었다.

당나라가 이 기회를 놓칠 리 없었다. 당나라는 668년 본격적으로 고구려를 공격하기 시작하여 그해 2월 지금의 랴오닝성 무순撫順에 있는 신성

新城과 지린성吉林省 장춘長春에 있는 부여성扶餘城 등의 요새를 차례로 공격해 함락시키고 압록강을 건너 평양성으로 진격하였다. 신라에서도 이에 호응하여 같은 해 6월에는 김유신·김인문·김흠순 등이 이끄는 대군을 파견하여 당군과 함께 평양성을 공격하였고, 9월 보장왕寶藏王에게 항복을 받음으로써 고구려는 멸망하게 된다.

이로써 고구려·백제와의 기나긴 전쟁은 신라의 승리로 마무리되었다. 그러나 전쟁은 이것으로 끝이 아니었다.

고구려·백제와 신라는 하나다

승자가 된 당나라는 백제 땅에 웅진도독부熊津都督府를 설치하고, 고구려 땅에는 안동도호부安東都護府를 설치하여 북방의 광활한 만주 땅과 한반도 전체를 지배하려는 야욕을 드러냈다. 상황이 이렇게 되자 문무왕은 백제와 고구려 유민들 및 저항 세력을 폭넓게 껴안으면서 민족적 단결과 단합을 통해 당군과 맞선다. 엄청난 군사력을 보유한 당나라 군대였지만 본국에서 너무 멀리 떨어진 지역인 데다가, 수십 년 동안 전쟁을 치러 온 신라군의 전력도 만만하지 않았다. 어쩌다 승리하기도 했지만 열에 아홉 번은 신라군에 무참하게 패하는 일이 675년까지 반복되었다.

고구려 부흥운동을 가장 강력하게 벌인 사람은 검모잠劍牟岑이다. 그는 고구려 유민들을 모으고 마지막 임금이었던 보장왕의 서자庶子 안승安勝을 왕으로 세우고 부흥운동을 이끌어 나가면서 당나라 군대를 괴롭혔다.

하지만 670년 내부 불화로 안승이 검모잠을 죽인 후 4천 호의 유민들을 이끌고 신라로 망명한다. 이를 받아들인 문무왕은 안승을 지금의 익산에 머무르게 하면서 고구려왕으로 봉하여 당군에 계속 저항하도록 했다. 또한 같은 해에 품일品日과 문충文忠 등이 이끄는 신라군을 보내 옛 고구려 땅에 있는 63개의 성을 공격해 빼앗은 다음, 그곳 백성들을 신라의 영토로 옮겼으며, 천존天存이 이끄는 군대는 다른 7개의 성을 빼앗았고 군관軍官이 이끄는 군대는 12개 성을 함락시켰다. 671년에는 화랑 출신 장군인 죽지竹旨가 이끄는 군대가 지금의 충남 부여군 임천에 있는 가림성加林城에서 당군 3,500명을 죽이는 전과를 올리기도 했다. 신라군의 공격은 육지뿐 아니라 바다에서도 계속되어, 671년에는 서해 바다에서 당나라 운송선 70여 척을 침몰시키기도 했다.

이에 당나라는 674년 대장군 유인궤劉仁軌를 계림도대총관鷄林道大摠管으로 삼아 대군을 보내 침략해 오면서, 문무왕의 동생 김인문金仁問을 일방적으로 신라왕新羅王에 봉해 문무왕에 대한 불신의 뜻을 전달했다. 그러나 신라는 이에 굴복하지 않고 대당항쟁을 계속하였으며, 675년부터는 이 저항이 본격적으로 격화되기 시작한다. 그해에 고구려를 멸망시키는 데에 큰 전과를 세운 설인귀薛仁貴가 당나라에 유학하고 있던 풍훈風訓을 안내자로 삼아 쳐들어왔으나, 신라 장군 문훈文訓이 이를 격파해 1,400명을 죽이고 병선 40척, 싸움말 1천 필을 얻는 전과를 올림으로써 설인귀의 침략도 물거품이 되었다. 또한 20만 대군을 이끌고 침략해 온 대장 이근행李謹行을 지금의 양주에 있는 매초성買肖城에서 크게 격파해 물리침으로써 육로를 통한 당군의 침략을 봉쇄하는 효과를 얻기도 했다. 이듬해인 서기 676년에는 바닷길로 대군을 이끌고 남하하던 설인귀의 군대를 사찬 沙湌 관직에 있던 시득施得이 지금의 장항 포구인 기벌포伎伐浦에서 격파하면서, 신라는 서해 해상권까지 완전히 장악하기에 이른다. 더 이상 견디지 못한 당나라는 평양에 있던 안동도호부를 요동성遼東城으로 옮기고, 신라는 원산만에서 대동강에 이르는 국경선을 확정짓기에 이른다.

문무왕을 중심으로 한 신라 백성과 백제, 고구려 유민들이 힘을 합쳐 싸운 결과 당나라를 몰아내고 고구려 땅의 일부를 신라의 영토로 복속시키는 전과를 올리게 됨으로써 비로소 지루한 전쟁에 종지부를 찍게 된다. 무려 15년에 걸쳐 치열한 전쟁을 벌인 끝에 평화의 시대가 도래했다. 문무왕은 계속되는 전쟁의 와중에도 국가 체제를 지속적으로 정비하였다. 도읍이 국토 동남쪽에 치우쳐져 있는 불편함을 극복하고자 지증왕智證王 때부터 설치되기 시작했던 주州와 소경小京('작은 서울') 제도를 더욱 확대하여 '9주5소경' 제도의 기틀을 마련했다.

이후 신문왕 때 완성된 9주5소경제도는, 아홉 개의 주를 옛 신라의 땅과 백제의 땅, 고구려의 땅에 각각 세 개씩 두고, 다섯 개의 서울은 고구려 땅에 두 개, 백제 땅에 두 개, 가야 땅에 하나를 둠으로써 어떤 지역과 백성도 차별하지 않는다는 의지를 담은 제도적 상징으로 자리를 잡게 되었다. 문무왕이 민족 통합을 위해 얼마나 심혈을 기울였는지 짐작할 만하다.

만파식적의 유래

명실상부한 통일왕국의 기틀을 마련한 문무왕은 서기 681년에 세상을 떠났다. 《삼국사기》가 전하는 문무왕의 유언은 다음과 같다.

"나는 어지러운 때에 태어나 자주 전쟁을 만날 수밖에 없는 운명이었다. 서쪽을 정벌하고 북쪽을 토벌하여 강토를 평정하였으며, 반란자는 쳐내고 화친하기를 바라는 자와는 손을 잡아 마침내 나라 전체를 안정시켰다. 위로는 선조가 남긴 가르침을 받들고, 아래로는 아버지와 형의 원수를 갚았다. 전쟁 중에 죽은 자와 산 자에게 공평하게 상을 주었고, 안팎으로 관작을 고르게 나누어 주었다.

무기는 녹여서 농기구를 만들어 백성들로 하여금 하늘이 주신 수명을 다할 수 있도록 하였으며, 납세와 부역을 줄여 집집마다 넉넉하고 사람마다 풍족하게 함으로써 백성들은 자기의 집을 편하게 여기고 나라에는 근심이 사라지게 하였다. 창고에는 산처럼 곡식이 쌓이고 감옥에는 잡초가 우거졌으니 가히 선조들에게 부끄러울 것이 없었고, 백성들에게도 부담을 느낄 것이 없었다고 할 만하다.

내가 어려운 일을 많이 겪어서 마침내 병이 생겼고 나랏일을 돌보는 것에 힘이 들어 더욱 병이 위중하게 되었다. 운명이 다하면 이름만 남는 것은 예나 지금이나 같으니 죽음의 어두운 길로 돌아가는 데에 무슨 여한이 있겠는가! 태자는 일찍부터 현덕을 쌓았고 오랫동안 동궁의 자리에 있었으니 위로는 여러 재상으로부터 아래로는 낮은 관리에 이르기까지 죽은 자를 보내는 의리를 어기지 말고 산 자를 섬기는 예를 잊지 말도록 하라. 종묘宗廟의 주인은 잠시라도 비어서는 안 될 것이니 태자는 나의 관 앞에서 왕위를 계승하도록 하라. 세월이 가면 산과 계곡도 변하고, 세태 또한 흐름에 따라 변하는 것이니 옛 왕들의 화려함이 무슨 소용이 있겠는가! 그리고 모든 일을 일사천리로 처리하던 옛날의 영웅도 마지막에는 한 줌의 흙으로 돌아가니 나무꾼과 목동들이 그 위에서 노래하고, 여우와 토끼는 그 옆에 굴을 팔 것이다. 그러므로 헛되이 재물을 낭비하는 것은 역사서의 비방거리가 될 것이요, 헛되이 사람을 수고롭게 하더라도 나의 혼백을 구제할 수는 없을 것이다.

이러한 일을 조용히 생각하면 마음 아프기 그지없으니 이는 내가 좋아하는 바가 아니다. 숨을 거둔 열흘 후에 궁궐의 중간문(고문庫門)이 있는 바깥뜰(외정外庭)에서 나의 시체를 불교의 법식으로 화장하라. 상복喪服을 입는 방법은 본래의 규정이 있으니 그대로 하되, 장례의 절차는 철저히 검소하게 해야 할 것이다. 변경의 성과 요새 및 주와 군의 과세 중에 절대적으로 필요하지 않은 것은 잘 살펴서 모두 폐지할 것이요, 법령과 격식에 불편한 것이 있으면 즉시 바꾸고 원근에 포고하여 백성들이 그 뜻을 알게 하라. 다음 왕(신문왕)이 이를 행하도록 하라!"

이와 함께 조정의 신하들에게 부탁하기를 "내가 죽으면 우리나라를 침략하는 왜군을 막아 나라를 지키는 큰 용(護國大龍)이 될 것이니 화장한 유골을 동해 바다에 뿌리도록 하라."는 말을 남겼다고 한다.

왕이 세상을 떠나자 날짜에 맞춰 유언대로 화장을 한 뒤 감포 앞의 바다 문무왕이 세상을 떠나자 유언대로 화장을 한 뒤 감포 앞 바다의 큰 바위(大石) 위에 장사 지냈다. 문무왕의 뼈를 장사 지낸 연유로 그 바위섬을 '대왕석大王石'이라 부르게 되었다.

위에 있는 큰 바위(大石) 위에 장사 지냈다. 그 바위의 모양은 높고 험하며, 우뚝 솟은 고개처럼 생긴 돌이 작은 섬을 이루고 있었다. 문무왕의 뼈를 장사 지낸 연유로 인해 그 바위섬을 '대왕석大王石'이라 부르게 되었다. 동해의 호국룡이 되겠다는 문무왕의 다짐은 그가 죽은 이후에도 신이한 행적으로 이어졌다. 《삼국유사》에 실린 만파식적萬波息笛 이야기를 보자.

신문왕이 재위 2년 5월 1일 동해 바다를 지키는 관리(해관海官)인 박숙청朴夙淸이 아뢰기를 "대왕석이 있는 바다에서 작은 산이 물결을 타고 감은사를 향해 들어왔다가는 나가고 나갔다가는 들어오곤 합니다." 하였다. 천기를 살피는 관리(일관日官)인 김춘질金春質에게 점을 쳐 보라고 하니 "해룡海龍이 된 문무왕과 천신天神이 된 김유신이 힘을 합쳐 나라를 지키는(守城) 보배를 주려고 하니 바닷가로 가시면 값으로 매길 수 없는 엄청난 보배를 얻을 수 있을 것입니다." 했다.

왕이 신하들과 함께 이견대에 가서 보니 떠 있는 산(부산浮山)이 마치 거북의 머리처럼 생겼는데, 그 위에 대나무가 보였다. 그 대나무는 낮에는 두 개로 나뉘었다가 밤이 되면 하나로 합쳐졌다. 때마침 바람과 비가 몹시 불어 가까이 갈 수 없었는데, 16일이 되어서야 물결이 잔잔해져 왕이 그 산에 들어가니 용이 나와서 검은 옥대를 바치는 것이었다. 왕이 "이 산과 대나무가 갈렸다 합쳤다 하는 것은 무슨 까닭인가?" 물었다. 용이 대답하기를 "비유하자면, 한 손으로는 소리를 낼 수 없지만 두 손뼉을 마주치면 소리가 나듯이 이 대나무도 합쳐지면 소리가 나게 되니 이것은 왕께서 소리로 천하를 다스릴 아주 좋은 징조입니다. 왕께서 이 대나무를 가져다가 '저笛'를 만들어 불면 천하가 화평和平하게 될 것입니다. 선친께서는 큰 용왕이 되었고 김유신은 다시 천신이 되었는데, 두 성인이 한마음으로 제게 부탁하여 이러한 보배를 바치게 된 것입니다." 하였다. 이 말을 들은 신문왕이 용에게 큰 사례를 하고 배를 타고 뭍으로 나오니 산과 용이 모두 사라지고 보이지 않았다. 궁으로 돌아온 왕은 그 대나무로 저를 만들어서 천존고天尊庫에 보관했는데, 이것을 불면 침략했던 적병도 물러가고, 사람들의 병이 나으며, 가물 때에는 비가 내리고, 장마는 개이도록 하면서 파도가 잔잔해지는 것이었다. 그래서 그 저의 이름을 모든 근심과 걱정이 사라진다는 뜻을 지닌 '만파식적萬波息笛'이라고 하였다.

수도검침원이 발견한 비석 조각

무덤에 묻힌 사람의 사적事跡을 칭송하기 위해 성명과 행적 등을 자세하게 적어 돌에 새긴 후 일정한 양식에 맞추어서 제작한 형태로 만들어 세워 놓은 것을 비석碑石이라고 하는데, 옛날의 왕릉에는 거의 예외 없이 서 있다. 비석의 형태는 맨 아랫부분으로 돌로 된 비신을 받치는 대좌臺座, 직사각형의 돌로 죽은 이의 성명과 행적을 적은 비신碑身, 화려한 무늬로 장식하고 비신을 덮어 보호하는 구실을 하는 개석蓋石의 세 부분으로 이루어져 있다. 현재 일반적으로 알려진 왕릉의 비석과 같은 모양을 갖춘 시기는 통일신라와 발해의 남북국시대(698~926)였던 것으로 보이는데, 그중 문무왕릉 비석은 여러 면에서 특이해 눈길을 끈다.

신라의 왕릉 중 무덤 주인의 행적을 자세하게 적은 비석이 있는 경우는 별로 많지 않다. 현재까지 발견된 자료에 따르면 제29대 태종무열왕, 제30대 문무왕文武王, 제33대 성덕왕聖德王, 제42대 흥덕왕興德王 정도가 확인될 뿐이다. 다른 비석은 모두 왕릉 옆에 세워져 있지만, 문무왕 비석만은 사천왕사 부근에 서 있었던 것으로 확인된다. 비석이 서 있던 위치도 뜻밖이지만, 비석이 발견된 과정 또한 흥미롭다.

문무왕비文武王碑가 처음 발견된 것은 조선 정조 재위 20년인 서기 1796년이다. 조선 후기 문신으로 영조와 정조 시대에 주로 활동했던 홍양호洪良浩(1724~1802)가 자신의 문집인《이계집耳溪集》에서 문무왕 비석에 대해 다음과 같이 기술하였다.

내가 지난번 신라의 옛 도읍지인 경주의 부윤府尹으로 갔을 때(1790) 가뭄이 심하게 들어 기우제를 올리는 장소인 이견대를 갔는데, 그때 문무왕이 죽어서 동해용이 되었다는 황당한 이야기를 듣게 되었다. 너무 어이없는 말인지라 믿을 수가 없어서《삼국사기》를 찾아보니 그곳에도 같은 내용이 기록되어 있었다. 참으로 이상하다고 생각했지만 그러한 사실을 증빙할 자료를 찾지 못하고 있었다. 그로부터 36년이 지난 1796년(정조 20)에 경주에 사는 농부가 밭을 갈다가 들판 가운데 묻혀 있는 돌비석 하나를 우연히 발견했는데, 이것이 바로 문무왕비였다. 머리 부분이 떨어져 나가 자세히는 알 수 없으나 비석에 글씨를 쓴 사람이 한눌유韓訥儒라는 것과 나무를 쌓아서 장례를 치른(葬以積薪) 다음에 뼈를 부수어서 바다에 뿌렸다(碎骨鯨津)는 사실 정도는 확인할 수 있었다. 이러한 점으로 미루어 볼 때《삼국사기》의 내용이 잘못된 것

1961년 발견된 문무왕릉비 비석 하단(위)과 2009년 발견된 상단부 비편

아직 발견되지 않은 부분이 남아 있고 마모가 심하지만, 이 비석이 지닌 가치는 상상 이상이다. 특히 상단부에 새겨진 내용으로 문무왕의 정확한 출생년도가 밝혀졌다.

이라고 할 수는 없을 것으로 생각된다.

홍양호는 이 비석의 탁본을 만들었다. 옛날 비문에 유난히 관심이 많았던 그는 이것을 청나라 금석학자金石學者인 유희해劉喜海에게 보냈다. 이렇게 하여 문무왕비의 일부가 유희해가 쓴 《해동금석원海東金石苑》에 실리게되었다. 그 뒤 비석의 실물이 어떻게 되었는지 알지 못하다가 금석문을 집대성한 추사 김정희秋史 金正喜에 의해 다시 한 번 발견되어 고증을 거치게된다. 그가 지은 《해동비고海東碑攷》의 기록을 보자.

문무왕비는 경주 낭산 남쪽 기슭에 있는 선덕왕릉의 아래이며 신문왕릉의 앞에 있는데, 비석은 없어지고 비석을 꽂았던 받침대만 남아 있다. 1817년 경주에서 고적을 찾아 헤매다가 돌로 쌓은 어느 밭둑을 파헤쳤더니 비석의 아랫부분이 있었다. 이것을 가져다 받침에 꽂았더니한 치의 어긋남도 없이 맞았다. 또 다른 조각 하나가 풀숲에 있었는데문무왕비의 아래쪽과 일치했다. 나머지 부분은 찾을 수가 없다.

이처럼 기록에만 두 번 등장하고, 실제 비석은 어디에서도 찾을 수가 없었다. 그러다 1961년 비석의 아랫부분이 발견되었다. 조선시대까지 경주관아官衙가 있던 자리 부근인 경주시 동부동 한 민가의 정원에서 발견된비석의 파편은, 3만5천 원의 비용을 보상한 후 회수되어 1961년 9월 11일경주국립박물관에 보관하게 된다. 그 뒤로도 비석의 윗부분은 발견되지않았는데, 2009년 9월 수도검침원에 의해 발견되어 세상에 알려지게 되었다. 민가를 돌아다니면서 물 사용량을 조사하던 여성 검침원이 비석의 하단부가 발견된 집에서 120미터 떨어진 가정집 수돗가에서 글자가 새겨져 있는 돌 하나를 발견하여 신라문화동인회에 연락해 현장 조사를 한 결과 문무왕비의 상단 부분임이 확인되었다. 문무왕비는 이처럼 우여곡절 끝에 모습을 드러냈지만, 아직 일부가 발견되지 않고 있으며 현재 남아 있는 파편도 마모가 심해 알아볼 수 없는 글자들이 상당히 많다. 그럼에도 불구하고 이 비석에 실려 있는 내용은 실로 엄청나다.

문무왕릉비에서 가장 놀라운 내용은, 자신의 선조가 중국 대륙 북쪽에서 활동했던 흉노匈奴족이라고 밝히고 있는 부분이다. 구체적으로 '하늘에 제사를 지내는 투후의 자손이 7대를 전하여(秺侯祭天之胤傳七葉)'라는 표현인데, 여기서 '투후'란 '투 지방의 제후'라는 뜻으로 한나라의 김일제金日磾란 자를 가리킨다. 한무제가 흉노와 싸울 때 청년 장수 곽거병을 보내 항복을 받아 내는 과정에서 흉노의 제후였던 휴도왕休屠王이 배반을 당해 살해당하고, 그 배신자에 의해 태자인 김일제가 포로로 넘겨져 한나라로 끌려왔다. 처음에 김일제는 궁궐의 말을 기르는 노예가 되었으나 한무제의 눈에 띄어 노예에서 해방되었다. 그 후 김일제는 온 마음을 다해 충성을 보였으며 한무제를 암살하려는 시도를 막아 낸 공을 인정받아 거기장군車騎將軍이 되고, 김金씨 성을 하사받았으며 노년에는 투秺 지역을 땅으로 받아 제후에 봉해져 김일제를 '투후秺侯'라고 부르게 되었다(휴도왕이 금으로 만든 금인金人으로 하늘에 제사를 지냈기(祭天) 때문에 김金씨 성을 하사받았다고 한다).

기록에 따르면 제후가 된 김일제의 후손은 7대까지 이어졌다가 후한 광

감은사 삼층석탑(위)과 금당 터

문무왕은 죽어서 바다용이 되는 데 만족하지 않고 감포 바닷가에 절을 지어 왜군을 막고자 했다. 아들 신문왕이 완공한 감은사는 사라지고 석탑 두 개와 금당 흔적만 남았다.

무제光武帝 때 크게 몰락하였다고 하는데, 이를 문무왕비에서는 '15대조 성한왕星漢王은 그 바탕이 하늘에서 내리고 그 영이 선악에서 나와 임하였으니(十五代祖星漢王 降質圓穹誕靈仙岳肇臨)'라고 기술하고 있다. 성한왕은 신라의 세 번째 시조인 김알지金關智를 지칭하므로, 그가 바로 투후 김일제의 15대 손이 된다는 뜻이다.

문무왕비에 담겨 있는 이 내용의 해석은 크게 두 가지로 엇갈린다. 하나는 당나라와 큰 싸움을 끝낸 문무왕이 신라의 조상이 중국 한족韓族이 아닌 흉노족이라는 사실을 널리 알린 것으로, 비석 내용을 선입견 없이 해석하고 연구해야 한다는 주장이다. 다른 하나는 당나라의 힘이 필요했던 신라의 사대주의적 발상에서 비롯된 터무니없는 기술이라는 입장이다.

문무왕비에서 또 하나 특기할 것은 문무왕의 출생년도이다. 《삼국사기》 등의 역사서에는 문무왕이 세상을 떠난 연도와 날짜는 정확하게 기록되어 있지만 출생 시기에 대한 언급은 전혀 없다. 그런데 새롭게 발견된 비석에 '~궁 앞채에서 돌아가시니 향년 56세였다(宮前寢時年五十六)'라는 내용이 있어 문무왕의 출생년도를 계산할 수 있게 되었다. 역사 기록에 의하면 문무왕이 세상을 떠난 해가 서기 681년이니 지금의 나이 환산법으로 계산하면 왕의 출생 연도는 서기 626년이 된다. 이러한 계산은 문무왕의 동생인 김인문이 태어난 해가 629년인 것과도 부합한다. 재미있는 것은 문무왕의 출생 기록이 위서僞書 논란을 불러일으키고 있는 《화랑세기》에서도 발견되는데, 이에 따르면 김유신이 문희를 불에 태워 죽이겠다고 난리를 피워 김춘추와의 혼사를 성사시킨 해가 626년이다. 여러 기록과 정황으로 볼 때 문무왕이 태어난 해를 서기 626년으로 비정해도 무리가 없을 것으로 생각된다.

문무왕릉 비석은 전체가 아니라 대편大片 두 개, 소편小片 한 개밖에 발견되지 않았지만 소중한 역사적 정보를 전해 주고 있어서 사료적 가치가 매우 높다.

신라의 왕릉 중 유일무이하게 바다 가운데에 무덤을 만들도록 했던 문무왕이 이런 유언을 남긴 데에는 그럴 만한 이유가 있었던 것으로 파악된다. 서쪽과 북쪽에 있는 백제와 고구려 등과 오랜 전쟁을 하는 시기에도 동쪽의 왜구가 끊임없이 동쪽 변경을 침범하여 백성들의 삶을 피폐하게 만들었다. 동쪽 섬나라에서 가해 오는 이러한 위협은 고구려와 백제가 멸망한 후에도 계속되는 데다 날이 갈수록 그 정도가 심해지는 경향이 있었기 때문에, 문무왕으로서는 동쪽의 바다를 굳건하게 지키는 것 또한 매우 중요한 국정 과제임을 잘 알고 있었다.

그런 이유로 문무왕은 생전에 감포甘浦 바닷가에 사찰 하나를 건립하기 시작했다. 동해 바다로 신라를 침범해 오는 왜군을 진압하기 위한 절(鎭國寺)이었다. 그러나 문무왕은 이 절을 완성하지 못하고 세상을 떠났다. 신문왕이 682년에 이 절을 완공하고 이름을 '감은사感恩寺'라고 했다.

이견대에서 경주로 들어오는 대종천 옆에 있었던 감은사는 삼층석탑 두 개와 금당金堂의 흔적만 남아 있다. 신문왕은 금당 아래에 긴 돌(장대석長大石)을 쌓아서 높이 60센티미터의 지하 공간을 만들어 바닷물이 들어올 수 있게 함으로써 호국룡이 된 문무왕이 자유자재로 감은사까지 드나들 수 있도록 세심하게 배려했다. 죽어서도 동해용이 되어 동쪽 왜구를 막겠다는 아버지의 애틋한 다짐이 이뤄지도록 축수祝手하는 마음이랄까.

7

기우는 국운을 되살리려 애썼으나

헌강왕릉
憲康王陵

뚜렷이 내세울 만한 업적이 많지 않은 탓일까? 헌강왕릉은 무덤을 찾는 사람이 많지 않아 쓸쓸하다는 느낌이 들 정도로 한적하다. 울창한 솔숲에 싸여 있으나, 왕과 처용의 슬픈 역사 때문인지 처량하다는 생각을 떨칠 수가 없다.

'거문고 갑을 쏘라'고 적힌 문서가 나와 소지왕의 목숨을 구했다는 전설과 까마귀에게 오곡밥으로 제사를 지내는 풍속이 생겨난 장소로 경주시 남산동에 있는 '서출지書出池'라는 이름을 가진 연못은 풍광이 소박하면서도 아름다운 데다가 남산으로 연결되는 등산로가 있어서 경주를 방문한 관광객이 많이 찾는 여행 코스 중 하나이다. 그러나 서출지 주변에 신라 하대下代의 왕 중 정강왕定康王(재위 886~887)과 헌강왕憲康王(재위 875~886)의 무덤이 있다는 사실을 아는 사람은 그리 많지 않다.

경주 시내에서 남쪽으로 이어지는 산업로를 따라가다 사천왕사지 삼거리에서 오른쪽으로 난 통일로를 따라 2킬로미터 정도를 가면 오른쪽 길 옆에 신라 헌강왕릉이라고 쓴 작은 팻말이 하나 눈에 들어온다. 사람들이 많이 찾는 명소 중 하나인 서출지는 여기서 300여 미터를 더 가야 나온다. 이 자리에서 고개를 돌려 남산 쪽을 올려다보면 울창산 소나무 숲 사이로 오솔길 하나가 고즈넉하게 나 있는데, 이 길을 따라 약 150미터를 올라가면 갑자기 하늘이 뻥 뚫리면서 크고 둥근 모양을 한 능묘가 하나 나타나니, 바로 처용과 관련이 깊은 헌강왕의 능이다(경북 경주시 남산동 산 55번지).

신라의 다른 왕릉과 마찬가지로 흙을 쌓아 올려 둥글게 만든 원형봉토분으로 지름 15.3미터, 높이 4.2미터 정도의 크기다. 능의 밑 둘레에 길이 60 ~120센티미터, 너비 30센티미터 내외의 다듬은 돌을 4단으로 쌓아 올려 튼튼하게 받치고 있는 모습으로 보아 신라 후기의 능묘임을 알 수 있다.

경주시 남산동의 서출지

소지왕의 목숨을 구했다는 '거문고 갑을 쏘라'는 일화로 유명한 이 연못 부근에 헌강왕릉이 있다.

이 무덤의 주인공인 신라 제49대 헌강왕은 신라의 기운이 쇠망하던 시기의 왕이다. 뚜렷이 내세울 만한 업적이 많지 않은 탓일까? 무덤을 찾는 사람이 많지 않아 쓸쓸하다는 느낌이 들 정도로 한적하고 어두운 느낌을 준다. 자연적으로 볼 때는 울창한 솔숲에 싸여 있어서 좋은 환경이라고 할 수 있지만, 왕과 처용의 슬픈 역사를 마음속에 간직하고 가서 그런지 처량하다는 생각을 떨칠 수가 없다. 그런데《삼국유사》에서는 이 시기를 아주 평화로운 태평성대로 기술하고 있어서 눈길을 끈다. 요즘 하는 말로 태풍

울창한 솔숲 사이로 보이는 헌강왕릉
헌강왕릉을 찾는 사람은 많지 않다. 헌강왕은 신라 쇠망기의 왕이기 때문이다.

전야의 고요함을 그렇게 서술한 것인지는 몰라도, 역사적 사실과 설화적 기술을 대비시켜 보면 짠한 마음이 드는 것은 어쩔 수 없다.

서로 즐기며 칭찬한 쇠망의 시기

신라 제49대 헌강대왕의 시대는 경주에서부터 바닷가에 이르기까지 집이 늘어서 있고 담장이 이어져 있었는데, 초가집은 한 채도 없이 모두 기와집이었다. 길에는 음악 소리가 끊어지지 않았고, 바람과 비가 1년 내내 순조로워서 그야말로 태평성대였다. ―《삼국유사》〈紀異第二〉, 處容郎 望海寺

그야말로 태평성대였다니, 신라 하대의 역사적 상황과는 좀 거리가 먼 기술로 보인다. 당시 신라는 《삼국유사》의 기록처럼 겉으로는 태평성대 였을지 몰라도, 내부적으로는 혼란이 점차 가중되고 있던 때였다. 헌강왕 재위 7년(881) 3월, 왕이 임해전에서 여러 신하에게 연회를 베푼 자리에서 거문고 연주가 흥을 돋우는 가운데 좌우의 신하들이 태평성대를 찬양하는 노래(가사歌詞)를 지어 올리면서 군신이 하나 되어 마음껏 즐긴 일이 있는데, 이에 대해 최치원崔致遠은 다음과 같이 말했다.

옛날의 뛰어난 군주는 비록 자신이 펼친 정치가 매우 만족스럽다 하더라도 한 번도 자만하는 마음을 가진 적이 없었고, 옛날의 총명한 신하들은 비록 임금의 덕이 성스럽다 하더라도 옳은 도리로써 임금의 잘못을 고치도록 간하는 규간規諫의 충성을 잊은 적이 없었다. 신라는 중간에 여러 번 엄청난 변란을 겪은 적이 있고, 신무왕이 반정反正을 한 이후로부터 헌강왕에 이르기까지 평안하고 안정(平康)된 시대라고는 하나 근본이 이미 좀먹었으니 가지와 잎이 비록 무성하다 한들 어찌 잘 보존할 수 있겠는가? 이는 바로 임금과 신하가 두려워하여 조심하고 반성해야 할 때였음을 보여 주는 증거라고 할 수 있다. 그런데 아래 위가 모두 놀이로 세월을 보내고, 서민이 환락을 서로 뽐내고 거문고와 비파(금슬琴瑟), 그리고 시와 노래(사부詞賦)로 마구 즐기며 더구나 서로 칭찬하여 너무나 태연스럽게 스스로 잘난 체하면서 구차스럽게 자족하는 마음만 있고 경계하여 서로 이루어 주는 뜻이 없었으니 신라의 쇠망할 조짐은 여기에서 결정된 것이다.

최치원은 '두려워하여 조심하고 반성해야 할 때, 마구 즐기며 서로 칭찬하니 신라의 쇠망할 조짐이 여기에서 결정되었다'고 비판하였다. 그의 말처럼 신라의 운이 기울 징조는 이미 헌강왕의 아버지인 경문왕景文王 때부터 나타나기 시작했다. 경문왕이 세상을 떠나기 몇 달 전인 875년 2월, 불길한 징조라는 혜성 패성孛星이 나타나 20일 동안이나 없어지지 않았으며, 5월에는 용이 왕궁의 우물에 나타났다는 기록도 전한다. 그로부터 두 달 뒤 경문왕이 세상을 떠나고 뒤를 이어 보좌에 오른 이가 바로 헌강왕이다.

헌강왕은 재위 기간 동안 불교와 국학國學에 큰 관심을 가졌고, 이를 통해 국력을 키워 신라를 부강한 나라로 만들려 하였다. 국학은 유학儒學의 이념을 학습하여 나라의 인재를 길러 내는 국립기관으로 신문왕 때(682) 설치되어 운영된 국립대학이다. 헌강왕이 국학에 특별한 관심을 가진 것은, 신라 하대에 거의 모든 권력을 잡고 있던 진골 세력들의 갈등이 심화되면서 나라 운영이 어려운 지경에 이르렀기 때문으로 보인다.

헌강왕은 종교적 성격보다는 정치적 성격이 강한 유학이 왕권 강화와 지배 체제를 공고히 하는 데 유용할 것이라고 보고, 국학 진흥을 위해 당나라에 유학 갔다 돌아온 6두품 출신 학자들을 우대하고 국내 6두품 젊은이들에게도 폭넓게 기회를 제공함으로써, 그들의 정치적 성장을 도와 국왕 지지 세력을 넓히고자 했다. 또한 불교에도 지대한 관심을 기울여 망해사望海寺를 비롯한 여러 사찰을 건립했으며, 그곳에 행차하여 문신文臣들에게 시를 지어 바치게 하는 행사를 열기도 했다.

이처럼 기울어져 가는 신라를 다시 살려 보려는 헌강왕의 눈물겨운 노력이 역사 기록 곳곳에 남아 있지만, 이미 앞 시대부터 시작된 부패와 타락의 사슬이 점차 나라 전체를 짓눌러 왕실의 노력만으로는 막기 어려운 지경에 이르렀던 것이다. 지배층들이 반성하고 각성했더라면 나라가 쇠망하는 길을 멈추게 하거나 늦출 수 있었을까? 하지만 시간이 지날수록 진골 세력 간의 갈등은 점차 악화되어 갔으니 그에 따라 민심은 이반되고 나라는 점차 쇠락하여 서기 935년 경순왕敬順王이 스스로 나라를 고려 태조에게 바침으로써 1천 년 신라 사직은 종말을 고하게 된다.

헌강왕이 등용한 용왕의 아들, 처용

이처럼 국운이 기울어 가던 시기의 왕이어서 그런지 헌강왕은 당대에나 후대에 뚜렷한 인상을 남기지 못했다. 물론 헌강왕은 나라를 새롭게 하기 위해 여러 조치를 취하고 여러 가지 정책을 펴면서 강한 신라를 만들려고 노력했다. 그러나 그의 노력은 이미 쇠락해진 신라를 다시 살리는 정도에까지는 이르지 못하였고, 그 결과 뚜렷한 업적을 남기지 못한 군주로 기록되었다. 통치자인 왕의 업적은 내세울 것이 별로 없었지만 헌강왕 대 인물 중 군주보다 더 유명한 사람이 있었으니 바로 '처용處容'이다. '처용'은 악귀를 물리치는 주술적 힘을 가진 존재로, 그와 관련된 이야기와 춤, 노래 등이 오랜 세월 동안 이어지면서 우리 민족의 중요한 문화 코드로 자리를 잡았다.

고려 시대 역사를 기록한 《고려사절요高麗史節要》에는 '처용놀이(處容戲)'라는 이름이 여러 번 등장하는 것으로 보아, 춤을 추면서 노래를 부르는 연희演戲 형식을 지칭하는 듯하다. 조선시대에는 초기부터 처용과 관련하여 수많은 기록이 등장한다. 세종 시대에 처용이 다섯 명으로 늘어나면서 왕실 음악으로 재편되었고, 궁중무악宮中舞樂으로 재정비되면서 《악학궤범樂學軌範》에 춤과 노래를 추고 부르는 절차와 방법이 아주 상세하게 기록되었다.

한 명의 처용이 '오방처용五方處容'으로 늘어난 것은 조선시대에 성행한 음양오행설陰陽五行說의 영향으로 보인다. 다섯 명의 처용은 청백적흑황靑白赤黑黃색의 옷차림을 하고 각각 동서남북과 중앙을 나타냈다. 처용과 관

조선시대의 처용무

순조 29년(1829) 순조의 즉위 30년을 경축하는 자리에
서 공연된 처용무 모습이다. 처용 가면을 쓴 다섯 명의
처용이 각 방위를 상징하는 옷을 입고 춤을 추고 있다.
《진찬의궤進饌儀軌》수록.

련된 춤과 노래는 조선시대 궁중무악에서 매우 중요한 위치를 차지하게
되었고, 사대부들의 시나 글의 소재로 많이 활용되었다. 처용과 관련된 노
래와 춤 등은 고려시대보다는 조선시대에 한층 활기를 띄면서 문화적인
가치를 고양시켰던 것으로 보인다.

　이처럼 중요한 문화적 현상으로 자리매김한 처용處容 노래와 춤 등은 당
대에는 기록되지 못했다가 고려시대에 이르러 설화의 형태로 문헌에 기록
된 까닭에 그 근거가 되는 역사적 사실은 명확하게 알려지지 않았다. 처용

이야기를 가장 먼저 기록한 《삼국유사》의 내용을 살펴보자.

왕(헌강왕)이 경주 서남쪽에 있는 학성鶴城(울산) 개운포에 놀이를 갔다가 곧 대궐로 돌아가야겠다며 바닷가에서 점심을 먹고 있을 때였다. 갑자기 구름과 안개가 자욱하게 끼면서 사방이 깜깜해지더니 순식간에 길을 잃어버려 돌아갈 방향을 찾을 수 없게 되었다. 왕이 좌우 신하들에게 무슨 이유인지를 물으니, 일관日官이 임금께 아뢰기를 "이것은 동해 용왕이 일으킨 변괴입니다. 그러니 마땅히 좋을 일(勝事)을 베풀어 용왕의 마음을 달래 주는 것이 좋겠습니다." 하였다. 이에 헌강왕이 용을 위해 근처 가까운 곳에 사찰을 건립하도록 하자 곧 구름이 걷히고 안개가 흩어지면서 날씨가 다시 맑아졌다. 이러한 연유로 인해 그곳의 이름을 '개운포開雲浦'라고 부르도록 하였다. 이를 본 동해의 용왕이 매우 기뻐하여 일곱 아들을 거느리고 행차 앞에 나타나 헌강왕의 높은 덕을 찬양하고 춤을 추며 음악을 연주하고, 아들 하나를 왕의 수레에 태워 함께 궁궐로 보내 왕정王政을 보좌하도록 시켰으니 그 이름을 '처용處容'이라고 하였다.

헌강왕은 처용을 오랫동안 머물러 있게 할 욕심으로 아름다운 여인을 부인으로 맞도록 해 주고, 열일곱 단계의 관등官等 중 아홉 번째로 왕족 바로 다음가는 자리인 급간級干 벼슬을 내렸다. 그런데 처용은 마음을 다잡지 못한 채 아침에 집을 나가 밤늦게까지 거리를 쏘다니며 놀다 밤중이 되어서야 집으로 돌아오곤 하였다. 처용의 부인이 얼마나 아름다웠는지 천연두를 일으키는 역신疫神이 사모하는 마음을 억누르지 못해 사람으로 변신하여 몰래 들어가 잠자리를 함께하였다. 그러던 어느 날, 처용이 밤늦은 시각 집에 돌아와 보니 섬돌에 신발 두 켤레가 놓여 있고 침실에 두 사람이 함께 누워 있는 것이 아닌가. 부인이 외간 남자와 정을 통한 장면을 목격한 처용은 다음과 같은 노래를 부르고 춤을 춘 다음 아무 일도 없었다는 듯 그 자리에서 물러났다.

동경 밝은 달밤에 밤이 들도록 노닐다가 들어와서 잠자리를 보니 가랑이가 넷이로구나 둘은 내 것이지만 나머지 둘은 누구 것인고? 본래는 내 것이었지만은 이미 빼앗긴 것을 어찌할 것인가!

東京明期月良 夜入伊游行如可 入良沙寢矣見昆 脚烏伊四是良羅 二肹隱吾下於叱古
二肹隱誰支下焉古 本矣吾下是如馬於隱 奪叱良乙何如爲理古

처용의 행동에 마음으로부터 감동한 역신은 본래의 모습을 드러내고 처용 앞에 무릎을 꿇고 엎드려서 말했다. "내가 그대의 아내를 흠모하여 강제로 들어와서 범했습니다. 그런데도 당신은 성내는 모습을 전혀 보이지 않으니 감탄하고 아름답게 여기는 바입니다. 맹세하건대 지금 이 시간부터는 당신의 모습을 그린 것만 보이더라도 그곳에는 절대 들어가지 않겠습니다."

처용이 춤과 노래로 역신을 물리쳤다는 소식이 순식간에 경주는 물론 온 나라에 퍼져 나갔다. 사람들은 처용의 모습을 그려 문 위에 붙여서 나쁜 것을 물리치고 좋은 것을 맞을 수 있도록 하는 것(僻邪進慶)으로 삼았다고 한다.

신라 사람들은 집에 처용의 모습을 그린 그림을 붙이는 것뿐만 아니라 그의 모습과 같은 가면을 쓰고, 그가 역신 앞에서 추었다는 춤동작을 본떠 만든 무용을 하면서 나쁜 일이나 악귀 같은 것을 모두 물리쳐 주기를 기원했다. '처용무'는 고려, 조선시대를 거쳐 지금까지도 전해 내려오고 있으며, 1971년 중요무형문화재 제39호로 등록되어 국가적인 차원에서 관리하며 보존하고 있다.

신라가 절박하게 처용을 모신 까닭

이처럼 낯 뜨거운 사연을 간직한 처용이지만 문신門神과 연결되면서 지금까지도 그 위력이 사라지지 않고 있으니 놀라운 일이 아닐 수 없다. 고려시대는 말할 것도 없고, 조선시대까지도 전국에서 처용무를 추고 노래를 불렀는데, 현대에 들어와서 한층 다양한 문화 콘텐츠 소재로 활용되고 있기 때문이다. 처용이 시간과 공간을 넘어 오랜 동안 살아남을 수 있었던 가장 중요한 이유는, 처용이 민간 풍속과 연결된 문신이란 존재로 자리했기 때문으로 보인다. 나라가 개인의 안전을 책임질 수 없는 형편이 되자 백성들은 스스로를 보호하기 위해 이러한 존재를 만들었고, 그것이 많은 사람들의 호응을 얻었던 것으로 보인다. 그렇다면 신라 하대에 사람들의 마음을 움직여서 문신으로 좌정된 처용의 정체는 과연 무엇일까?

처용의 정체에 대해서는 첫째, 나쁜 것을 물리치기 위해 행했던 가면의 식假面儀式에서 가면이 인격화되면서 등장한 신적인 존재라는 주장, 둘째 경주에 반란 방지용 인질로 보내졌던 울산 지방 호족의 아들이라는 주장, 셋째 국제무역 국가였던 신라에 장사를 하려고 울산항으로 들어온 이슬

람 상인이라는 주장, 넷째 나라를 지키는 호국용을 불교와 관련이 있는 사람으로 인격화했다는 주장, 다섯째 무당(무격巫覡) 혹은 무당이 모시는 몸주신主神이라는 주장, 여섯째 현세보다는 내세來世를 믿는 미륵신앙을 지녔던 화랑이라는 주장 등이 있다.

무엇이 옳다고 단정 짓기는 힘들지만, 아랍 사람의 형상을 하고 있는 괘릉掛陵 앞 수호신상의 모습과 신라와 가야가 국제 해상무역 국가였다는 사실에 비추어 볼 때 외국에서 온 도래인到來人일 가능성이 높은 듯하다. 특히, 가야와 신라를 세운 건국시조가 모두 남쪽 바다를 통해서 들어왔다는 점을 염두에 둔다면, 도래인의 능력을 빌려 기울어 가는 나라를 되살리려 한 헌강왕의 노력이 처용이란 존재를 만들었을 가능성이 매우 높다.

그렇다면 '처용處容'이란 이름은 무슨 뜻인가? 먼저 용容자를 살펴보면 '얼굴', '너그럽게 봐줌', '받아들임' 등의 뜻을 가진 글자인데, 처용이 집이나 나라 등의 내부로 들어가는 문門을 지켜 내부의 가족이나 백성을 보호하는 구실을 하는 문신이 되었다는

문화적 관습과 관련시켜 볼 때 처용의 '용'자는 '얼굴'이라는 뜻으로 쓰였을 가능성이 가장 높다. 그런데 용容자는 단순히 얼굴만이 아니라 얼굴을 포함해서 머리 전체의 모양을 나타내므로 눈, 코, 입이 모여 있는 부분을 나타내는 '안顔'보다 훨씬 넓은 범위를 지칭한다. 처용의 모습을 그려서 문 위에 붙여 나쁜 것을 막았다고 하여 지금까지는 '용容'이 처용의 얼굴을 의미하는 것으로만 생각했는데, 그렇게 보면 '처處'(곳)자의 해석과 두 글자의 연결이 매우 어색해진다.

'처용'이란 이름의 의미에 대해서는 한자의 뜻을 그대로 풀이하여 '곳 얼굴', 혹은 '터 알바가지', '곳 즛' 등으로 해석하는 주장이 있는가 하면, 한 해의 불운을 막기 위해 짚으로 만든 사람의 형상을 가리키는 '제웅'의 한자식 표기, 혹은 '용龍'의 다른 이름이라는 주장 등이 있지만, 딱히 시원스럽게 의문을 풀어 주지는 못한다. 그렇다면 지금까지의 상식과 반대로 생각해 보면 어떨까?

지금까지는 문 위에 걸려 있는 처용의 얼굴이 안에 있는 것을 지킨다는 측면에서 해석하였는데, 이를 뒤집어 처용의 얼굴 혹은 가면이 안에 있는 것을 지키는 것이 아니라 바깥에서 들어오는 나쁜 것을 멈추게 하거나 막아 주는 역할을 한다면? 즉, 바깥에서 들어오는 나쁜 것들이 처용 앞에서 멈추고 함부로 들어오지 못한다는 뜻을 지닌다고 보면, 처處는 '그치다' '멈추다' '그만두다'의 뜻이 되고, 용容은 처용의 얼굴이 아니라 처용의 모습에 놀라 안으로 들어가지 못하는 역신을 비롯한 나쁜 존재를 지칭하는 것이 된다. 이렇게 보면 '처용'의 뜻은 '역신을 멈추게 하는 것'으로 볼 수 있다.

그렇다면 외부의 나쁜 것을 막아 내어 내부를 안전하게 지켜 주는 '처용'

이라는 존재를 필요로 하고 숭배하려 한 문화적 현상이 신라 하대 헌강왕대에 시작된 이유를 짚어 보자. 그것이 오랜 시간 생명력을 가지고 뿌리내리게 된 역사적·문화적 의미는 무엇일까? 한 나라의 멸망을 암시하는 사건이 벽사진경辟邪進慶(악한 귀신을 쫓고 경사로운 일을 맞이함)의 의식儀式으로서 사람들 사이에서 공감대를 얻었다고 볼 수 있다. 처용과 같은 신적인 능력을 가진 존재가 나타나 나라에 해를 끼치는 것들을 물리쳐야 할 정도로, 신라가 어려운 상태에 놓였다는 것이다. 이는 역사 기록에서도 확인할 수 있다.

56명의 신라 왕 중 문장이 가장 뛰어났으나

풍수지리에 통달하여 신라의 멸망과 고려의 흥기를 예언했던 도선道詵이 점차 명성을 떨치기 시작하고, 훗날 신라에 정면으로 반기를 들면서 후고구려를 세운 궁예弓裔가 태어난 것이 헌강왕의 아버지인 경문왕 시대이다. 헌강왕 재위 3년(877)에는 훗날 고려를 세운 왕건王建 태어났다.

도선은 경문왕이 세상을 떠나고 헌강왕이 왕위에 오르던 서기 875년에 왕건의 아버지가 사는 곳을 찾아가서 말하기를, "2년 뒤에는 반드시 고귀한 사람이 태어나 나라를 세울 것이니 그 아이를 잘 돌보시기 바랍니다."고 예언했다고 한다. 그 후 왕건의 나이가 17세가 되던 해에는 직접 찾아와서 말하기를, "그대는 세상을 구할 운수를 만났으니 말세의 창생을 널리 구제해 주길 바랍니다." 하면서 군사를 부리고 진陣을 치는 데에 필요한 병

법과 지리, 하늘의 법과 산천에 제사지내는 감통感通에 대한 것들을 모두 가르쳐 주었다. 헌강왕에게도 은혜를 입어서 국사로 봉해졌던 도선의 예지력으로 판단할 때 신라가 다시 부흥할 가능성은 희박하다고 생각했던 것으로 보인다.

엄청난 변화를 예고하는 사건들이 이어지던 헌강왕 시대에는 나라의 운명과 관련이 있는 사건들이 끊이지 않았는데, 이를《삼국유사》가 기록하고 있어서 눈길을 끈다. 왕이 포석정에 행차하였을 때 남산의 신이 임금 앞에 나타나 춤을 추었다. 좌우에 있는 다른 신하들에게는 보이지 않고 유독 헌강왕에게만 보였다. 기이한 형상을 한 사람이 나타나 춤을 추었지만 다른 사람에게는 보이지 않으므로 왕이 보고 스스로 춤을 추어서 그 모양을 사람들에게 보이도록 했다. 신의 이름은 '상심祥審'이라고도 하고, '어무상심御舞祥審', 혹은 '어무산신御舞山神'이라고 하는데, 이런 사연으로 인해 고려시대까지 나라 사람들에게 이 춤이 전해졌다고 한다. 혹은 말하기를, 이미 신이 나타나서 춤을 추었는데 그 모양을 자세하게 본떠 기술자를 시켜 조각하게 하여 후세에 전했기 때문에 그 이름을 '상심象審' 혹은 '상염무霜髥舞'라고 한다고 하니 그 모양을 지칭한 것이다.

또 왕이 궁궐의 동북쪽에 있는 금강령金剛嶺에 행차했을 때는 북악北岳의 신이 나타나 춤을 추어서 바쳤으니 그 춤의 이름을 '옥도금玉刀鈐'이라 하였다. 또 동례전同禮殿에서 잔치를 할 때에는 지신地神이 나와 춤을 추었으니 이름을 '지백급간地伯級干'이라 하였다. 어법집語法集에 이르기를, 그 때 산신이 나와 춤을 추어서 올리고 노래를 부르며 "지리다도파도파智理多都波都波라고 하는 했는데, 그 뜻은 대략 '지혜로써 나라를 다스릴 자들이 미리 알고 많이 도망했으니 나라가 장차 망하리라'는 것이었다.

천 년 가까이 이어 온 신라가 수습하기 어려울 정도로 어지러워진 것을 보고 걱정이 된 호국의 지신과 산신이 인간의 모습으로 나타난 것은, 방탕하고 부패한 상태가 계속되면 나라가 망할 수도 있다는 경고의 메시지였던 것으로 보인다. 그러나 왕실과 귀족을 비롯한 신라 사람들은 그것을 깨닫지 못하고 좋은 징조가 나타났다면서 오히려 놀이에 탐닉하는 것이 점점 심하게 되어 끝내는 멸망의 길을 걷게 된 것이다.

헌강왕은 매우 명민明敏한 데다가 눈으로 한 번 본 것은 모두 입으로 외웠으며, 또한 글 읽기를 좋아하고 글 짓는 솜씨 또한 탁월해서 56명의 신라 왕 중에서 문장력이 가장 뛰어났다고 평가 받았다. 헌강왕은 정실부인인 왕비에게서는 자식을 얻지 못했는데, 어느 날 사냥 구경을 하러 나갔다가 길 옆에 서 있는 한 여인을 보게 된다. 그 여인이 매우 아름다운지라 수레의 뒤에 태우고 임금이 머무는 숙소인 행재소行在所에서 잠자리를 같이 해서 아들을 하나 낳았다. 이름을 요嶢라고 했는데, 나중에 진성여왕의 뒤를 이어 제52대 효공왕孝恭王이 되었다. 효공왕에 이르러서는 어머니 쪽이 일반 백성이었을 가능성이 높은 절름발이 진골이 왕위를 계승할 정도로 신라 사회의 기강이 무너져 내린 것이다.

헌강왕은 이처럼 어려운 시기에 군주의 자리에 있으면서 신라의 부흥을 위해 애썼지만 왕비에게서는 자식을 얻지 못하여 다음 왕위를 친동생(경문왕의 둘째 아들)에게 물려주었으니 바로 정강왕定康王이다. 그런데 정강왕 역시 후사 없이 세상을 떠나 할 수 없이 누이동생이 왕위를 물려받았다. 신라 세 번째 여군주인 진성여왕眞聖女王이다.

진성여왕에 대한 역사 기록은 매우 비판적이다. 진성여왕은 색욕色慾에 빠져 미소년들을 궁궐로 불러들여 음란한 행위를 하는 데에만 힘을 쓰고 나랏일은 제대로 돌보지 않았으며, 또한 여왕에게 아첨하는 간신배들이 권력을 오로지하여 상과 벌이 아무렇게나 이루어졌으므로 뇌물과 매관, 매직이 난무하여 조정의 기강이 완전히 무너졌다고 한다. 진성여왕은 자신의 아들이 있었음에도 불구하고 다음 왕위를 오라버니인 헌강왕의 서자庶子 요嶢에 물려주니 바로 효공왕이다.

효공왕은 궁예弓裔와 견훤甄萱에게 많은 영토를 빼앗겨 후삼국後三國 성립의 빌미를 준 장본인으로 기록되어 있다. 효공왕 역시 후사 없이 세상을 떠나고, 다음 군주인 신덕왕神德王은 다른 가문에서 백성의 추대로 왕위에 올랐으므로 경문왕 가문의 왕통은 이로써 끝이 나고 만다.

자연 붕괴된 무덤 안을 조사해 보니

무너져 가는 신라를 다시 살리기 위해 고군분투했던 헌강왕은, 자신의 뒤를 이을 왕자조차 제대로 생산하지 못한 상태에서 12년간의 재위를 마감하고 886년에 세상을 떠났다.

《삼국사기》에 의하면, 남산의 동쪽 기슭에 있는 보리사菩提寺 동남쪽에 헌강왕의 능을 마련했다고 되어 있다. 보리사가 있었던 곳으로 추정되는 곳에서 보물 제136호인 석불좌상이 발견되었는데, 그 제작 시기가 8세기 중엽쯤인 것으로 보아 현재의 헌강왕릉 자리가 정확한 것으로 추정할 수 있다.

헌강왕릉은 1993년 8월 초 능이 자연적으로 무너지는 바람에 9월 16일부터 약 45일간 해체 조사하여 무덤 안의 모습을 정확하게 밝힐 수 있었다.

무덤의 내부 양식은, 널길을 동쪽 벽으로 치우치도록 설치하고 가로로 들어가는 구멍을 만든 다음 그 안쪽에 돌로 방을 만든 굴식돌방무덤(횡혈식석실묘橫穴式石室墓)이다. 널방은 남북의 길이가 2.9미터인데, 남북의 길이가 동서 길이보다 약간 더 긴 직사각형 모양을 이루고 있다. 널방의 벽은 맨 아래쪽 원래 흙의 층(생토층生土層)을 약간 파내고 흙덩어리처럼 생긴 직경 40~60센티미터 전후 크기의 괴석塊石으로 쌓아 올렸다. 하단부에는 비교적 큰 석재를, 상단부에는 작은 석재를 쌓았으며, 사이사이 공간은 잡석으로 채운 후 틈 사이를 횟가루로 막았다.

널방의 벽면은 상부로 올라갈수록 안으로 기울었으며, 구석 부분은 엇물려쌓기 방식으로 처리하였다. 무덤의 동쪽 면으로 치우쳐 있는 널길은 돌문(석비石扉), 문지방, 폐쇄석, 무덤길(묘도墓道) 등을 정교하게 갖추었다. 돌문은 직사각형 괴석 한 쌍을 동서에 수직으로 세워 만들었으며, 문지방은 직사각형으로 깬 돌 세 장을 이용하여 남북 장축의 평평한 면이 위로 오도록 가지런하게 놓고 빈 공간에 잡석을 채워 돌문을 세울 수 있도록 했다. 무덤길은 널길 뚜껑돌 아래의 첫 번째 남쪽 벽의 돌로부터 널길 방향으로 약간 튀어나오도록 하여 무덤길과 널길을 구분 지었으며, 이것들의 바닥층은 직경 15센티미터 내외의 납작한 자연석 1단을 전면에 깔아 바닥을 단단하게 유지하도록 하였다.

무덤의 보호석을 가지런하게 다듬은 돌을 이용하여 4단으로 쌓아 올린

신라 후기 능묘를 대표하는 헌강왕릉

다른 신라 왕릉과 마찬가지로 흙을 둥글게 쌓아 올린 원형봉토분이다. 다만, 인위적으로 다듬은 돌을 4단까지 쌓아 올린 형태는 신라 왕릉에서는 유례가 없는 발전된 양식이다.

방식은 남북국시대 이후 신라 왕릉에서는 유례가 없는 것으로, 이 무렵에 봉분 조성 방식이 획기적으로 발달했음을 보여 주는 자료로서 중요한 의미가 있다. 비록 살아서는 뜻을 이루지 못했지만, 죽어서 높은 '고임'을 받았으니 아쉬운 대로 괜찮은 삶과 죽음이었다고나 할까.

8

잊지 못할 '발굴'의 추억

무령왕릉

武寧王陵

도굴에 가까운 성급하고 무분별한 발굴로 소중한 역사적 진실들을 대부분 놓쳐 버렸음에도 불구하고, 무령왕릉은 무덤이 조성된 후 한 번도 도굴되지 않은 고분이었기에, 다른 어떤 고분과는 비교가 되지 않을 정도로 수많은 역사적 사실들을 우리에게 알려 주었다.

백제의 왕족 무덤은 크게 세 구역으로 나뉜다. 서울 방이동을 중심으로 한 초기 한성漢城시대 '방이동芳荑洞古墳群고분군', 공주를 수도로 삼았던 웅진熊津시대(475~538)의 '공주송산리고분군公州宋山里古墳群'(충남 공주시 금성동 140-9번지 일대), 부여로 도읍지를 옮겼던 사비泗沘시대의 '능산리고분군陵山里古墳群'이 그것이다. 그중 송산리고분군은 고구려에 밀려 남쪽으로 내려간 백제가 재도약을 꿈꾸며 남중국·일본 등과 국제 관계를 돈독히 하며 동아시아 최고의 해상제국으로 군림하던 시기에 조성된 것이다.

송산리고분군에는 총 일곱 개의 무덤이 있는데, 제6호 고분 북쪽 나지막한 구릉지대에 자리 잡은 7호 고분이 바로 백제 제25대 군주인 무령왕(재위 501~523)의 무덤이다. 무령왕릉은 우리나라 왕릉 중에서도 특별한 위치와 의미를 가지고 있다. 능이 조성된 이래 1971년에 발굴될 당시까지 한 번도 도굴이나 공개된 적이 없는 고분이었고, 세계적으로도 유래가 드물 정도로 원형이 제대로 보존되어 있었던 능묘가 어처구니없는 실수로 점철된 발굴 과정으로 헤아릴 수 없을 정도의 수많은 고대의 정보들이 사라져 갔기 때문이다. 발굴 과정에서 나온 엄청난 양의 유물들, 발굴 과정에서 벌어진 웃지 못한 여러 해프닝들이 두고두고 회자되는 데 비해 정작 무덤의 주인공인 무령왕에 대해서는 알려진 바가 그다지 많지 않아서 안타까움을 더해 주고 있다.

백제가 공주를 수도로 삼았던 '웅진시대'의 송산리고분군
무령왕릉은 이 중 맨 마지막 7호분이다. 이 고분군이 조성될 당시 백제는 고구려에 밀려 남하한 역사를 딛고 재도약을 준비하고 있었다.

동성왕의 아들인가, 개로왕의 아들인가

기원전 18년 부여족扶餘族 계통인 온조溫祚가 이끈 남하 세력이 토착 부족국가였던 마한馬韓의 일부로 편입되면서 한강 유역에 정착했다. 이들은 서서히 세력을 확장하여 마한의 맹주국이던 목지국目支國을 밀어내고 새로운 맹주국으로 자리 잡으면서 독립 국가 체제를 확립해 나갔으며, 나라 이름도 십제十濟에서 '백제百濟'로 바꾸었다. 백제는 4세기 중반경 북쪽으로는 황해도, 동남쪽으로는 백두대간과 지리산의 서쪽을 차지하여 신라와 국경을 마주하였으며, 큰 바다와 맞닿아 있는 서쪽과 남쪽 지역까지 진출하여 해상권을 장악함으로써 전성기를 누린다. 그러나 한강 이북 땅을 빼앗긴 고구려가 강력한 힘으로 계속 압박하고, 동남쪽에서 무섭게 성장한 신라에 밀리면서 어려움을 겪는다.

무령왕은 바로 이 시기, 475년 강력한 남하정책을 추진하며 백제를 침공

한 고구려 장수왕長壽王에게 개로왕蓋鹵王이 살해당하는 장면을 지켜볼 수밖에 없었던 혼란의 시기를 모두 겪으면서 백제 부흥의 과제를 온몸에 품고 왕위에 오른다.

개로왕이 죽고 뒤를 이어 왕위에 오른 개로왕의 맏아들 문주왕文洲王(제22대)은 고구려의 핍박을 피해 새로운 백제를 건설하고자 한강 이북 땅을 포기하고 도읍을 웅진熊津으로 옮겨 새로운 도약을 꾀하였다. 그러나 그 과정에서 기존의 기득권 세력인 귀족들의 반발 또한 만만치 않았다. 개혁 정치를 표방하던 문주왕은 병권을 장악하고 있던 병관좌평兵官佐平 해구解仇가 보낸 자객의 손에 살해당하고, 뒤를 이어 열세 살의 어린 나이로 삼근왕三斤王(제23대)이 왕위에 올랐으나 재위 3년 만에 다시 세상을 떠나 문주왕의 동생으로서 내신좌평內臣佐平이었던 곤지昆支의 맏아들이 보위에 올라 동성왕東城王(제24대)이 되었다. 동성왕은 서기 501년 11월 웅천 북쪽 벌판과 사비 서쪽 벌판으로 사냥을 나갔다가 큰 눈에 길이 막혀 마포촌에서 묵게 되었는데, 이때 전부터 원한을 품고 있었던 위사좌평衛士佐平 백가苩加의 칼을 맞고 한 달 후 세상을 하직하였다. 위사좌평은 백제의 관등 중 가장 위에 있는 관직으로서 궁궐을 수비하는 총사령관이다. 계속되는 백제 왕실의 비극을 모두 보고 겪었기 때문에 어쩌면 무령왕은 한층 단단한 뚝심을 가진 군주가 되었을 가능성이 크다.

이처럼 왕이 잇달아 살해당하면서 나라 전체가 흔들리는 상황에서 동성왕의 뒤를 이어 백제 제25대 왕으로 등극한 왕이 무령왕이다. 무령왕의 이름은 사마斯摩 혹은 융隆이라 했으며, 신장이 8척이고 눈매가 그림과 같이 단아하였으며 인자하고 너그러워 모든 백성들이 그를 따랐다고 한다. 왕좌에 오른 무령왕은 이듬해 1월 아버지인 동성왕을 살해한 백가가 가림성加林城을 거점으로 반란을 일으키자 곧바로 토벌군을 지휘하여 항복을 받은 다음 목을 베어 죽임으로써 왕실의 위엄을 어느 정도 회복하였다.

《삼국유사》와 《삼국사기》에 기록된 무령왕의 파란만장한 즉위 과정은 이와 같은데, 왕의 출생과 관련해서는 아직까지 명쾌하게 해명되지 못한 여러 미스터리가 남아 있어서 관심을 끈다. 《삼국유사》와 《삼국사기》는 무령왕이 제24대 동성왕의 둘째 아들이라고 기록하고 있지만, 일본 역사서인 《일본서기》는 무령왕이 개로왕의 아들, 혹은 개로왕의 동생인 곤지昆支의 아들로 되어 있으며, 동성왕과 어머니가 다른 형제(異母兄弟)라고 기록하고 있다. 문제는 일본에 무령왕의 탄생과 관련한 전설과 유적까지 남아 있는 상황이라는 점이다.

무령왕의 탄생설화는 대한해협에 접해 있는 일본 사가현 카라스 시의 가카라시마加唐島 유적지를 배경으로 한다. 전설에 따르면, 고구려 장수왕의 공격을 받던 개로왕이 동생 곤지를 일본에 사신으로 보내 구원병을 요청하도록 했는데, 곤지가 일본으로 떠나면서 임신한 상태였던 개로왕의 부인과 함께 가겠다고 주장했다. 왕이 이를 허락하면서 "부인이 만삭이니 곧 아이를 낳을지 모른다. 어디에서든지 아이를 낳거든 곧 고국으로 돌려보내도록 하라."고 했다. 바다를 건너 일본으로 가던 중 부인은 대한해협과 마주하고 있는 가카라시마 섬 해변의 '오비야'라는 작은 동굴에서 아이를 출산했다. 이곳에는 갓 태어난 무령왕을 목욕시켰다는 우물 터가 남아 있다. 섬에서 태어났다고 하여 아이 이름을 '도군嶋君'이라고 하였다. 이 아이가 바로 무령왕이라는 것이다. 당시 일본에서는 섬을 '사마' 혹은 '시마'라고 읽었는데, 《일본서기》는 무령왕의 이름을 '사마斯麻'로 기록하고 있다.

하지만 《삼국사기》에는 이러한 내용이 전혀 언급되지 않았고 무령왕이 제24대 동성왕의 둘째 아들이라고 기록되어 있어, 《일본서기》의 기록과 가카라시마의 전설 등은 신빙성이 없는 것으로 취급되었다. 그런데 1971년 송산리 7호 고분, 곧 무령왕릉이 발견되면서 무령왕의 출생에 관한 논란은 새로운 국면으로 접어들었다. 고분에서 '사마왕斯麻王'이라고 적혀 있는 지석誌石이 발견되고, 그 무덤의 주인이 무령왕이라는 사실이 확인된 것이다. 길이 41.5센티미터, 너비 35.2센티미터의 지석에는 다음과 같은 내용이 적혀 있다.

영동대장군寧東大將軍 백제 사마왕斯麻王께서 병술丙戌일이 초하루가 되는 계묘년癸卯年(523) 5월 7일 임진壬辰일에 62세 나이로 세상을 떠나셨다(붕崩). 계유癸酉일이 초하루가 되는 을사년乙巳年(525) 8월 12일 갑신甲申일에 안장(안조安厝)하여 대묘大墓에 올려 모시니 기록하기를 좌左와 같이 한다.

지석에 기록된 '사마왕' 세 글자를 통해 무덤의 주인이 '무령왕'이란 사실이 확인됨과 동시에, 일본 쪽 기록이 주목을 받게 되었다. 특히 동성왕이 포악하여 나라 사람들이 그를 죽이고 무령왕을 세웠다고 한 《일본서기》의 내용을 그냥 넘기기가 어렵게 되었다. 《일본서기》의 일관된 기록과 가카라시마의 전설에 따르면, 동성왕과 무령왕은 부자가 아니라 사촌 형제 관계가 된다. 동성왕은 개로왕의 동생인 곤지의 아들이고, 문주왕과 무령

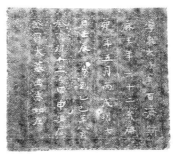

1971년 무령왕릉 발굴 때 출토된 석판 지석(좌)과 탁본
맨 오른쪽 첫째 줄부터 둘째 줄로 이어지는 '사마왕斯麻王' 글자가 선명하다.

왕은 개로왕의 아들이 되기 때문이다. 즉, 제21대, 제22대, 제23대, 제25대
왕은 모두 제20대 비유왕毗有王으로부터 이어지는 개로왕의 혈통인데, 제
24대 동성왕만 곤지의 혈통이 되는 것이다.

동성왕이 개로왕의 동생이라는《일본서기》의 기록과, 문주왕의 동생이
라는《삼국사기》의 기록에는 상당한 차이가 있지만, 두 문헌의 기록과 곤
지를 왕이자 조상신으로 모시고 있는 아스카베신사飛鳥戸神社 유적 등을
근거로 할 때, 곤지는 백제의 왕족으로서 일본에서도 상당한 세력을 형성
했으며 많은 후손을 거느렸던 인물임을 알 수 있다. 그랬기에 나라가 위기
에 처한 개로왕 때 일본으로 파견되어 구원병을 데려오는 임무를 맡기도
하고, 정치력의 부재로 어려움에 처했던 문주왕 때에는 백제로 들어와 내
신좌평의 직책에 있으면서 왕을 보좌했던 것으로 보인다. 그리고 이러한

업적 덕택에 곤지의 아들이 제24대 동성왕으로 등극할 수 있었을 것이다. 특히 일본에 있던 동성왕이 많지 않은 나이에 백제로 들어와 왕위에 올랐다는 것과 한성에서부터 내려온 구 귀족을 견제하기 위해 남쪽의 신진 세력을 키워 왕권을 강화한 후 남제南齊, 왜倭, 신라, 탐라 등과 활발한 국제 관계를 구축하여 고립에서 벗어나면서 고구려를 견제해 나가는 등 탁월한 통치력을 발휘한 것을 볼 때, 그가 아버지 곤지에게 물려받은 능력과 세력이 상당했음을 짐작할 수 있다.

그러나 동성왕은 마지막에 엄청난 토목사업을 일으키는 등 무리한 사업을 추진하다가 자신이 키운 신진 귀족 세력인 백가에게 시해당했다. 뒤를 이은 무령왕이 곧바로 반역 세력을 토벌할 때 백가가 별다른 저항 없이 항복함과 동시에 죽임을 당한 점으로 볼 때, 백가를 중심으로 한 신진 세력에 의한 반역은 개로왕 혈통이 다시 권좌에 복귀하는 것과 일정한 관계가 있었을 것으로 추정할 수 있다.

국제 해상왕국을 꿈꾸며

우여곡절 끝에 왕을 시해한 역도 세력 토벌에 성공하면서 자신감을 얻은 무령왕은 고구려와 말갈에게 빼앗긴 땅을 회복하려는 북방정책을 추진하였다.

501년 달솔達率 관직에 있는 우영優永에게 군사 5천 명을 주어 고구려 수곡성水谷城을 습격하도록 했으며, 503년과 506년에는 지금의 연천, 철원 지역에 있는 고목성高木城까지 쳐들어온 말갈의 군대를 물리쳤다. 512년 고구려가 백제 땅 깊숙하게 쳐들어와 약탈을 자행하자, 왕이 군사 3천 명을 거느리고 위천葦川 북쪽으로 진출해 크게 무찔렀다. 그 후 북방 수비를 강화하기 위해 523년에는 왕이 직접 행차하여 한강 이북의 15세 이상의 장정을 동원해 쌍현성雙峴城을 쌓았다.

무령왕은 이처럼 고구려와 말갈의 침입에 대비함과 동시에 남쪽으로는 섬진강 유역까지 진출하여 가야의 일부 영토를 합병하는 등 외적의 침입으로부터 나라와 백성을 보호하는 동시에 외교 관계에도 힘을 쏟았다. 512년과 521년 두 차례에 걸쳐 중국 남조南朝의 세 번째 왕국인 양梁나라에 사신을 보내 우호적인 외교 관계를 수립하였으며, 513년과 516년에는 오경박사인 단양이段楊爾와 고안무高安茂를 각기 왜국에 보내 선진 문물을 전함으로써 관계를 돈독히 하였다.

국방과 외교도 중요하지만 안정적 통치를 위해서는 정치조직의 개편 또한 시급한 과제였다. 여러 차례에 걸쳐 일어난 왕을 시해한 반란 사건이 모두 엄청난 권력을 휘두른 좌평들이 일으킨 것이기 때문이다. 결국 무령왕은 좌평을 권력 없이 관등 성격만을 가진 자리로 만들고 좌평제를 22부사部司제로 바꾸어 나갔다. 이와 함께 무령왕은 백성들의 삶을 안정시키는 정책을 적극적으로 추진하였다.

506년 가뭄으로 엄청난 기근이 찾아오자 나라의 창고를 열어 백성을 구제하였으며, 각 지방에 명령을 내려 안정적으로 농사를 지을 수 있도록 제방을 쌓아 물을 효율적으로 사용할 수 있도록 함과 동시에 농지가 없어서 일을 하지 못하는 사람들을 고향으로 돌아가게 하여 농업에 종사할 수 있도록 함으로써 백성들의 생활 안정을 도모하고 세수稅收 증대를 꾀하였다. 뿐만 아니라 그동안 나라에서 보살피지 않아 가야 지역으로 도망가서 호적이 말소된 사람들을 다시 찾아 백제의 백성으로 등록하도록 함으로써 나라를 부강하게 만들 수 있는 인적, 물적 토대를 확보하는 데 총력을 기울였다. 무령왕이 행한 이러한 정책들을 바탕으로 백제는 국제적인 해상 왕국으로 발돋움하는 바탕을 마련하게 되었다.

백성을 사랑하고, 나라를 부강하게 만들기 위해 심혈을 기울였던 무령왕은 523년 5월 7일 62세를 일기로 승하했으며, 2년 뒤인 525년(성왕 3) 8월 12일 공주 송산리에 안장되었다.

1971년의 왕릉 발굴 대참사

1971년 봄 문화재관리국에서는 유적으로 지정되어 보호받던 백제 고분군을 좀 더 완벽한 형태로 보존한다는 취지로 송산리고분군 정비계획을 확정하였다. 공주 중심가에서 북북서 방향으로 1킬로미터 정도 떨어져 있는 송산리고분군에는 그때까지만 해도 6기의 분묘가 자리하고 있었는데, 장마철만 되면 산 능선을 따라 흘러내려오는 빗물이 돌방무덤인 5호 고분과 벽돌무덤인 6호 고분의 분묘 안으로 들어가는 일이 빈번하게 일어나 두 고분의 뒤쪽을 둘러 파서 배수로를 만들어 이를 방지하고자 했던 것이다.

1971년 6월 29일 공사를 시작하여 일주일째가 되던 7월 5일, 한 인부의 삽 끝에 딱 하는 소리와 함께 돌 같은 것이 걸렸다. 자세히 살펴보니 돌이 아니라 흙을 네모난 모양으로 만들어 불에 구워 낸 것으로서 무덤을 조성할 때 쓰는 벽돌(전돌)이었다. 공주박물관장을 비롯한 현장 관계자들은 그 아래에 무엇인가 있다는 것을 직감적으로 알아차리고 조심스럽게 땅을 파내려 가기 시작했다. 아래로 내려갈수록 수많은 전돌이 차곡차곡 쌓여 있는 모습이 보이다가 마침내 둥근 무지개 모양(홍교虹橋)의 문이 나타났다. 그 문 역시 같은 모양의 전돌로 모두 메워져 있었다. 그 모양을 본 관계자들은 아직 발굴되지 않은 백제 왕릉일 가능성이 높다고 판단하여 문화재관리국에 보고하고 기다렸다.

문화재관리국은 김원룡 국립중앙박물관장을 단장으로 발굴단을 꾸려 현지로 급파했고, 7월 7일 본격적인 발굴을 위한 준비 작업을 진행했다. 공간을 확보하면서 벽돌 주위를 점점 파내려 가자 바로 옆에 있는 6호 고분의 입구와 같은 모습의 출입문이 완연하게 드러났다. 왕릉일 가능성이

1971년 7월, 발굴 당시 무령왕릉 입구 모습
단 17시간 만에 수많은 인파가 몰려든 북새통 속에서 마무리된 무령왕릉 발굴은 우리 고고학계의 치욕으로 꼽힌다.

한층 높아졌다. 다음 날 아침부터 본격적으로 작업을 시작한 발굴단은 오후가 되어서야 고분으로 들어갈 수 있는 길을 확보하고 위령제慰靈祭를 올리고 난 후 무지개다리 모양의 입구를 가득 메우고 있던 전돌 두 개를 빼냈다. 그러자 무덤 안으로부터 하얀 연기 같은 것이 빠져나오기 시작했다.

한 번도 도굴되지 않은 고분이면서 주인을 명확하게 알려주는 단서를 간직하고 있는 왕릉이 1,400여 년 만에 처음으로 모습을 드러내는 역사적인 순간이었다. 역사적으로나 문화사적으로 가치를 가늠하기 어려울 정도로 엄청난 발견이었다. 하지만 발굴 과정에서 돌이킬 수 없는 오류를 범하는 바람에 무령왕릉은 수많은 부장품을 확인한 것 외에는 이미 도굴되어 주인을 알 수 없는 다른 왕릉과 별반 다를 바 없는 평범한 고분으로 전락하고 말았다.

당시 발굴 과정에 참여했던 이들이 이구동성으로 지적하는 치명적인 실수는 첫째, 발굴에 급급한 나머지 취재진이나 일반인들의 접근을 제대로 통제하지 못한 점, 둘째, 전문 인력이나 장비를 제대로 갖추지 않은 상태에서 발굴을 한 점, 셋째, 세기적 발견이라고 할 수 있을 정도의 엄청난 발굴을 17시간 만에 끝내 버림으로써 고분 속에 담긴 중요한 정보들을 한순간에 날려 버린 것, 다섯째, 출토된 유물을 제대로 관리하지 못한 것 등이다.

고분 발견 사실을 한국일보 기자가 처음으로 포착하여 특종으로 기사화하면서 모든 언론사의 취재진이 몰려들어 아우성을 쳤고, 일반인들까지 가세하면서 고분 발굴 현장은 북새통이 되었다. 더구나 무덤 안으로 들어간 기자들이 마구 사진을 찍어 대며 움직이는 바람에 소중한 유물들이 훼손되었다. 아수라장이 된 현장에서 발굴단 관계자들은 긴급회의를 열어

빠른 시간 안에 발굴을 끝낸다는 결코 해서는 안 되는 결정을 내린다. 수천 점의 유물이 질서정연하게 배열되어 있는 고분을 제대로 발굴하려면 현장을 철저히 통제한 상태에서 몇 달 혹은 몇 년이 걸리더라도 원형을 보존하면서 연구와 조사를 진행했어야 했다. 그렇지만 현장 관계자들은 이런 결정을 내리면서도 자신들이 무엇을 하는지조차 알아차리지 못한 채, 급하게 준비한 발전기로 불을 밝힌 전등 두 개만을 가지고 고분 내부를 정리하기 시작하여 오후 10시쯤 작업을 마무리하였다.

수천 점 유물의 기능, 그것이 놓인 위치와 그 의미 등을 파악할 실력과 시간도 없었고, 고분 내부와 유물의 실측조차 제대로 이루어지지 못한 상태에서 발굴이 마무리된 것이다. 이 와중에 발굴단 총책임자였던 국립중앙박물관장은 왕릉에서 출토된 중요 부장품을 상자에 넣어 고속버스를 타고 청와대로 가져갔고, 대통령이 은팔찌 같은 것을 휘어 보는 장면이 뉴스를 통해 방송되는 해프닝이 벌어지기도 했다. 국보급 유물을 개인이 고속버스로 옮긴 것도 큰 문제인데 유물을 휘어 보는 장면이 TV로 방송되다니! 공주 지역에서 비난 여론이 들끓자 무령왕릉의 유물을 보관하고 전시하는 박물관을 공주에 건립할 것을 약속하고, 보존 처리와 보고서 작성을 위해 유물을 임시로 국립중앙박물관으로 이송하기로 합의하고 나서야 잠잠해졌다. 그러한 진통 끝에 다음 해에 국립공주박물관이 준공됐다.

발굴단 관계자들은 왜 그렇게 허둥댔을까? 그들이 집단 패닉 상태에 빠질 만큼 흥분했던 것은 외부의 나쁜 기운으로부터 무덤을 지켜 주는 구실을 하는 입구 바로 안쪽에 놓여 있던 멧돼지를 닮은 괴물 모양의 석수石獸, 그리고 왕릉의 주인이 어떤 신분을 지닌 사람이며 무덤이 언제 조성되었

무령왕릉 발굴 당시 '석수'의 모습
왕릉을 지키는 수호신과 같은 모습이다.
석수 바로 앞에 왕과 왕비의 지석이 놓여
있다.

는지 등을 적은 돌판(지석誌
石)이 발견되었기 때문이다.
그때까지 많은 왕릉이 발견
되고 발굴되었지만 이처럼
확실한 정보를 제공해 준 고
분은 없었으니 발굴단 관계
자들도 벅찬 감정을 억누를
수 없었던 모양이다.

왕과 왕비가 함께 묻혀 있
었던 무령왕릉에서 출토된
유물은 108종 4,600여 점에
이른다. 무덤에 들어가는 길 입구에는 놋쇠에 금을 얇게 입혀 만든 밥그릇
인 동발銅鉢, 여섯 개의 손잡이 귀가 달린 도자기인 청자육이호靑磁六耳壺,
왕과 왕비에 대해 기록한 지석 2매, 한나라 무제武帝 때의 동전인 오수전五
銖錢 한 꾸러미, 무덤을 지키는 석수石獸 등이 발견되었다. 현실玄室(시신이
담긴 관을 놓아 두는 방) 남쪽에도 동발과 청자육이호가 있었으며, 관을 올
려놓는 대(관대棺臺) 위의 동쪽에는 무령왕의 목관이, 서쪽에는 왕비의 목
관이 놓여 있었다. 썩어 가고 있는 목관 아래쪽에는 왕과 왕비의 시신이
입고 있던 장신구와 부장 유물이 발견되었다.

중요 장신구로는 왕이 착용했던 금관(금제관식金製冠飾) 1쌍, 금귀걸이
(금제이식金製耳飾) 1쌍, 금으로 된 머리뒤꽂이(금제채金製釵) 1점, 은으로 된
허리장식 외 요패腰佩 1벌, 금동으로 된 신발(금동식리金銅飾履) 1쌍, 용봉

무늬가 새겨진 둥근 손잡이가 있는 큰 칼(용봉문환두대도龍鳳文環頭大刀)과 금은으로 만든 작은 칼(금은제도자金銀製刀子) 각 1점, 발받침(족좌足座) 1점이 있고, 왕비의 것으로는 금으로 만든 관 1쌍, 금귀걸이 2쌍, 금목걸이(금제경식金製頸飾) 2개, 은팔찌(은제천銀製釧) 1쌍, 금팔찌 1쌍, 금은으로 꾸민 작은 칼(금은장도자金銀裝刀子) 2개, 금동신발 1쌍, 나무로 만든 베개(두침頭枕) 1점(국보 164호) 등이 출토되었다. 그 밖에 신령스런 짐승의 무늬를 수놓은 면경(신수문경神獸文鏡)을 비롯한 여러 종류의 거울과 접시 모양으로 된 청동제 그릇, 청동으로 만든 개(犬), 수저, 젓가락, 다리미 등이 있고 벽에서는 도자기로 된 등잔이 출토되었다.

이 모든 부장 유물들은 각각 놓여 있는 위치, 전체 유물들의 관계를 바탕으로 한 구조 등을 모두 실측하고 원형 또한 모두 기록 자료로 남겨야 했다. 하지만 하루도 채 걸리지 않은 발굴로 인해 백제의 역사와 문화를 파악할 수 있는 천재일우千載一遇의 기회를 놓쳐 버리고 만 것이다.

왕이 누운 '금송' 목관의 비밀

이처럼 거의 도굴에 가까운 성급하고 무분별한 발굴로 소중한 역사적 진실들을 대부분 놓쳐 버렸다. 그럼에도 불구하고 무령왕릉은 무덤이 조성된 후 한 번도 도굴되지 않은 고분이었기에, 다른 어떤 고분과는 비교가 되지 않을 정도로 수많은 역사적 사실들을 우리에게 알려 주었다.

송산리고분군은 지금까지 7기의 고분이 발견되어 보존되고 있는데, 1호부터 6호까지는 이미 도굴된 흔적이 있는 데다가 일제강점기에 또 한 차례 발굴과 도굴이 있었기 때문에 부장품이 거의 없는 상태였으며, 무덤의 주인이 누구인지 밝힐 만한 단서도 전혀 발견되지 않았다. 평지의 지상 혹은 지하에 덧널을 설치하고 그 주변과 위로 돌을 쌓고 바깥에 점토를 입혀 축조한 돌무지덧널무덤(적석목곽분積石木槨墳)의 구조이면서, 엄청난 크기를 지닌 신라 왕릉과 달리 백제 고분은 굴식돌방무덤(횡혈석실분橫穴石室墳) 형식으로 크기도 작고 사람의 출입이 가능한 구조였기 때문에 발견되기만 하면 모두 도굴될 수밖에 없었던 까닭이다.

무령왕릉의 구조를 자세히 살펴보면, 우선 무덤이 위치한 자리는 남쪽 방향으로 뻗어 내린 경사진 언덕 끝 부분에 위치하고 있어 안정된 느낌을 준다. 평면으로 보면 남북으로 길게 뻗어 있는 직사각형이며, 굴 모양의 천장과 앞면 중앙에 무덤으로 들어가는 연도羨道(입구에서 관을 두는 방까지 이르는 길)가 설치되어 있는 철凸자 형의 벽돌식(전축塼築) 단실묘單室墓이다. 둥근 모양의 봉분 지름은 약 20미터이고, 무덤 윗부분에는 보호석(호석護石)으로 추정되는 잡석으로 쌓은 석축이 있다. 무덤 주인이 안치되어 있는 방인 현실(묘실) 바닥에서 봉분의 가장 높은 지점까지는 7.7미터이며, 현실에 가해지는 흙의 압력을 최소화하기 위해 봉분의 중심은 현실보다 5.8미터 위쪽에 위치하도록 만들었다. 봉분을 만든 흙은 현실 주위의 풍화 암반을 평평하게 깎아 낸 후 석회를 섞은 흙으로 쌓아 만들었다.

무덤방(묘실墓室)의 규모는 남북의 길이가 420센티미터, 동서의 너비가 272센티미터, 높이는 293센티미터이다. 현실은 남쪽 벽면에서 109센티미터 되는 부분까지를 제외한 나머지 공간을 바닥보다 21센티미터 정도 높게 단段을 쌓아 왕과 왕비를 합장할 수 있는 관대棺臺를 만들었다. 이렇게 만들어진 관대는 동서의 너비가 293센티미터이며, 남북의 너비는 315센티미터 규모이다. 관대와 바닥의 경계는 벽돌 쌓기의 차이로 구분하였는데, 관대와 관대 앞의 바닥 벽돌은 삿자리무늬를 이루도록 직사각형의 벽돌을 깔고, 관대 바깥쪽은 벽돌을 길이로 늘여 쌓음으로써 자연스럽게 구분되도록 하였다. 바닥의 벽돌 아래에는 무덤방에서 연도를 거쳐 묘도墓道를 지나 바깥으로 물이 빠져나갈 수 있도록 수로를 설치하였다.

무덤방의 남쪽 벽 중앙에 있는 연도는 길이 290센티미터, 너비 104센티미터, 높이는 145센티미터이며, 그 앞으로 묘도가 길게 연결되어 있는데, 무덤방의 축소판으로 터널 모양의 구조를 갖추었으며 여기에 사용한 벽돌이나 축조 방법도 무덤방과 크게 다르지 않다. 다만 천장 이하 벽면에는 반으로 자른 연꽃이 있는 벽돌을 사용하지 않았다는 차이가 있다. 연도의 외부는 바로 묘도로 이어지지만 바깥에 벽돌을 쌓아 304센티미터 높이로 연도 전면의 벽 모양을 갖추고 있다. 사용된 벽돌은 문양이 있는 것과 문양이 없는 것, 그리고 무령왕릉에 사용된 연꽃무늬가 있는 것 외에도 제6호 벽돌무덤에서 사용된 동전무늬가 있는 전범문錢范文 벽돌도 적지 않게 포함되어 있다.

배수구는 현실과 연도의 경계부에서 시작하여 연도 가운데 바닥 밑에 설치되었으며, 남북으로 187센티미터 길이에 이르게끔 벽돌을 사용하여 구축하였다. 벽은 벽돌을 이중으로 쌓아 만들었다. 벽면은 좌우에서 수직으로 쌓아 올라가다가 윗부분에서 곡선으로 휘어지게끔 하여 천장 부분에서 만나도록 함으로써 터널 모양의 구조가 되도록 축조하였다.

벽돌은 뉘어쌓기와 세워쌓기를 주기적으로 반복하였는데, 네 개는 뉘어 쌓고 하나는 세워쌓는 사평일수四平一垂 방식으로 중국 고분에서 보이는 삼평일수三平一垂 방식과는 차이가 있다. 입구를 제외한 세 곳의 벽에는 등 잔을 넣어 두기 위해 북벽에 1개, 동쪽과 서쪽 벽에 2개씩 작은 공간을 설치하였고, 안쪽은 붉은 불꽃 무늬(화염문火焰文)로 채색되어 있고 위가 뾰족한 보석 모양의 감실(보주형벽감寶珠形壁龕)과 벽돌 9개를 길게 배열하여 만든 살창 모양의 문양을 설비하였다.

무령왕릉에서 가장 먼저 눈에 띄는 것은 무덤의 방과 입구의 길 등에 사

전체적으로 남북으로 길게 뻗은 직사각형 모양이다. 약 20미터의 봉분 아래에서 4,600여 점에 이르는 귀중한 유물들이 출토되었다.

용된 벽돌에 새겨져 있는 다양한 무늬이다. 무덤 벽면에 사용된 벽돌에 '···사임진년작士壬辰年作'이라는 글씨가 새겨져 있고, '대방大方', '중방中方', '급사急使' 등의 명문銘文이 돌출된 형태(압출壓出)로 찍혀 있다. 그 외에도 여러 종류의 문양이 새겨져 있는데, 짧은 변에는 연꽃무늬(연화문蓮花紋)와 인동연꽃무늬(인동연화문忍冬蓮花紋) 등이 장식되어 있고, 긴 변에는 연화사격자무늬蓮花斜格子紋와 대각선그물무늬(사격자문斜格子紋) 등이 새겨져 있다. 이 벽돌들은 중국 남북조시대 양梁나라에서 수입한 것으로 알려졌는데, 최근 정밀조사를 통해 부여의 정동리 가마터에서 축조되었을 가능성이 매우 높다는 사실이 밝혀졌다. 다만 전돌을 쌓아 연도와 현실을 지은 벽돌무덤(전축분塼築墳) 양식과 입구의 문을 무지개다리(홍교虹橋, 아치) 모양으로 만든 것, 현실의 천장을 둥근 모양으로 만들기 위해 사다리꼴 벽돌을 사용한 것 등은 양나라의 기술을 수용한 것이다. 무덤을 밝히기 위해 설치한 여섯 개의 백자 등잔 역시 양나라의 것으로 밝혀졌으며, 그 외에도 땅값으로 토지신에게 바친 것으로 보이는 엽전 역시 양나라의 화폐로서, 백제와 양나라의 교류가 매우 활발했음을 알 수 있다.

다음으로 눈길을 끄는 것은 왕의 시신을 모셔 놓은 목관의 재질이다. 1,400년 이상을 썩지 않고 견딘 무령왕과 왕비의 관은 소나무로 만들어졌는데, 전자현미경으로 확대하자 송진 구멍이 없는 직사각형의 창문 모양 구조로 확인되었다. 이런 구조를 지닌 소나무는 '금송金松'이라 불리는 삼나무과에 속하는 식물로, 강수량이 풍부한 일본 남쪽 고산지대에 분포한다. 이러한 사실로 미루어 볼 때 무령왕과 왕비의 관이 모두 일본에서 들여온 재료로 제작되었음을 알 수 있다.

이 시대에 백제와 일본의 관계가 얼마나 돈독했는지는 무령왕이 일본의 오사카 궁에 있는 자신의 친동생으로 후에 게이다왕이 된 오호도 왕자에게 보냈던 인물화상경人物畫像鏡으로도 확인할 수 있다. 청동거울인 인물화상경 뒷면에 무령왕이 아우인 일본 남제왕南弟王의 무병장수를 기원하면서 보낸 것이라는 내용이 기록되어 있다. 당시 일본이 백제를 섬기는 아우의 나라였으며, 이 거울은 무령왕이 일본의 왕을 인정하는 신임장 성격을 띤 것으로 해석할 수 있다. 곧 당시 왜국이 백제에게 물심양면으로 많은 지원을 받고 있었으므로, 왕과 왕비가 세상을 떠나자 관으로 사용될 최고의 목재를 보냈을 가능성이 매우 높다.

'묘제墓制'는 매우 보수적이어서 아무리 국제화 시대라 하더라도 통째로 바꾸기는 어렵다. 그럼에도 파격적인 모습으로 발견된 왕릉의 모습에서 무령왕이 선진문물 수용을 통한 국제화를 얼마나 강력하게 추진했는지 짐작할 수 있다. 그 외 왕릉에서 발견된 금제관식金製冠飾, 금제뒤꽂이(금제채金製釵), 금제심엽형이식金製心葉形耳飾, 금동신발, 청동거울, 허리띠 등을 비롯한 수많은 부장품들은 당시 백제 세공 기술을 총망라한 것으로 매우 소중한 의미를 지닌다.

6세기 동아시아 최고의 해상제국으로 군림하면서 남중국, 일본 등과 국제 관계를 돈독히 했던 무령왕의 역사적 진실이 궁금하다면 공주 송산리에 있는 무령왕릉과 기념관을 찾아보는 것도 소중한 체험이 될 것이다. 백제는 이 시기에 군주의 탁월한 지도력을 바탕으로 국력을 신장시켰으며, 광범위하게 펼친 외교력을 바탕으로 동아시아 전체를 아우르는 국제화를 통해 거대한 제국으로 도약할 수 있었다.

9

서동요, 백제의 마지막 불꽃

무왕
쌍릉
雙陵

150미터 간격을 두고 고분 두 기가 남북으로 나란히 자리하고 있는데, 뒤쪽 봉분이 앞 봉분보다 약간 크다. 큰 고분은 '대왕릉' 혹은 '말통대왕릉末通大王陵' 작은 것은 '소왕릉'이라 하며, 둘을 합쳐 '쌍릉雙陵'이라 부른다. 말통은 '마를 캐는 아이'라는 뜻을 가진 서동薯童의 고유어인 '마퉁'을 한자식으로 표기한 것이다.

전라북도 익산에 가면 애절한 사랑과 비극을 간직한 군주인 무왕의 능으로 알려진 두 기의 고분을 찾아보라. 고래로부터 '쌍릉雙陵'으로 불리는 이 능묘는 무왕(재위 600~641)과 선화공주의 능묘로 알려져 있다. 익산 공설운동장 입구에서 무왕로라 이름 붙여진 720번 국도를 따라 북동 방향으로 약 2킬로미터를 가면 석왕교차로를 만나는데, 이곳에서 200여 미터를 더 가면 신호등 있는 사거리에서 익산 쌍릉 800미터라고 쓰여 있는 이정표를 만나게 된다. 이곳으로부터 야트막한 언덕 같은 야산의 길을 따라 올라가면 왼편으로 보이는 평평한 언덕배기에 쌍릉공원 입구가 나온다(전라북도 익산시 석왕동 6-11 12번지).

이곳에는 150미터 정도 간격을 두고 고분 두 기가 남북으로 나란히 자리하고 있다. 자세히 살펴보면 뒤쪽 봉분이 앞 봉분보다 약간 큰 것을 알 수 있는데, 큰 고분은 '대왕릉'(혹은 말통대왕릉末通大王陵) 작은 것은 '소왕

익산시 석왕동에 있는 '대왕릉'(위)과 '소왕릉'

두 무덤을 합쳐서 '쌍릉'이라고 부른다. 백제 말기 7세기 전반기의 양식으로 지어졌으나, 내부는 오래전에 도굴되어 유물은 없다. 마한의 무강왕 무덤일까, 저 유명한 백제 무왕과 선화공주 무덤일까?

릉'이라 하며, 둘을 합쳐 '쌍릉雙陵'이라 부른다. 말통은 '마를 캐는 아이'라는 뜻을 가진 서동薯童의 고유어인 '마퉁'을 한자식으로 표기한 것이다.

1963년 1월 21일 사적 제87호로 지정된 쌍릉의 주인에 대해서는 삼한시대 마한馬韓의 무강왕武康王과 왕비의 무덤이라고도 하고, 백제 제30대 군주인 무왕武王과 그 왕비인 선화공주善花公主의 무덤이라고도 전하는데, 쌍릉에서 멀지 않은 곳에 선화공주의 발원으로 세웠다고 하는 미륵사彌勒寺 터와 무왕이 세운 제석사帝釋寺 터가 있으며, 그 외에도 무왕과 관련된 유적이 많이 남아 있어 백제 무왕과 선화공주의 능일 가능성이 높아 보인다.

신라 공주를 꼬인 백제 남자

무왕은 백제의 군주 중에서도 상당히 유명한, 그리고 우리에게 아주 잘 알려진 인물이다. 바로 보잘것없는 존재로 어린 시절을 보내던 중 기발한 행동으로 공주를 만나 왕위에 오른다는 신분상승 설화인 〈서동요〉의 주인공이기 때문이다. 〈서동요〉는 지금도 드라마, 뮤지컬 등의 소재로 꾸준히 활용되고 있는데, 최초의 기록은 《삼국유사》 권2 '무왕' 조에 실려 전한다. 《삼국유사》는 신라 제26대 진평왕 때 백제의 서동이 지은 노래의 원문(이두吏讀로 표기)과 그 설화를 소개하고 있는데, 그 내용은 다음과 같다.

제30대 무왕武王의 이름은 '장璋'이다. 그의 어머니가 젊어서 홀로 되어 (靑孀) 서울 남쪽에 있는 연못 옆에 집을 짓고 살았다. 그러던 중 달밤에 호숫가를 거닐다가 연못에 있는 용과 관계를 가져 아이를 낳았다. 어릴 적이름은 서동薯童이었는데, 기상과 도량이 측량하기 어려울 정도로 뛰어났다. 늘 참마(서여薯蕷)를 캐다 팔아 생계를 꾸려 나라 사람들이 이름을 '서동'이라고 했다. 서동이 혼인할 나이가 되었을 때 소문을 들으니 신라 진평왕의 셋째 공주인 선화善化의 아름다움이 매우 뛰어나다고 했다. 이에 서동은 머리를 깎고 경주로 가서 거리의 아이들에게 마를 나누어 주니 수많은 아이들이 서동을 따랐다. 서동은 노래를 지어 아이들에게 가르쳐 부르게 하였다. 그 노래는 다음과 같았다.

선화공주님은 남 몰래 시집가 놓고 서동방을 밤에 몰래 안고 갔다네
(善化公主主隱他密只嫁良置古薯童房乙夜矣卯乙抱遣去如).

선화공주가 외간 남자와 사랑에 빠졌다는 노래가 널리 퍼져 마침내 왕실에까지 알려지게 되었다. 이 소문을 들은 여러 신하들이 임금에게 간청해서 공주를 궁궐에서 쫓아내고 먼 곳으로 유배를 보내도록 하였다. 공주가 길을 떠나려고 할 때 어머니인 왕비가 친히 나와 황금 한 말을 주었다. 선화가 유배지를 향해 가는데 어디선가 한 사내가 나타나 "소인이 공주를 모시고 가도록 하겠습니다." 하였다. 공주는 그가 어디서 온 사람인지는 몰라도 왠지 모르게 믿음이 가고 마음이 즐거웠기 때문에 사내를 따라갔다. 두 사람이 정을 통하고 난 후 사내의 이름을 물으니 서동이라 하였다. 공주는 아이들이 부르던 노래가 무척이나 영험하다고 생각하였다.

부부가 된 두 사람은 백제로 가서 궁남지宮南池 옆에 사는 서동의 어머니를 만났다. 공주가 모후母后에게 받은 황금을 내놓으면서 이것으로 생계

를 꾸려 가자 하니 이를 본 서동이 크게 웃으며 말했다. "이것이 도대체 무엇이란 말이오?" 공주가 말하기를 "이것은 황금이라고 하는데, 이 분량이면 백 년 정도는 부자로 살 수 있답니다." 하였다. 서동이 다시 말했다. "내가 마를 캐는 곳에는 이런 것이 산더미처럼 쌓여 있답니다." 하였다. 공주는 크게 놀라며 "이것은 천하에 둘도 없는 보물입니다. 낭군께서 이것이 있는 장소를 지금도 알 수 있다면 그 황금을 모아서 곧바로 신라에 계신 부모님께 보내는 것이 어떻겠습니까?" 하였다. 서동이 곧바로 황금을 캐서 모아 놓으니 작은 동산만큼이나 되었다. 공주와 서동은 용화산龍華山 사자사師子寺 지명법사知命法師를 찾아가 황금을 보낼 수 있는 방법을 물었다. 법사가 말하기를 "내가 신통력으로 그것을 보낼 수 있으니 황금만 가져오

부여군 부여읍 동남리의 궁남지
《삼국사기》 백제 무왕조에 '무왕 35년(634) 3월에 궁남에 연못을 파고 물을 20여 리나 끌어들였다.'는 기록이 있다. 현존하는 우리나라 최고最古의 인공 연못이다.

면 됩니다." 하였다. 이에 공주가 쓴 편지를 함께 넣어서 사자사로 가져가니, 지명법사가 놀라운 신통력을 발휘하여 하룻밤 사이에 황금을 신라의 궁중에 가져다 놓았다. 진평왕이 이 신기한 사건에 놀라움을 금하지 못하여 사위에 대한 마음이 깊어져 항상 서신을 보내 안부를 물었다.

이러한 일로 말미암아 서동은 민심을 얻어 왕위에 올랐다. 하루는 무왕과 부인이 사자사에 가려고 용화산 아래에 있는 큰 연못가에 이르렀을 때, 못 가운데로부터 미륵삼존彌勒三尊이 나타났다. 이에 수레를 멈추고 경의를 표했는데 왕비가 왕에게 "이처럼 신성한 땅에 큰 절을 짓는 것이 제 소원입니다." 하니, 왕이 그렇게 하는 것이 좋겠다고 허락하였다. 다시 지명법사에게 가서 연못을 메울 수 있는 방법을 물으니 법사가 신통력으로 하룻밤 사이에 산을 무너뜨려 못을 메워 평지를 만들어 놓았다. 이에 미륵삼존을 중심 불상法像으로 하여 그것을 모시는 정전인 법당(전殿), 사리를 모신 불탑(탑塔), 법당 아래 동서로 붙여 지은 부속 건물(낭무廊廡) 등을 각각 세 곳에 세우고 '미륵사彌勒寺'라고 이름 붙였다. 절을 지을 때 신라의 진평왕이 여러 기술자(百工)을 보내 절의 창건을 도왔다고 한다.

여기까지가 《삼국유사》에 기록된 무왕과 선화공주의 이야기다. 하지만 그 외 역사 기록에서 신라 진평왕 시대 백제와 혼인동맹을 맺었다는 내용은 찾아볼 수 없다. 백제 남자와 신라 공주가 결혼했다는 이 기록은 앞 시대의 여러 소재들이 설화로 각색되면서 무왕 이야기에 끼어들어간 것으로 보인다.

신라를 치고 당을 움직여 고구려 견제

무왕은 백제의 마지막 군주인 '의자왕義慈王' 바로 전 임금이다. 무왕은 전대 왕인 혜왕(28대)과 법왕(29대)이 모두 왕위에 오른 지 1년을 넘기지 못하고 세상을 떠나면서 왕위 계승이 뒤죽박죽 어지러워지고 귀족들 사이에 내분이 치열하게 전개되는 상황에서 왕위에 올랐다. 무왕이 왕위에 오르는 과정이 평탄하지 않았음은 서동 설화를 통해서도 짐작할 수 있다. 서민 계급으로 떨어지다시피 하여 마를 캐 생업을 유지하던 왕족 서동이 꾀를 써서 신라 공주와 결혼하여 지지 세력을 얻음과 동시에 백성들의 신망을 얻어 왕위에 올랐다는 것은, 그만큼 왕위 계승이 힘들었음을 보여 준다. 서동이 가진 것은 백성들의 민심과, 처가妻家의 도움이 절실하게 필요할 만큼 미약한 인맥과 세력뿐이었다. 당시 권력을 가지고 있었던 귀족들이 자신들 뜻대로 휘두를 수 있는 서동이 왕으로 가장 적합하다고 판단했을 수도 있다.

무왕은 즉위한 지 4년째 되던 해, 좌평 해수佐平 解讎가 중심이 되어 4만 대군을 동원해 신라와 맞섰던 아막산성阿莫山城 전투를 시작으로 소타小陀 · 외석畏石 · 천산泉山 · 옹잠甕岑 네 성을 공격했던 전투에서 백제가 크게 패하면서 혼란에 빠지게 되자, 이를 기회로 권력을 회복하기 시작한 것으로 보인다. 602년에 신라를 침공하였으나 별다른 성과를 내지 못한 상태에서 서기 603년 아막산성 전투를 계기로 귀족 세력은 힘을 잃기 시작했고, 왕권 강화의 명분을 얻은 무왕이 차츰 권력을 장악하기 시작했기 때문이다.

왕권을 강화하고 권력을 장악한 무왕은 그 뒤로도 끊임없이 신라 국경을 공략하여 신라에게 빼앗긴 성을 탈환하는 동시에 영토 확장을 위해 지속적인 노력을 기울였다. 그 결과 재위 25년(624)에는 속함速含, 앵잠櫻岑, 기잠歧岑, 봉잠烽岑, 기현旗懸, 용책冗柵 등 여섯 개 성을 함락시키면서 백두대간의 마지막 부분인 소백산맥을 넘어 경상도 함양으로 진출하여 신라의 배후를 공격할 수 있는 거점을 확보하였다. 그 뒤 더욱 세력을 확장한 무왕은 636년 장군 우소于召를 보내 지금의 경상북도 성주군 가천면 부근에 있는 독산성獨山城을 기습 공격하면서 동남쪽으로 더욱 깊숙하게 진출하여 진주 부근까지 장악하려 한다. 독산성은 합천의 요충지인 대야성大耶城에 이르는 길목이었으므로 비록 성공하지는 못했지만 신라로서는 엄청난 공포를 느끼기에 충분했다.

신라와 백제가 서로를 침략하는 형국이었지만, 국력이 백제에 미치지 못했던 신라는 당나라에 어려움을 하소연하며 백제를 견제해 줄 것을 요청하였다. 이러한 사실들은 《삼국사기》와 《삼국유사》뿐 아니라 중국 측 기록에도 빈번하게 등장하고 있어서 무왕 당시의 역사적 상황을 짐작할 수 있다.

무왕은 신라와 끊임없이 전쟁을 벌이면서도 고구려를 견제하기 위해 당나라와의 외교 정책에도 힘을 쏟았다. 수나라를 이어 중국 대륙의 지배자가 된 당나라에 조공을 바치는 사신을 지속적으로 파견하여 고구려를 공격하도록 부추김으로써 어부지리漁父之利를 얻으려는 외교전을 구사했다. 무왕의 이런 전략은 신라 침공을 통한 빼앗긴 성의 탈환과 영토 확장에는 성공하였지만 당나라와 신라가 급격하게 밀착되는 결과를 낳았다.

북방의 위협을 제거하기 위해 백제는 수나라 때부터 고구려를 정벌하도록 중국을 부추겼다. 수나라 양제煬帝는 실제로 여러 차례 고구려를 공격했으나 살수대첩 등에서 대패하여 결국 멸망을 자초하게 된다. 수나라가 망하고 당나라가 들어서자, 백제는 이번에도 주기적으로 조공을 보내면서 고구려가 길을 막아 입조入朝하기 어렵다며 고구려를 견제해 줄 것을 요청하여, 고조高祖가 고구려에 조서를 보내 서로의 원한을 잊으라고 달래는 상황이 연출된다. 그 뒤로도 무왕은 신라에 빼앗긴 땅을 되찾기 위해 계속 공격을 감행했다. 627년에는 신라 진평왕이 당태종에게 나라가 위급함을 호소하기에 이르렀고, 당태종이 사신으로 간 무왕의 조카 복신에게 신라와 전쟁을 하지 말라는 조서를 보내기도 하였다.

"백제왕은 대대로 군주가 되어 동쪽 변방을 잘 다스리고 있다. 먼 바다 한 끝에서 바람과 파도가 험한 것을 무릅쓰고 충성이 지극하여 조공이 계속되니, 왕의 아름다운 생각을 높이 평가하며 매우 기쁘게 여긴다. 내가 삼가 영광스러운 대명을 이어받아 천하를 통치하게 되었으니, 정도를 넓히고 백성들을 아껴 양육하며, 배와 수레가 통하는 곳과 바람과 비가 미치는 곳마다 모두 천성에 따르며 모두가 편안하게 살기를 원하고 있다. 신라왕 김 진평은 나의 아끼는 신하(번신藩臣)요, 왕의 이웃이지만 매번 군사를 보내 토벌하는 것이 그치지 않는다고 들었다. 군대의 힘을 믿고 잔인한 행위를 마음대로 하는 것은 나의 기대에 매우 어긋난다. 내가 이미 왕의 조카 복신과 고구려, 신라 사신들에게 서로 화친하도록 타이르고 모두 화목하게 지내도록 하였다. 왕은 반드시 전날의 원한을 잊고 나의 본뜻을 헤아려서 모두 이웃의 정을 두터이 하여 즉시 전쟁을 중지하라."

무왕은 겉으로는 당나라를 잘 섬기는 척하며 전쟁을 중지하겠다고 했으나 그 뒤로도 신라에 대한 공격을 늦추지 않았다. 그러면서도 거의 매년 당나라에 사신을 보내 태종이 신라 편을 들지 못하도록 하는 정책을 유지하였다. 이러한 무왕의 양면정책은 크게 효과를 거두어 고구려와 신라가 함부로 백제를 넘볼 수 없게 만들고 당나라 역시 백제를 침공할 엄두를 내지 못하도록 함으로써 안정된 국정을 펼칠 토대를 마련하였다.

이처럼 강력한 통치력을 발휘했던 무왕은 후반기에 접어들면서 거대한 토목공사를 자주 일으켰다. 법왕 말기인 서기 600년 정월부터 시작하여 무려 35년에 걸쳐 공사를 해 왔던 왕흥사王興寺를 완공하였고, 궁궐의 남쪽에 큰 연못을 파고 20여 리 밖에서 물을 끌어들인 다음 버들을 심고 못 가운데에 신선이 사는 산을 상징하는 섬의 모양을 갖춘 궁남지를 건설하기도 했다. 또한 세상을 떠나기 전까지 여러 차례에 걸쳐 잔치를 베풀고, 진기한 화초가 있는 화려한 정원을 만들었던 것으로 기록되어 있다.

신라와의 계속된 전쟁, 거대한 토목공사 등으로 국력을 소모시킨 것은 아쉬운 점으로 지적될 수 있지만, 탁월한 정치력을 바탕으로 한 왕권 강화와 외교력으로 백제의 위상을 높이며 국력을 크게 신장시킨 점 등은 무령왕武寧王, 성왕聖王 등과 함께 기울어져 가는 백제를 다시 일으켜 세운 제왕으로 평가할 수 있겠다. 한편으로 무왕의 이러한 노력이 백제를 강한 나라로 만드는 데 기여했지만, 백제의 팽창에 커다란 위협을 느낀 신라가 당나라를 끌어들이는 결정적 계기를 제공했다는 평가도 존재한다.

무왕은 서기 641년 등극한 지 42년 만에 세상을 떠났다. 백제에서는 소복素服을 입은 사신을 보내 당나라에도 이 사실을 알렸다. 무왕이 세상을 떠났다는 소식을 들은 당태종은 조서를 보내 다음과 같이 위로하면서 부의賻儀를 매우 후하게 보냈다.

"먼 나라를 사랑하는 방도는 총명寵命보다 나은 것이 없고, 죽은 자를 표창하는 의리는 먼 곳이라고 해서 막혀 있는 것이 아니다. 고故 주국대방군왕부여장柱國帶方郡王扶餘璋은 산을 넘고 바다 건너 멀리까지 와서 늘 새로운 역법(정삭正朔)을 받고, 공물을 바치면서 표문을 올리기를 한결같이 하다가 갑자기 죽음을 당하였으니 그를 깊이 추도한다. 마땅히 보통의 예절 이상으로 영전을 표하여 광록대부光祿大夫로 추증하노라."

정말 익산으로 도읍을 옮겼을까?

무왕과 관련된 기록 중 한 가지 흥미로운 내용이 일본 쿄토京都에 있는 사찰 '쇼오랜인靑蓮院'에서 발견된 문헌에 담겨 있다. 관세음보살의 영험함이 나타난 역대의 일화들을 기술한 《관세음응험기觀世音應驗記》에는 익산의 왕궁면에 있었던 제석사帝釋寺 화재에 대한 내용이 실려 있는데, 무왕이 부여에서 익산의 왕궁평으로 도읍을 옮겼던 사실과 사찰의 창건, 화재로 인한 사찰의 소멸, 그에 대한 후속 조치 등에 대한 내용이 담겨 있어서 눈길을 끈다.

　　백제 무왕武王은 지모밀지枳慕蜜地(익산益山)로 도읍을 옮기고 새로이
　　절을 세웠다. 무왕 재위 40년(639) 겨울 동짓달에 하늘에서 큰 벼락과
　　비가 내려 일곱 개의 불당, 불화(부도浮圖), 부속건물(회랑回廊) 등이 모
　　두 불에 타서 사라졌다. 그리고 탑 아래 주춧돌 가운데에 있던 일곱 가
　　지 보물과 부처님 사리가 있는 수정병水精甁, 구리로 만든 종이, 금강반
　　야경을 써서 넣어 두었던 옻칠을 한 나무함 등이 모두 타 버렸다. 그런
　　데 신기한 것은 어디에서 나왔는지 알 수 없는 사리 여섯 개가 있어서
　　대왕과 궁인들이 더욱 극진히 받들어 발원하고 공양을 올린 다음 다시
　　절을 짓고 모셔 두었다.

그러나 《삼국사기》를 비롯한 그 외 역사 문헌에서는 무왕이 익산으로
도읍지를 옮겼다는 기록은 발견되지 않아, 실제로 천도가 이루어지지는
않았던 것으로 보인다. 하지만 제석사뿐 아니라 백제 최대 사찰인 익산의
미륵사도 무왕이 창건한 것으로 보아 익산과 무왕의 관계가 아주 특별했
던 것은 분명한 듯하다. 그 외에도 익산에는 무왕의 어린 시절 이름인 서동
과 관련된 지명과 유적, 왕위에 오른 뒤의 행적과 관련된 유적들이 많다.
　　익산시 금마면 용순리 일대에는 서동의 어머니가 살았다는 집터인 서동
생가 터와 용샘, 용이 살았다는 연못으로 알려진 마룡지馬龍池, 서동이 마
를 캐던 곳으로 그곳에 있는 황금을 모아 신라로 보냈다는 전설이 있는 오
금산五金山 등이 있다. 오금산은 다섯 개의 봉우리로 되어 있는데, 홀어머

무왕의 젊은 시절과 인연이 깊은 익산시 금마면 마룡지(아래)와 용샘

서동의 생가 터로 알려진 금마면 용순리의 마룡지는 용이 살았다는 전설이 전한다. 인근에는 무왕이 어려서 물을 길었다는 우물 용샘이 있다.

니를 모시고 살아가던 서동이 마를 캐다가 황금 다섯 덩이를 얻은 곳이어서 붙여진 이름이라고 한다. 서동이 황금을 발견했던 곳에는 홀어머니를 위해 세웠다는 사찰인 오금사五金寺 터가 남아 있다. 모두 무왕의 어린 시절과 관련이 있는 유적들이다.

또한 금마면 신용리 일대의 용화산, 미륵산에 있는 사자암獅子庵, 미륵산 남쪽 자락의 들판에 있는 미륵사지, 왕궁면 왕궁리의 제석사지 등은 서동이 왕위에 오른 후 통치 행위를 통해 조성했던 것으로 백제의 국력과 문화적 특성을 잘 드러내 주는 유적들이다. 이곳은 무왕이 부여를 중심으로 토착화한 기존의 귀족 세력을 약화시키면서 왕권을 강화할 목적으로 도읍지를 옮기려고 했던 지역으로 보아도 크게 틀리지 않을 것이다.

쌍릉은 바로 이곳 익산시 석왕동에 자리잡고 있다. 두 무덤 모두 백제 말기에 해당하는 7세기 전반기 백제의 전형적인 무덤 구조인데, 오래전에 이미 도굴되어 당시의 역사적 사실이나 문화적 현상 등을 살필 수 있는 유물은 전혀 남아 있지 않다. 쌍릉은 고려 충숙왕忠肅王 재위 13년(1326) 왜구에 의해 여러 차례 도굴되었으며, 1916년에는 일본인 학자 타니이谷井가 발굴 조사한 바 있다. 두 기의 고분이 모두 흙을 쌓아서 만든 둥근 모양의 무덤(원형봉토분)이며, 봉분 외에는 별다른 장식이 없다.

20세기 초 일본인이 조사할 당시의 기록에 의하면, 대왕릉은 봉분의 지름이 30미터, 높이는 5미터 정도였으며, 소왕릉은 봉분 지름이 24미터, 높이가 3.5미터 정도였다고 한다. 두 기의 고분 모두 내부는 바닥에 널돌을 깔아서 만든(판석조板石造) '굴식돌방무덤(횡혈식석실분橫穴式石室墳)'으로, 봉분의 한가운데에 널방(현실玄室)이 있다. 고분 내부의 천장은 잘 다듬은 화강암 판석으로 축조하였으며, 널길(선도羨道)은 널방의 남쪽 벽 한가운데에서 시작하는 모양으로 되어 있다. 또한 널방의 양쪽 벽과 천장 사이에는 긴 장대석長大石을 안으로 기울게 끼워 널방 단면이 육각형을 이루도록 만들었다. 널길과 널방의 입구는 모두 커다란 널돌(판석板石)로 막았다.

널방은 남북으로 길게 뻗은 직사각형 모양으로 대왕릉(길이 3.8미터, 너비 1.78미터, 높이 2.27미터)보다 소왕릉(길이 3.2미터, 너비 1.3미터, 높이 1.7미터)이 약간 작은 편이다. 널방의 남쪽 방향으로 나 있는 널길은 길이와 너비가 각각 1.0미터, 높이 1.5미터이다. 널방 바닥 한가운데에는 시신을 모시는 관을 올려놓는 널받침(석관대石棺臺)이 있는데, 그 길이는 2.7미터, 너비는 0.85미터이다. 나무로 된 널(목관木棺)은 조사 당시에 이미 대부분이 썩어 있었으며, 뚜껑 관고리에 팔엽연꽃무늬밑동쇠(팔엽연화문좌금구八葉蓮花紋座金具)를 비롯한 금속제 장식물과 목재 일부만 남아 있는 상태였다. 이를 복원한 결과 바닥 면보다 위쪽 면이 약간 넓으며, 뚜껑의 위는 단면이 둥근 활모양(호형弧形)을 이루고 있었던 것으로 밝혀졌다. 또한 널(관棺)의 길이는 2.4미터이고, 너비가 0.76미터이며, 높이가 0.7미터임도 확인할 수 있었다. 복원된 관은 현재 국립중앙박물관에 소장되어 있다. 널방에서 봉분의 꼭대기까지의 높이는 대왕묘가 7.2미터이고, 소왕묘는 5.5미터이다.

백제의 마지막 군주인 의자왕의 아버지이기도 한 무왕은 출생과 혼인 등이 설화로 만들어질 정도로 신비로운 인물이었다. 정치적으로는 왕권을 안정시키면서 백제를 부흥할 수 있는 기반을 닦은 것처럼 보였지만, 한 나라를 다스리고 일으킨다는 것은 무왕 자신의 인생만큼 결코 만만한 일이 아니었다. 아들 의자왕이 나라를 잘 이끌어갈지 염려했던 무왕은 죽어서는 백마강을 지키는 호국용이 되었는데, 소정방의 낚시에 걸려 갈갈이 찢겨지는 비극을 맞았다.

익산과 부여에 산재해 있는 무왕의 출생과 혼인, 그리고 호국용 설화들과 유적들을 연결시켜 기행해 본다면 백제에 대한 전혀 새로운 경험을 할 수 있을 것이다.

10

부여 능산리에 있는 텅 빈 무덤

의자왕릉
義慈王陵

생전에 이룩한 혁혁한 업적과 공적은 모두 잊히고 무덤조차 확인할 수 없게 되었으니, 의자왕은 우리 역사에서 가장 비극적으로 삶을 마감한 군주일 것이다. 늦게나마 그 영령을 위로하고자 후손들이 선조들의 무덤에 자리를 마련하였고, 또한 신하의 배신으로 항복한 억울한 사연이 지명에 얽힌 전설로 남아 지금까지 전하는 것이 그나마 위로가 되지 않을까?

부여족扶餘族 계통인 온조溫祚가 백두산의 북쪽에서 남쪽의 한반도로 내려와 기원전 18년 건국한 뒤 678년 동안 존속했던 백제는 막강한 국력과 화려한 문화를 자랑하던 동아시아의 대제국이었다. 그러나 신라와 당나라 연합군에 의해 어이없이 무너져 멸망(660)한 뒤 승자 중심의 역사 기록에서 제대로 평가받지 못한 채 '비극의 왕국'으로 남았다. 이 찬란했던 700년 백제 역사에 종지부를 찍은 마지막 군주가 의자왕義慈王(재위 641~660)이다.

　의자왕의 무덤은 부여군 능산리 16-1번지 백제왕릉원百濟王陵園 안에 자리 잡고 있다. 이 무덤은 실제 의자왕의 시신을 모신 능이 아니라 한 많은 왕의 영혼을 위로하고 추념하고자 2000년에 조성한 것이다. 믿었던 부하 장수의 배신으로 별다른 저항도 해 보지 못한 채 당나라로 끌려간 의자왕은 끝내 고국으로 돌아오지 못한 채 그곳에서 생을 마감했다. 의자왕은 낙

양의 공동묘지인 북망산에 묻힌 것으로 알려져 있지만, 무덤의 존재를 확인할 수조차 없는 상태이다.

방탕한 폭군인가, 해동의 증자인가

무왕의 아들로 태어나 백제의 제31대 군주로 등극한 의자왕은 방탕한데다 신하들의 말을 듣지 않은 독재자이자 엄청난 폭군으로 알려져 있으나, 반대로 '해동의 증자海東曾子'로 불렸을 정도로 총명하고 효성, 자애, 의리, 통치력을 두루 갖춘 훌륭한 지도자였다는 평가도 존재한다.

《삼국사기》등 여러 기록에 남은 의자왕의 행적을 종합해 보면, 그는 용감하고 대담하며 결단성 있는 군주였다. 왕위에 오른 뒤 전국의 주州와 군郡을 순행하여 백성들의 노고를 치하하고 위로하였으며, 감옥에 있는 죄수들의 죄목을 다시 심사하여 사형수 외에는 그 죄를 모두 용서하고 석방함으로써 자애로운 군주의 자질을 보여 주었다. 또한 아버지 무왕의 정책을 계승하여 당나라에 사신을 보내 조공하여 돈독한 관계를 유지하면서 고구려와 연합하여 신라를 고립시키는 전략을 펼쳤다.

등극한 지 2년째 되는 642년 7월에는 친히 군사를 거느리고 신라를 공

부여군 능산리 백제왕릉원 안에 있는 의자왕릉
그러나 진짜 의자왕릉은 아니다. 의자왕은 당나라로 끌려가 돌아오지 못했다. 지금까지 의자왕 무덤의 존재 여부조차 확인되지 않았다.

격하여 40여 개 성을 빼앗아 영토를 넓혔으며, 8월에는 윤충允忠을 사령관으로 삼아 최고의 전략적 요충지이자 난공불락의 요새인 합천의 대야성大耶城을 공격하여 함락시키고, 김춘추의 사위였던 대도독 품석品釋과 그 아내를 비롯한 가족을 모두 죽이고 1천여 명의 포로를 잡아 신라 전체를 공포에 떨게 만들었다.

그러나 대야성 함락은 의자왕에게는 커다란 업적이었지만 딸과 사위를 잃은 김춘추에게는 크나큰 굴욕과 아픔이었으니, 이는 향후 신라가 당나라와의 관계를 더욱 돈독히 하고 김춘추가 어떤 희생을 치르더라도 백제를 멸망시키고야 말겠다는 결심을 굳히는 계기가 되었다. 실제로 김춘추는 이후 고구려와 당나라를 오가면서 세력과 실력을 쌓고 신라 제29대 진덕여왕의 뒤를 이어 왕위에 오르면서 백제와의 전쟁을 본격적으로 시작한다. 대야성 함락으로 위기감을 느낀 신라는 백제에게 만만찮은 반격을 가하기 시작했으며, 점차 김유신을 앞세운 신라가 백제를 이기는 횟수가 늘어났다. 밀고 밀리는 전쟁이 계속되는 와중에 신라는 648년 김유신이 백제의 의직義直이 이끄는 군대를 옥문곡玉門谷에서 대파하고 여덟 명의 장수를 사로잡아 대야성 전투에서 죽은 후 신라로 돌아오지 못한 품석과 고타소古陁炤의 시신과 맞바꾸는 성과를 올린다.

백제 혼자의 힘만으로는 신라에게 밀린다고 판단한 의자왕은 고구려, 말갈과 손을 잡고 신라의 서북쪽을 공격하여 당나라와의 교통로를 막았다. 위기에 처한 신라는 김춘추가 왕위에 오른 654년부터 당나라를 향한 구애를 한층 강화한다. 중국의 도움을 얻어 고구려와 백제를 견제함과 동시에 자신들의 영토를 지키려는 자구책이었다. 이제 동북아시아의 전선은 고구려, 말갈, 백제, 왜로 이어지는 남북의 연합축과 신라와 당나라로 이어지는 동서연합축이 십자 모양으로 형성되고, 한반도를 중심으로 죽고 죽이며, 뺏고 빼앗기는 정복전쟁이 오랜 시간에 걸쳐 치열하게 전개되기 시작한다.

남북의 연합축보다는 동서의 연합축이 훨씬 더 강력한 추진력으로 전쟁을 몰아붙였는데, 이것은 고구려·백제·말갈 등에 둘러싸여 고립된 신라의 절박함과 만주와 한반도를 지배하려는 당나라의 야욕이 맞아떨어졌기 때문이다. 13만 명에 이르는 당나라 군대는 바다를 건너 지금의 장항만 입구인 기벌포伎伐浦를 지나 백강을 거슬러 올라왔고, 5만의 군대를 거느린 신라의 김유신은 지금의 대전과 옥천의 경계에 있는 탄현炭峴을 넘어 황산벌로 진격해 왔다.

기벌포와 탄현은 백제의 도읍인 부여를 지켜 낼 수 있는 요새였지만 이곳을 막아 내지 못함으로써 백제는 멸망의 길을 걷게 되었다. 황산벌에서 계백階伯이 이끄는 오천 결사대가 신라군을 잠시 막았지만 중과부적으로 전멸했고, 수비가 허술했던 백강을 따라 올라온 당나라 군대는 별다른 저항도 받지 않고 부소성扶蘇城으로 진격해 왔다. 양면에서 공격을 받게 된 의자왕은 견디지 못하고 공주로 피신하지만, 결국 포로가 되어 다시는 돌아오지 못할 길을 따라 만리타국으로 끌려감으로써 백제는 완전히 멸망하고 만다.

용전에서 구리내-사근다리까지, 용의 전설

의자왕의 최후, 백제의 멸망과 관련된 전설은 특히 지명과 결합된 것이 많다. 부여의 부소산성 북쪽 아래 강가에 있는 조룡대釣龍臺, 부여읍에 있는 용전리龍田里, 공주시 우성면에 있는 구리내, 부여읍 쌍북리에 있는 사근다리, 맹광이방죽, 논실, 거무내 등이 그렇다.

부소산성 북쪽 강가의 고란사皐蘭寺에서 상류 쪽으로 약간 올라가면 물위로 툭 튀어나온 특이한 모양의 돌이 하나 있는데, 이것이 조룡대이다. 조룡대에 얽힌 전설은 기막히고 슬프다. 백제를 공격하려고 기벌포에서부터 백강帛江을 거슬러 올라온 소정방의 전함이 고란사 부근에 이르자 갑자기 풍랑이 일면서 누군가 잡아당기는 것처럼 배가 움직이지를 않았다. 아무리 애를 써도 배가 앞으로 나가지 않자 백제 백성들을 잡아서 물어보았으나 한결같이 모른다는 대답뿐이었다. 마음이 다급해진 소정방은 하급 관리 한 명을 붙잡아 높은 벼슬을 준다고 꾀어 원인과 해결책을 얻어 냈다. 내용인즉슨 살아생전 용맹하고 백마를 좋아했던 무왕(의자왕의 아버지)이 죽어서도 백제를 지키겠다는 일념으로 강 속의 용이 되어 풍랑을 일으켜 배를 나아가지 못하게 하고 있으니, 이 용을 잡으려면 무왕이 생전에 좋아했던 백마를 미끼로 낚아야 한다는 것이었다. 이에 소정방은 자신이 타고 다니던 백마를 미끼로 용을 낚아 올렸고, 덕분에 배는 다시 순조롭게 나아가 사비성을 공격하였다. 백마를 미끼로 용을 낚았다고 하여 이 강을 '백마강'이라 하고, 그 바위를 '용을 낚은 바위'라 하여 조룡대라 이름 지었다는 것이다. 소정방의 낚시에 걸린 용이 낚여 올라오지 않으려고 힘을 쓰

당의 장수 소정방이 백마를 미끼로 용(무왕)을 낚았다
는 조룡대

부여읍 쌍북리, 부소산성 북쪽 백마강 가운데에 있는 바위다. 죽
어서 백제의 호국룡이 된 무왕의 처절한 충정과 슬픔을 간직한
유적이다.

면서 버티다가 남긴 발자국이 지금도 바위 부근에 남아 있다고 한다.

이렇게 낚여 올라온 용은 소정방이 던진 낚싯대와 함께 부여 동쪽에 있는 어느 마을에 떨어졌으니, 용이 떨어진 곳이라고 하여 마을 이름을 '용전龍田' 혹은 '용정龍井'이라 부르게 되었다. 용전에 떨어진 용이 죽어 썩는 냄새가 진동하자 마을 사람들이 힘을 모아 멀리 북쪽으로 집어 던졌다고 하는데, 흥미롭게도 이때부터 용은 '무왕'에서 '의자왕'으로 바뀐다. 무왕과 의자왕이 이처럼 전설에서 연결되는 것은, 두 사람이 부자 사이이고 무왕 시대의 영토 확장과 왕권 강화 등이 의자왕 대 외부 침략 등의 혼란과 연

백제사은교
부여읍 쌍북리에 있었다는
사근다리의 흔적이다.

관이 있기 때문일 것이다. 무왕 시대 백제는 화려하고 강력한 왕권을 구축하기는 했지만 내부적으로는 나라가 어지러워질 수 있는 요소들을 다분히 포함하고 있었고, 이런 이유로 무왕 설화와 의자왕 설화가 쉽게 결합한 것으로 보인다.

사람들이 던진 용의 시체는 공주의 '구리내'까지 날아갔다고 하는데, 그곳에서도 냄새를 풍기면서 썩어 들어가자 구리내 사람들이 용의 시체를 들어 다시 부여 쪽으로 집어 던졌고, 이번에는 용의 시체가 부여읍 쌍북리의 어느 다리에 떨어졌다. 다리 밑에 떨어진 용의 시체는 곧 썩기 시작했고, 그래서 그곳 이름이 '사근다리'가 되었다. 하지만 현재 사근다리의 흔적은 찾아볼 수 없으며, 주유소 앞에 '백제사은교百濟謝恩橋'라고 새겨진 비석 하나만 외롭게 서 있을 뿐이다.

한편, 공주에 떨어졌던 용이 다시 사근다리로 돌아온 것은 '맹꽝이 방죽'의 주인공인 맹꽝이라는 이름을 가진 사람의 배신 때문이라는 전설도 전한다. '맹꽝이', 혹은 '만꽝이'라는 이름을 가진 이 사람은 의자왕 시대 백제 최고의 점쟁이였는데, 소정방의 협박에 견디지 못하고 조국을 배신하고 국왕의 행방을 일러바쳤다. 맹꽝이의 매국 행위로 의자왕은 공주에서 잡혀 부여로 와서 항복한 후 종국에는 당나라로 끌려가게 되었다. 그 후 당나라 군대에 왕을 팔아먹은 반역 행위에 분노한 백제 유민들이 맹광이를 찾아 돌과 몽둥이로 때려죽이고 집을 허물어 버린 다음 그 자리를 깊게 파서 연못을 만들어 버렸다. 사근다리에서 시내 방향으로 20여 미터 가면 나오는 세차장 자리가 바로 맹광이 방죽으로 전해진다. 최근까지도 맑은 물이 펑펑 나왔으나 도시화에 밀려 사라지고 물도 말라 버렸으니 안타까운 일이 아닐 수 없다. 사근다리에서 삭은 의자왕의 혼백인 용은, 사근다리 앞 큰길 건너편에 있는 '논실'이란 곳에서 놀다가 지금의 부여여자고등학교 옆에 있는 '거무내'에서 검은 용으로 변한 다음 하늘로 승천했다고 한다.

이 모든 전설들은 의자왕을 사랑했던 백제의 백성들이 만들어 낸 것이라고 볼 수 있다. 그런데 지명에 얽힌 전설을 사서에 기록된 내용을 바탕으로 재구성해 보면, 그 이야기들이 허구만이 아니라 역사적 사실에 바탕을 두고 있음을 알 수 있다. 설화에서 용전리에 떨어졌던 용의 시체가 공주로 옮겨 간 것은 의자왕이 외적의 침입에 대항하려고 태자와 신하들을 데리고 피신했던 것을 말하며, 다시 부여 쪽으로 내동댕이쳐져서 사근다리·논실·거무내 등에 머물렀던 것은 의자왕이 공주公州를 지키는 총대장인 방령方領 자리에 있던 예식禰植이란 부하 장수에게 사로잡혀 끌려와 소정방에게 굴욕적으로 항복한 장소를 가리키는 것으로 볼 수 있다.

의자왕을 배신한 예식의 정체

황산벌에서 계백階伯의 5천 결사대가 신라군에게 전멸하여 처참히 무너지고 기벌포로 들어온 당나라군과의 전투에서도 패하자, 의자왕은 사비성이 함락되기 직전 태자와 함께 궁궐을 나와 선조들의 도읍지인 웅진熊津(熊川, 지금의 공주)으로 옮겨 갔다. 그곳을 구심점으로 군사와 세력을 모으기 위해서였을 것이다.

그러나 역사적 기록에 의하면, 공주로 피신했던 의자왕은 부하 장수에게 사로잡혀 맥없이 항복하고 만다. 결사항전의 의지를 다지면서 공주로 피신했던 의자왕은 왜 그렇게 갑자기 항복했을까? 그 이유에 대해서는 《신당서新唐書》와 《구당서舊唐書》의 〈소정방열전蘇定方列傳〉, 《삼국사기》의 기록과 예식과 그 일가의 가족묘지명 등에 수록된 내용을 통해 짐작할 수 있다.

의자왕의 항전 의지를 무참히 무너뜨린 사람은 백제 말기인 무왕 시대에 공주 지역에 새롭게 등장한 신흥 귀족이자 훗날 당나라의 좌위위대장군左威衛大將軍이 된 '예식'(혹은 예식진禰寔進)(615~672)이라는 인물이다. 《당서唐書》에 기록된 예식과, 2007년 길림성의 역사잡지인 《동북사지東北史地》(3~4월호)에 소개되어 세상에 알려진 묘지명의 주인 예식진을 동일 인물로 보는 이유는, 백제 사람이라는 점과 생존 시기가 의자왕 시대였다는 점, 중국 기록에 잘 등장하지 않는 예씨 성을 가졌다는 점, 이름 글자는 약간 다르지만 성조聲調가 동일하며 같은 소리로 발음된다는 점 때문이다.

의자왕의 항복에 대해 《구당서》는 '백제의 대장은 예식인데, 또 의자왕을 데리고 와서 항복했다(其大將禰植 又將義慈來降)'고 기록하고 있다. 이 문장에서 문제가 되는 것은 '장將'이라는 글자의 쓰임과 뜻이다. 문장의 구조로 보아 '장將'은 동사로 쓰였음을 알 수 있다. 이 글자가 동사로 쓰일 때는 '거느리다', '데리고 가다' 등의 뜻을 가지므로 '예식'이란 대장이 의자왕을 부하처럼 거느리고 가서 항복했다는 뜻이 된다.

웅진(공주) 지역을 맡아 책임지고 있는 대장으로서 방령의 지위에 있던 일개 장군이 자신의 군주를 거느리고 갔다는 것은, 반역을 하여 왕을 사

충남 논산시 연산면 신양리 일대의 벌판 '황산벌'
의자왕 20년(660) 7월, 이곳에서 계백의 오천 결사대가 오만의 신라군을 맞아 마지막 항전을 벌인 곳이다. 이때 신라의 화랑 관창이 나서 전세를 바꾸었다.

로잡아 당나라 소정방에게 항복했다는 뜻이다. 즉, 의자왕이 마음으로부터 복종하여 군신들을 데리고 가서 항복한 것이 아니라 신하가 왕을 데리고 와 무릎을 꿇린 것이니 강요에 의한 억지 항복인 셈이고, 이는 당나라 쪽에서도 그리 달가운 상황이 아니지만 역사적 사실이기에 이렇게 기록한 것이다. 이날이 660년 7월 18일이다.

이때의 항복 장면을 단재丹齋 신채호申采浩는 《조선상고사朝鮮上古史》에서 이렇게 서술하였다.

'웅진을 지키는 수성의 대장이 의자왕을 잡아 항복하라 하니, 왕이 동맥을 끊었으나 끊어지지 않아 당의 포로가 되어 묶이어 가니….'

예식(예식진)은 과연 누구이며 무엇 때문에 백제를 배신했을까? 예식에 대한 정보는 2006년 중국 뤄양에서 발견된 예식진의 묘지명과 《구당서》, 《신당서》의 〈소정방전〉, 2010년 시안西安에서 발견된 가족묘지명 등을 통해 행적의 일부만 알 수 있을 뿐 다른 문헌에서는 전혀 확인할 수 없다.

먼저 묘지명이 새겨진 묘지석을 보자. 묘지석은 가로 세로가 각각 57센티미터, 두께가 15센티미터인 뚜껑돌(개석蓋石)과 가로 세로가 각각 58.5센티미터이고 두께가 13센티미터인 지석志石

2006년 중국에서 발굴된 예식진의 묘지석 뚜껑돌 탁본

으로 나뉘어 있으며, 뚜껑돌 겉면에는 '대당고좌위위대장군예식진묘지지명大唐故左威衛大將軍禰寔進墓誌之銘'이라는 글자가 4행으로 새겨져 있다. 지석에는 줄을 그어 만든 네모 칸 안에 18행, 289개 글자가 새겨져 있고, 모든 모서리에 12간지干支 동물들이 음각으로 새겨져 있어 꽤 화려하다.

그 내용을 보면, 예식은 백제의 웅천熊川 사람으로 할아버지는 좌평을 지낸 예다(祖佐平譽多)이고, 아버지 역시 좌평을 지낸 사선(父佐平思善)이라 한다. 예식진은 당나라로 들어간 지 12년째가 되는 672년 58세로 세상을 떠났는데, 시안으로 유해를 옮긴 뒤 당시 고관대작들이 묻히던 '고양원高陽原'에 묘지를 조성했다고 한다. 백제에서 좌평은 16개의 관등 중 최고 자리이므로, 그의 집안은 귀족 중에서도 으뜸 지위에 오른 막강한 혈통이라고 할 수 있다. 백제 최고의 귀족이 왜 조국을 배신하고 의자왕을 사로잡아 소정방에게 바쳤을까?

그 의문은 2010년 시안에서 발견된 가족묘지명으로 확인되었다. 아들 예소사禰素士, 손자 예인수禰仁秀, 그리고 예식진의 형인 예군禰軍의 묘지명 등이 발견되었는데, 여기에서 예식진의 가문이 5세기 무렵 중국에서 바다를 건너 백제로 간 후 웅진에 터를 잡은 귀화인이라고 밝히고 있다. 다만 백제로 넘어간 시기가 아들의 묘지명과 손자의 묘지명, 형의 묘지명의 내용이 모두 달라 족보를 조작했을 가능성도 배제할 수 없으나, 예씨 가문이 중국에서 넘어간 한족이라는 사실만은 분명해 보인다. 또한 손자 예인수의 묘지명에 '선조의 어진 덕을 본받은 예식진이 당나라가 동쪽을 정벌할 때 명을 받들어 백제의 왕을 끌고 고종황제에게 귀의하였으니 좌위위대장군이 되어 내원부 개국공의 훈작勳爵을 받았다'고 하였으므로, 예식진이 바로 백제를 배신하고 의자왕을 사로잡아 소정방에게 항복한 예식과 동일 인물일 가능성이 한층 더 분명해졌다. 백제로 귀화하여 최고 신분의 귀족으로서 온갖 혜택을 다 누린 예씨 집안이, 결정적인 순간 자신의 뿌리인 한족으로 다시 돌아감으로써 동아시아의 강대국 백제를 한순간에 무너뜨린 것이다.

예식의 배신으로 포로가 되어 소정방 앞으로 끌려온 의자왕은 지금의 부여夫餘인 소부리所夫里에서 서기 660년 8월 2일 치욕적인 항복을 했고, 이것으로 백제의 역사는 종말을 고하였다.

백제 사람들이 울며 이별한 곳

660년 9월 2일, 기벌포를 출발한 의자왕과 백제 유민들은 그해 11월 1일 뤄양洛陽에 도착한다. 의자왕은 당나라 고종高宗 앞에 끌려가 죄를 용서해 준다는 사면赦免을 받는 또 한 번의 치욕을 당하고, 병을 앓다가 그해 12월 3일 한 많은 세상을 떠났다. 700년 가까이 선조들이 지켜 온 조국 백제가 자신의 잘못으로 무너졌다는 자책감, 예순이 넘은 연로한 나이에 포로로 잡혀 끌려오면서 쌓인 극도의 피로, 당나라 궁궐에서 겪은 또 한 번의 치욕과 모멸감, 망국의 한 등이 겹친 때문일 것이다.

의자왕이 세상을 떠나자 왕과 함께 끌려갔던 옛 신하들이 통곡하며 슬퍼하였다. 당나라 조정에서는 허난성河南省 뤄양 북쪽에 있는 공동묘지인 북망산北邙山에 의자왕의 시신을 안장했는데, 능의 자리로 정한 곳이 아주

묘하다.

《신당서》와 《구당서》에 따르면, 손호孫皓와 진숙보陳叔寶의 무덤 옆에 의자왕의 묘지를 만들었다고 했다. 손호와 진숙보가 누구인가. 손호는 중국 삼국시대 오吳나라의 첫 황제인 손권孫權의 손자로서 나라를 망하게 한 폭군이고, 진숙보 또한 남북조시대 진陳나라의 대표적인 폭군으로 매우 어리석어 나라를 망하게 한 장본인이다. 의자왕의 묘소를 이 두 사람 옆에 만든 것은, 그가 백제의 마지막 왕으로서 손호나 진숙보처럼 어리석고 난폭한 군주였음을 강조하려는 것이었다. 후세의 교훈으로 삼음과 동시에 백제의 국가적 지위와 의자왕의 역사적 가치를 동시에 폄하하려는 의도가 작용했다고 볼 수 있다.

의자왕의 능은 천 년 넘게 버려져 있다가, 20세기 말에 이르러서야 한중 합작으로 옛 기록과 전해 오는 이야기 등을 근거로 확인 작업이 시작되었다. 그러나 1995년 허난성 뤄양시 맹진현 봉황대촌 부근이라는 대강의 위치만 확인했을 뿐이다. 의자왕릉이 있던 곳으로 추정되는 자리는 오래전 채소밭으로 바뀌었고, 그 밭 한가운데 백제왕의 무덤이 있었다는 이야기가 주민들 사이에서 전해 내려올 뿐이었다. 왕릉을 찾을 수 없자, 1996년 8월 부여군과 뤄양시가 자매결연을 맺어 교류를 하기 시작하여, 1999년 4월 태자인 부여융의 묘지석 복제품을 기증받고, 이듬해인 2000년 4월에는 뤄양시 북망산에서 의자왕 영토반혼재靈土返魂祭를 올린 후 그곳의 흙(靈土)를 모시고 와 부소산성의 북쪽 백마강변에 있는 고란사에 잠시 봉안하였다가, 같은 해 9월 30일 선조 왕들의 묘소가 있는 부여군 능산리 16-1번지의 백제왕릉원에 자리를 마련하여 의자왕과 부여융의 영혼을 위로하고 추념하는 묘단墓壇을 마련하였다.

의자왕과 부여융을 위 아래로 모시고, 의자왕의 단에는 주실主室과 전실前室로 구성된 석실을 마련하여 목관에 영혼이 담긴 흙을 봉안했다. 그리고 왕의 출신과 품성·생애 등을 기록한 지석誌石, 단을 설비하게 된 의의와 장지의 구입을 기록한 매지권買地券을 넣어서 후세 사람들이 자세한 내용을 알 수 있도록 하였다. 부여융의 단은 의자왕의 사례를 따랐는데, 내부에는 뤄양시에서 기증받은 묘지석 복각품을 매설하였다. 봉분의 크기도 작고 조선시대 묘제墓制를 본받아 현대식으로 만들어진 것이기는 하지만, 백제의 마지막 왕과 왕자의 혼백을 위로하고 그 역사적 가치를 기린다는 점에서 각별한 의미가 있는 묘단이라고 할 수 있다.

생전에 이룩한 혁혁한 업적과 공적은 모두 잊히고 무덤조차 확인할 수 없게 되었으니, 어찌 보면 의자왕은 우리 역사에서 가장 큰 한을 품고 가장 비극적으로 삶을 마감한 군주가 아닐까? 그래도 늦게나마 그 영령을 위로하고자 후손들이 선조들의 무덤에 자리를 마련하였고, 또한 신하의 배신으로 항복한 억울한 사연이 지명에 얽힌 전설로 남아 지금까지 전하는 것이 그나마 위로가 되지 않을까?

그래서 백제 멸망 후의 이야기를 간직한 '유왕정留王亭'과 '원당산怨唐山', '망배산望拜山' 등이 더 소중하게 다가온다. 유왕정은 부여군 양화면 암수리와 원당리의 경계 지역, 백강帛江(금강錦江) 바로 옆에 있는 언덕인 원당산에 세운 정자다. '원당산'이란 이름은, 자신들의 군주와 신하들을 잡아가는 당나라를 원망한다는 의미에서 지어진 이름이다. 그런데 2000년대 들어 외교 문제가 될 수도 있다 하여 행정관청에 의해 갑자기 '유왕산'으로 이름이 바뀌었다. 원당산은 해발 67미터밖에 되지 않는 얕은 봉우리지만 유유히 흐르는 백강을 한눈에 바라다볼 수 있는 곳이다.

소정방의 군대가 의자왕과 93명의 신하, 1만2,807명의 포로를 잡아 배를 타고 강을 따라 금강 하구로 내려가자 백성들이 울면서 군선을 따라 백강을 따라 내려가기 시작했다. 귀신도 무서워하지 않을 만큼 전쟁에 미친 군인 소정방도 수많은 사람들의 행렬을 그냥 지나칠 수 없어 이 산 앞에 이르러 모든 배를 머무르게 하고 의자왕을 비롯한 백제의 군신들과 정식으로 이별하도록 했다고 한다. 그 뒤 해마다 8월 17일이 되면 이 부근 고을 사람들이 음식을 장만해 몰려와서 '이별 별자 서러마소 만날 봉자 또다시 있네, 명년 8월 17일에 악수논정 다시 하세'라는 노래를 부르며 그 뜻을 기

부여군 양화면 금강 바로 옆에 있는 원당산(왼쪽)과 유왕정

'당을 원망한다'는 원당산의 이름을 굳이 '유왕산'으로 바꿔야 했을까. 원당산에 세운 정자인 유왕정에서는 매년 의자왕과 백제 백성들의 이별을 기리는 유왕제가 치러진다.

렸다고 한다. 그곳에 유왕정이라는 정자를 세우고 매년 지내는 유왕제가 지금은 지역 행사로 자리를 잡아 가고 있다.

유왕정에서 서남쪽으로 들판을 건너 바라다보이는 해발 137미터의 '망배산望拜山'은 소정방에게 포로로 잡히지 않은 백제의 지사들이 산 위에 올라 의자왕에게 절을 했다고 하여 붙여진 이름이다. 백제 멸망과 관련이 있는 유적과 지명을 살펴보면 백성들이 의자왕을 얼마나 존경하며 따랐는지를 짐작하고도 남음이 있다. 승자 중심의 기록 속에 숨어 있는 역사적 진실을 확인하는 작업이 중요한 이유다.

11

완산주가 보이는 곳에 묻어 주오

견훤왕릉

甄萱王陵

황산사에서 마지막 숨을 몰아쉬던 견훤은 자신이 도읍지로 삼았던 완산주完山州(전주)가 보고 싶다는 말을 남겼고, 이 유언을 받들어 후손들이 그의 왕릉을 연무읍 금곡리 언덕 꼭대기에 조성하였다고 한다. 견훤왕릉이 남남서향南南西向으로 되어 있는 것은 그 때문이다.

충남 논산에 있는 육군 훈련소 '연무대鍊武台'에서 여산礪山 쪽으로 가는 길목인 금곡1리 부락 서쪽 편 작은 야산 꼭대기에 오르면, 직경 9미터에 높이 4.5미터 가량의 원형봉토분 형태의 무덤이 하나 나온다(충청남도 논산시 연무읍 금곡리 산18-3). 온통 논과 밭에 둘러싸여 있는 이 외로운 무덤의 주인공은 후백제를 세운 견훤甄萱(재위 900~935)이다. 892년 백제의 뒤를 잇는다는 기치를 내걸고 견훤이 일으켜 세운 후백제는, 채 2대를 가지 못하고 45년 만에 고려의 왕건에 의해 통합됨으로써 멸망했다.

나라의 운명만큼이나 비극적인 삶을 산 견훤의 묘소는 무덤 주인이 겪었던 슬픔과 고뇌를 고스란히 간직하고 있다. 견훤왕릉은 1970년 견씨 문중에서 세운 후백제왕견훤릉後百濟王甄萱陵이라 새긴 비석 외에는 아무 장식물이 없다. 배롱나무(木百日紅)만이 외롭게 무덤을 지키고 있을 뿐이다.

견훤왕릉은 '진헌이무덤', '왕묘', 혹은 큰 무덤이란 뜻의 '말무덤' 등으로

진헌이무덤, 왕묘, 말무덤으로 불린 견훤왕릉
채 2대를 못 가고 당대에 망한 탓에 무덤은 소박하고 제대로 발굴조차 되지 않았다.
1970년 견씨 문중에서 세운 비석만 서 있다.

불리다가, 1981년 12월 21일 충청남도 기념물 제26호로 지정되면서 간단한 안내판과 주차장 시설이 갖춰졌다. 왕릉의 주인인 견훤은 후백제 건국의 시조이기는 하지만 후손들이 나라를 이어 가지 못하고 당대에 망한 탓에 국가적 차원에서 왕릉이 조성되지 못했다. 따라서 특별한 주목을 받지 못했을 뿐 아니라 발굴도 하지 않아 무덤의 내부 구조나 부장품 등에 대해서도 알려진 바가 전혀 없다. 이러한 까닭에 견훤왕릉은 고분 자체의 역사적 의미나 가치보다는, 견훤의 삶과 관련된 흔적들을 연결시켜 이해하는 것이 중요하다.

처녀가 임신한 지렁이 아들

먼저 견훤의 출생과 관련된 지명과 설화 등을 살펴보자. 《삼국사기》와 《삼국유사》를 비롯한 여러 역사 기록에 따르면, 견훤은 경상도 상주 가은 사람이며, 그의 아버지 아자개阿慈蓋는 농사를 가업으로 하는 집안 출신이었다. 아자개는 신라 말기에 점차 세력을 키워 지금의 상주에 있는 '사불성沙弗城'에 자리를 잡고 스스로 장군이라 칭했다. 그에겐 아들이 다섯 있었는데 모두 세상에 이름을 날렸다. 특히 맏아들 견훤은 재주가 남다르게 뛰어났으며 지혜와 책략을 갖추고 있었다고 한다.

견훤이 포대기에 싸여 있을 때 아버지는 밭을 갈고 어머니는 점심을 준비하면서 아이를 숲 속에 뉘어 놓았는데, 호랑이가 와서 젖을 먹였다. 부근 사람들이 이를 기이하게 여겼는데, 자라서는 체격이 웅장하고 용모가 기이한 데다가 생각과 기풍이 활달하고 비범하였다. 청년이 되어서는 신라의 서울인 경주로 갔다가 서남쪽 해변에 가서 경계 근무를 서게 되었는데, 잘 때도 창을 베개 삼아 베고 누워서 적을 기다렸다. 견훤은 용기가 있어서 항상 다른 군사들보다 앞장섰고, 이를 인정받아 비장裨將의 직함을 받기도 했다." -《**삼국사기**》〈**열전 제11**〉'**궁예, 견훤**'

견훤이 출중한 능력과 재주를 지닌 인물이었음을 알 수 있는 대목이다. 한편 지금은 전해지지 않는 문헌으로《이제가기李磾家記》에서 밝히고 있는 내용을 인용하여《삼국유사》에서 설명한 내용에 따르면, 아자개의 아버지는 신라에서 각간角干 벼슬을 지낸 작진酌珍이며 어머니는 왕교파리王咬巴里이다. 아자개의 원래 이름은 원선元善, 신라 진흥왕의 고손자高孫子로 기록되어 있다. 왕족인 아자개가 어떤 사연으로 상주로 가서 농사를 지었는지는 기록에 남아 있지 않아 알 수 없다. 다만 부인이 두 명 있었는데, 둘째인 남원부인南院夫人에게서 다섯 아들과 딸 하나를 얻었으니 맏아들이 견훤, 둘째가 장군 능애能哀, 셋째는 장군 용개龍盖, 넷째가 보개寶盖, 다섯째가 장군 소개小盖이다. 딸의 이름은 대주도금大主刀金이다. 아들 다섯이 모두 왕이나 장군이 되었으니 대단한 혈통이라 할 만하다.

기록이 전하는 바는 이와 같은데, 견훤의 출생지를 둘러싸고 재미있는 내용의 설화가 전해 내려오고 있어 관심을 끈다. '야래자 설화夜來者說話' 혹은 '견훤형 설화甄萱形說話'로 불리는 전설의 내용은 다음과 같다.

옛날 아차마을에서 가장 큰 부잣집의 주인이었던 아자개에게 무남독녀

딸이 하나 있었는데, 품행이 방정하고 용모가 아름답다고 근방에 소문이 자자했다. 어느 날 밤, 아자개의 딸 방에 자주색 옷(紫衣)을 입은 한 남자가 몰래 찾아왔다. 그 남자가 "나는 하늘에서 내려왔다"고 하니, 아자개의 딸은 그 늠름함과 위세에 눌려 남자와 밤을 보냈다. 남자는 그 후 매일 밤 찾아와 잠을 자고는 새벽닭이 울기 전 어디론가 돌아가곤 하였다. 그러한 까닭에 그가 어디서 온 누구인지, 어디에 사는 사람인지 도무지 알 수가 없었다. 젊은 남녀가 여러 밤을 함께 보냈으니 처녀는 아이를 갖게 되었고, 날이 갈수록 배가 불러와 어쩔 수 없이 아버지에게 자초지종을 모두 털어놓았다. 딸의 말을 들은 아자개는 우선 남자의 신분을 알아봐야겠다면서 명주실과 바늘을 준비했다가 밤에 남자가 와서 옷을 벗고 잠을 잘 때 실이 꿰어진 바늘을 옷섶에 몰래 꽂아 두라고 일렀다. 날이 밝은 후 실을 따라가 보면 남자의 집과 신분을 알 수 있을 것이라는 생각이었다.

남자는 그날 밤도 어김없이 처녀의 방을 찾았고, 다음 날 새벽 남자가 돌아간 뒤 아자개와 딸은 실을 따라가 보았다. 실은 아자개의 집 앞 개울을 따라서 아래로 내려가다가 마을이 거의 끝나는 곳에서 작은 동굴로 이어졌다. 아버지와 딸이 동굴로 들어가 보니, 입구는 좁아서 겨우 한 사람 들어갈 정도인데 안에는 수십 명이 함께 앉을 수 있을 정도로 넓은 공간이 있고, 그곳에 남자가 벗어 놓은 듯한 자색 옷이 있을 뿐 사람은 어디에도 보이지 않았다. 그리고 놀랍게도 바늘에 찔려서 죽은 것으로 보이는 기둥만큼 큰 지렁이 한 마리가 옆에 누워 있는 것이 아닌가. 그 동굴은 평소 주변에 늘 찬란한 금빛이 감돌아 사람들이 접근을 꺼리는 곳이었으니, 이처럼 신통력 있는 지렁이가 살았기 때문임을 알게 되었다. 그 뒤 굴 안에서 노랫소리와 풍악 소리가 그치지 않았고, 이 신기한 광경을 보려고 전국 방방곡곡에서 사람들이 모여들어 인산인해를 이루었다. 이처럼 마을이 어수선해지자 동네 사람들이 돌을 가져다가 그 굴을 메워 버렸는데 그 뒤 마을이 점점 쇠락해 갔고, 메웠던 굴을 다시 파내어 원래 모습으로 만들어 놓았으나 그전처럼 노랫소리나 풍악 소리가 들리지 않았다. 마을 사람들이 말하기를 '금하굴金霞窟'이라 불리는 이 동굴은 밑으로 뚫려 있어서 서쪽을 흐르는 영강穎江으로 이어진다고 하였다.

처녀가 임신한 지렁이의 아이는 어떻게 되었을까? 달이 차서 세상에 나온 아이는 기골이 장대하고 늠름하여 보통 사람과 확연히 달랐으니, 사람들이 장래에 영웅이 될 것이라고 했다고 한다. 그 아이가 바로 견훤이다.

견훤의 출생지인 '가은'은 문경 서쪽에 있는 작은 고을로, 백두대간을 이루는 소백산맥의 월악산, 새재鳥嶺, 속리산 등에 둘러싸여 있는 천연의 요새다. 영강 동쪽 편에 자리하고 있는 아차마을(갈전2리)의 개울 중간쯤에 견훤의 아버지가 살았다는 금하굴이 있고, 금하굴에서 시내를 따라 작약산 쪽으로 계속 올라가면 마을이 끝나면서 산골짜기가 시작되는 곳에 평평한 공간이 나타나는데, 이곳이 바로 아자개의 집터였다고 한다.

이 부근은 견훤과 관련된 유적들이 다양하게 분포되어 있다. 가은읍 만지동과 농암면 농암리 경계에 있는 산 위의 천마산성은 견훤이 쌓은 것이라고 하며, 농암면소재지 동쪽 논 한가운데 있는 농바우에는 견훤이 이 바위를 깨고 나왔다는 전설이 깃들어 있다. 농암면소재지에서 서쪽으로 들어가면 연천2리가 나오는데, 이곳은 견훤이 하늘에서 내려준 말이 화살보다 빠른지를 시험하다가 천마를 죽여 망하게 되었다는 전설을 지니고 있는 말바우가 있고, 이곳에서 서쪽으로 10리 정도를 더 들어가면 견훤이 왕궁을 지어 머물렀다는 궁터마을(궁기리)이 있다. 궁터마을은 사방이 산으로 둘러싸여 있는 천혜의 요새다. 또한 상주시 화북면 장암리에는 숨어서 세력을 키우던 견훤이 고려와 신라의 공격을 방어하기 위해 산꼭대기에 쌓았다는 '견훤산성'이 있다.

견훤산성은 서쪽에는 속리산이 동쪽에는 청화산과 조방산이 있고 남북으로는 골짜기가 이어져 있는 중간에 자리 잡고 있어서, 은신하여 세력을 키우면서 남과 북에서 들어오는 적병을 감시하기에 적합한 공간이다. 이러한 유적들은 가은에서 태어난 견훤이 이 부근 지역을 중심으로 세력을 형성하여 후백제를 세웠다고 볼 수 있는 충분한 근거가 된다.

신라와 고려를 상대로 한 40년간의 전쟁

견훤이 후백제를 건국한 시기인 892년은 신라 진성여왕眞聖女王 재위 6년으로, 당시 신라는 부패한 간신배들이 정권을 농락하여 나라의 기강이 해이해지고 백성들은 살길을 찾아 뿔뿔이 흩어졌으며 사방에서 도적들이 벌떼처럼 일어나면서 극심한 혼란을 겪고 있었다. 이 혼란기에 견훤이 신라 조정에 불만을 가진 무리들을 모아 경주의 남쪽과 서쪽 고을을 쳐들어 가니, 가는 곳마다 백성들이 호응하여 한 달도 되지 않아 5천 명에 육박하는 세력이 결집되었다. 자신을 얻은 견훤은 여세를 몰아 옛 백제 지역의 군사적 요충지인 전라도의 무진주武珍州(光州)를 습격하여 함락시킨 다음 스스로 한 나라의 군주로 행세했으나, 명칭만은 왕이라 하지 못하고 '신라 서면 도통지휘병마제치지절도독 전무공등주군사행 전주자사겸어사중승 상주국한남군개국공(新羅西面 都統指揮兵馬制置持節都督 全武公等州軍事行 全州 刺史兼御史中丞 上柱國漢南郡開國公)'이라 했다.

이때 북쪽에서는 양길良吉이 일으킨 반군의 세력이 강성했는데, 신라 왕실의 자손이었던 궁예가 스스로 그의 부하가 되면서 더욱 세력을 떨치고 있었다. 한반도의 남쪽에서 일어나 동북쪽으로 빠르게 세력을 확장하고 있었던 견훤은 원주를 중심으로 한 양길에게 벼슬을 주어 부하로 삼고 점차 국가 체계를 갖추어 나갔다. 견훤은 백제의 옛 땅을 차지하고자 서쪽으로 세력을 넓혀 갔는데, 가는 곳마다 백성들의 환영을 받았다. 완전히 민심을 얻었다고 생각한 견훤은 국가 체제를 정비하여 국호를 '후백제'라 하고 스스로 후백제왕을 칭하며 왕실의 직제를 갖추어 나갔다. 이때가 신라 효공왕孝恭王 4년(900)이다. 견훤은 곧바로 중국 오월국吳越國에 사신을 보내 새로운 나라가 세워졌음을 알리고 외교 관계도 맺었다.

민심을 얻고 나라의 체제를 정비한 견훤은 동쪽으로 더욱 세력을 확장하면서 신라에 대한 침공을 강화하기 시작했다. 신라와의 첫 전쟁으로 합천에 있는 대야성大耶城을 공격했으나 실패하였고, 나주 지역이 궁예에게 항복하자 금성錦城을 포위하고 궁예와 싸우기도 했다. 당시 전쟁에서 승리를 거듭하며 많은 영토를 차지하고 세력을 넓혀 가던 궁예는, 송악의 토호 세력인 왕건을 끌어들임으로써 그 지배권을 더욱 강화하게 되고, 905년에는 철원을 도읍으로 하는 '태봉'이라는 나라를 건국하기에 이르렀다. 궁예가 세운 '태봉'은 삼한 영토의 3분의 2를 차지할 정도로 그 세가 대단했지만, 그의 성품이 잔인하고 과도한 부역과 세금 징수로 인해 민심이 이반되는 결과를 낳았다. 그러던 중 918년 철원의 민심이 급변하여 여러 신하들이 궁예를 내쫓고 왕건을 추대하여 새로운 나라 '고려'를 세웠다.

견훤은 왕건에게 축하의 선물과 사신을 보내는 한편, 다시 신라의 대야성을 공격하여 결국 함락시키는 성과를 거두었다. 하지만 이는 신라가 고려에게 의지하게 되는 결정적인 계기가 되니, 결과적으로는 견훤의 패착이었다. 결국 견훤과 왕건은 신라를 가운데 놓고 싸울 수밖에 없는 사이가 되었고, 924년 견훤의 아들 수미강須彌康이 이끄는 후백제군이 조물성曹物城(경상북도 선산 혹은 의성) 지역을 공격하자 왕건도 정예병을 거느리고 맞서면서 고려와 후백제 사이의 첫 전투가 시작되었다. 이 첫 전투에서 후백제는 성을 함락시키지 못했다. 이듬해에 견훤이 정예병 3천 명을 거느리고 다시 조물성을 공격하자, 왕건 역시 정예병으로 진군하여 맞섰다. 그러나 이 싸움에서도 승부를 결정짓지 못하고 서로 인질만 교환하고 화해했다. 그 뒤 933년까지 10년 동안 해마다 조물성을 사이에 두고 밀고 밀리는 전투가 계속 벌어진다.

조물성을 사이에 두고 왕건과 옥신각신하는 중에도 견훤은 신라에 대한 공격 또한 늦추지 않아, 927년 신라의 고울부高鬱府(지금의 영천)를 점령하고 곧바로 경주까지 쳐들어가 포석정에서 놀이에 빠져 있던 경애왕을 붙잡아 자결시킨 후, 경순왕을 신라의 왕으로 세웠다. 견훤의 공격이 날로 거세지자 신라는 고려에게 구원을 요청했고, 이에 왕건은 5천 명의 지원군을 거느리고 공산公山(대구의 팔공산) 아래에서 견훤군을 기다려 큰 싸움을 벌인다. 이 전투에서 후백제군은 고려군에게 대승을 거둔다. 후백제군에게 포위를 당한 상태에서 대장군 신숭겸申崇謙과 김락金樂 등이 견훤군을 유인하여 싸우는 동안 왕건은 겨우 목숨을 건져 도망쳤다.

이처럼 10세기 초까지 후백제는 신라와 고려를 위협할 만큼 세력을 떨쳤으나, 견훤의 세력이 강성질수록 고려와 신라의 사이가 급속도로 가까워져 후백제는 신라와 고려를 모두 상대해야 하는 어려운 처지로 몰리게 된다.

928년 5월 견훤이 강주康州(경남 진주)와 양산陽山(충북 영동), 부곡성缶谷城(경북 군위), 의성부義城府 등에서 고려군을 물리치고 929년 7월 경상도 안동 지역으로 진출하자, 왕건은 직접 정예병을 거느리고 안동시 와룡면 부근에 있는 병산甁山에서 후백제군을 맞았다. 고려군이 매우 불리한 상황이었으나 자만한 후백제군이 크게 패하여 8천여 명의 사상자를 내고 물러나게 되고, 이 전투의 여파로 인하여 고려가 완전한 승세를 잡게 된다.

왕건의 대승 소식은 다른 지역으로 빨리 퍼져 나가 안동, 청송 지역의 30여 개 고을과 동해안 일대의 110여 개 성이 왕건에게 항복함으로써 경상북도 북부와 강원도 일부까지 확장했던 견훤의 세력은 옛 백제 땅으로 물러나게 된다. 고려의 힘이 점점 강성해지는 것을 염려한 견훤은 932년 예성강 부근까지 쳐들어가 전선 100여 척을 불사르고 고려에서 기르던 말 300필을 빼앗는 전과를 올리기도 했다. 그러나 934년 운주運州(충남 홍성) 전투에서 도저히 일어서기 어려운 치명타를 당했으니, 고려의 장군 유금필의 전략에 휘말려 정예병 5천 명 중 3천 명 이상을 잃고 이 소식을 들은 웅진熊津(충남 공주) 이북의 30여 개의 성이 모두 고려에 항복한 것이다.

경북 지역의 중요한 요충지와 금강 이북 땅을 모두 잃어버린 후백제는 더 이상 일어설 기운을 잃어버린다. 그리고 이처럼 위급한 상황에서 나라의 근간을 흔드는 엄청난 사건이 일어났으니, 바로 견훤의 아들들이 반란을 일으킨 것이다.

맏아들을 응징하려 왕건에 항복하다

견훤은 부인을 여럿 두었고 아들만 해도 10여 명이나 되었다. 그 가운데 넷째 아들 금강金剛은 키가 무척 크고 지혜가 뛰어나 견훤의 사랑을 독차지했다. 견훤은 금강에게 왕위를 물려주고 싶어 했는데, 맏아들 신검神劍, 둘째 아들 양검良劍, 셋째 아들 용검龍劍 등이 이를 눈치채고 불만을 품었다. 양검은 강주도독康州都督, 용검은 무주도독武州都督으로 나가 있었고 신검만이 견훤 옆에 있었다. 이때 이찬伊飡 벼슬에 있던 능환能奐이 강주와 무주로 사람을 보내 양검·용검 등과 미리 음모를 꾸민 다음, 935년 3월에 신덕新德, 영순英順 등과 함께 신검을 부추겨 반란을 일으켰다. 신검은 아버지 견훤을 전라북도 김제에 있는 금산사에 가두고 동생 금강을 죽인 다음 스스로 대왕이라 칭하며 왕위에 올라 교서를 내려 백성을 안심시키고 죄수들을 사면하여 민심을 달랬다.

아들에 의해 유폐된 견훤은 참담한 심정을 가눌 길이 없었다. 결국 그는 석 달 뒤인 935년 6월에 막내아들 능예能乂, 딸 애복哀福, 애첩 고비姑比 등과 함께 몰래 도망쳐 왕건에게 만나 달라는 요청을 넣었다. 이 소식을 들은 왕건은 기뻐하며 가장 신임하는 심복인 대장군 유금필庾黔弼을 보내 견훤 일행을 위로하고 모셔 오도록 했다. 견훤이 개성으로 오자 왕건은 후한 예로 대접하고 자신보다 열 살이나 많은 견훤을 아버지처럼 받든다는 의미에서 상부尙父로 모시고, 궁궐 남쪽에 있는 궁을 주어 식솔들을 거처하게 하고 양주楊州를 식읍食邑으로 주었을 뿐 아니라 금·비단·병풍 등과 남녀 노비를 각각 40명씩, 그리고 궁궐의 말 10필을 선물로 주어 생활에 불편함이 없도록 배려하였다. 견훤의 망명 소식을 들은 신라의 경순왕은 더 이상 나라를 유지할 수 없다고 판단하고 935년 11월 왕건에게 항복하였다.

왕건에게 후백제를 통합하는 일은 삼한을 하나로 묶어 통일하려는 위업 달성에 성큼 다가설 수 있는 결정적인 디딤돌이었기 때문에 견훤의 투항은 천군만마를 얻은 것보다 더 값진 일이었을 것이다. 그렇다면 후백제의 신검은 어떻게 무너졌을까? 아버지를 유폐시키고 동생을 죽이는 폐륜을 저지르고 왕위에 오른 업보였을까? 아니면 능력이 부족해서였을까? 권력의 자리가 아무리 탐나고 좋아도 혈육을 배신하고 얻은 권력은 민심을 얻기 어려웠을 것이고, 이것은 나라를 지키고 떠받들어야 하는 관료나 무인들에게도 마찬가지였을 것이다. 이러한 어려움을 잘 다스려서 나라를 이어 갈 능력을 가지지 못했던 신검은 종국에는 가까운 혈육인 누이와 자신을 낳아 준 아버지 견훤의 손에 무너지게 되는 비극을 맞이한다.

신라의 경순왕이 고려에 항복했다는 소식을 전해질 즈음, 전주에 있던 견훤의 사위 영규英規가 아내에게 이렇게 말했다. "대왕이 40여 년 동안 각고의 노력을 기울여 대업을 이루려는 즈음 집안사람들에게 화를 당해 모든 땅을 잃고 고려에 투신하였다. 열녀는 두 지아비를 모시지 않고 충신은 두 임금을 섬기지 않는 법인데, 자신의 임금을 버리고 역적인 그 자식을 섬긴다면 무슨 얼굴로 천하의 의로운 사람들을 볼 수 있을 것인가! 하물며 고려의 왕은 인자하고 후덕하며 검소하고 근실한 것으로 민심을 얻었다고 하니 이것은 하늘이 돕는 것이다. 그는 반드시 삼한의 왕이 될 것이니 고려왕께 서신을 보내 성의를 표하고 우리 임금을 위로하여 장래의 행복을 도모하지 않을 수 있겠는가!"

이에 견훤의 딸도 남편과 뜻을 같이하기로 하니, 937년 2월 영규가 왕건에게 사람을 보내 "만약 대왕께서 정의의 깃발을 드신다면 제가 안에서 호응하여 맞이하도록 하겠습니다." 하였다. 서신을 받은 왕건이 매우 기뻐하며 "만약 장군의 은혜를 입어 힘을 합치게 되면 길이 막히지 않는 한 내가 먼저 장군을 뵈온 뒤 마루에 올라 부인에게 절하고, 장군을 형으로 섬기고 부인을 누님으로 높여 필히 종신토록 후하게 보답할 것입니다. 이 말은 모두 천지신명이 들을 것입니다."라고 다짐한 뒤 차근차근 신검을 칠 준비를 했다.

그해 6월 견훤이 "늙은이가 대왕께 투항한 것은 역적인 자식을 벌하려는 것이었습니다. 그러니 대왕의 신병을 빌려 주셔서 난신적자亂臣賊子를 멸할 수 있다면 죽어도 한이 없을 것입니다." 하자, 드디어 때가 왔다고 여긴 왕건은 태자 무武와 장군 술희述希에게 1만 명을 주어 먼저 남쪽으로 떠나게 하고, 9월에 스스로 대병을 거느리고 남진하여 선발대와 합친 다음 일선一善(경북 선산)으로 가서 일리천一利川을 사이에 두고 신검과 대치하였다.

이 싸움은 고려군의 일방적인 승리로 끝날 수밖에 없었다. 후백제군은 이미 전의를 상실한 상태였기 때문이다. 부하 장수들이 속속 고려군에 항복하여 싸움 한 번 제대로 해 보지도 못한 채 크게 패하였고, 신검은 패잔병을 이끌고 황산黃山(충청남도 논산시 연산면)으로 후퇴하여 전열을 재정비하여 고려군에 대항하려 하였지만 군사들의 사기가 땅에 떨어져 더 이상 싸움을 할 수 없었다. 결국 신검은 장군 부달富達, 소환小達, 능환能奐 등 40여 명과 함께 항복하였다. 신라 경순왕에 이어 신검마저 항복함으로써 후백제는 멸망하였고, 신라 말기에 후삼국으로 갈라졌던 한반도는 왕건이 세운 고려로 재통합되었다.

완산칠봉이 보이는 남남서향

신검과 신하들이 항복하자 왕건은 다른 사람들의 항복은 모두 받아들여 가족과 함께 개성으로 오는 것을 허락하였지만, 아들이 아버지를 배신하도록 옆에서 부추긴 능환의 항복만은 받아들이지 않았다. "처음에 양검 등과 음모를 꾸미며 대왕을 가두고 그 아들을 왕으로 세운 것이 너의 소행이니 신하된 도리로 어찌 이럴 수 있는가?" 왕건의 말에 능환은 고개를 숙이고 답을 하지 못했다. 왕건은 능환을 사형에 처하였으나, 신검은 능환과 동생들의 간계에 속은 것이며 나라를 바치고 사죄를 구했다며 특별히 용서하여 사형에 처하지 않고 오히려 벼슬을 주어 위로하였다. 대신 반역을 주도했던 신검의 두 동생은 능환과 죄가 같다고 하여 진주로 유배를 보냈다가 얼마 후 처형했다.

왕건이 신검을 죽이지 않고 심지어 벼슬까지 내리자, 격한 감정을 이기지 못한 견훤은 개성을 떠나 지금의 논산시 연산면에 있는 황산사黃山寺(지금의 개태사開泰寺)로 내려가 있다가 등창이 도져서 세상을 떠났다. 견훤이 세상을 떠남으로써 후백제의 흔적은 역사에서 완전히 사라지고, 이후 한

남남서향으로 자리를 잡은 견훤왕릉

견훤의 유언은 자신이 도읍지로 삼은 완산주(전주)가 보고 싶다는 것이었다. 그리하
여 논산시 연무읍 금곡리 언덕 꼭대기, 완산주를 에워싼 산들이 멀리 보이는 자리에
견훤을 묻었다.

반도에서는 통일왕국 고려가 475년의 역사를 이어 가게 된다.

황산사에서 마지막 숨을 몰아쉬던 견훤은 주위 사람들에게 자신이 도읍지로 삼았던 완산주完山州(전주)가 보고 싶다는 말을 남겼고, 이 유언을 받들어 후손들이 그의 왕릉을 연무읍 금곡리 언덕 꼭대기에 조성하였다고 한다. 견훤왕릉이 남남서향南南西向으로 되어 있는 것은 그 때문이다. 왕의 마음을 헤아린 후손들이 전주를 감싸고 있는 완산칠봉完山七峰이 아득히 보이는 곳으로 장소를 고르고, 무덤의 방향 역시 완산칠봉을 향하도록 조성한 것이다.

12

신라 도읍 보이는 도라산 언덕에 서서

경순왕릉

敬順王陵

경순왕이 세상을 떠나자 후손들은 시신
을 경주로 모셔 왕릉을 만들고자 했다.
그러나 고려 조정에서는 왕의 시신은 수
도 개성에서 백 리를 벗어날 수 없다는
국법을 내세워 반대하고 나섰다. 결국
강 너머로 고향인 남쪽을 바라볼 수 있
는 임진강의 북쪽 성거산 자락에 왕의
예에 맞추어 장례를 모셨다.

신라는 우리 민족이 세운 고대국가 중 가장 약체로 출발했지만 7세기 삼한을 통합할 만큼 강국으로 성장하였다. 한반도의 동남쪽에 치우쳐 있어 대륙의 문명에서 가장 소외되었던 신라가 최후의 승자가 될 수 있었던 데에는, 통일된 이념 아래 백성들을 하나의 공동체로 묶은 불교, 민족의식과 위기의식을 일깨워 구성원 전체를 애국자로 만든 화랑제도의 역할이 컸다. 가야, 백제, 고구려를 차례로 멸망시키고 한반도의 주인이 되어 1천여 년 동안 존속하면서 화려한 문화를 일구어 낸 신라는 56번째 군주에 이르러 고려에 항복함으로써 마침내 그 찬란했던 역사를 마감하였다.

　신라의 마지막 군주로 935년 항복 문서를 들고 손수 고려를 찾았던 경순왕敬順王(재위 927~935)은 태조 왕건王建의 배려로 왕의 예우를 받으면서 경주 지역의 영토를 다시 하사받았지만, 고려의 신하로 지내다가 세상을 떠난 탓에 선조들이 잠들어 있는 서라벌 땅으로 돌아가서 묻힐 수 없었다.

천 년 사직의 문을 직접 닫은 신라왕의 무덤

신라를 왕건에게 바친 경순왕은 경주의 선조들 옆에 묻히지 못했다. 경기도 연천에 있
는 경순왕릉은 고려시대 무덤 양식과 조선식 재실이 합쳐진 모습이다.

경기도 연천 임진강 변에 있는 경순왕릉(경기도 연천군 장남면 장남로 288)은 경주에 있는 신라 왕릉과는 달리 아담한 형태의 고려시대 무덤 양식을 보이고 있으며, 조선 후기에 설치된 재실齋室이 능의 부속 건물로 딸려 있어 소박하고 고즈넉한 느낌이 든다. 죽어서도 고향으로 돌아가지 못하고 비운의 운명을 맞이한 경순왕, 그의 험난한 앞길은 왕위에 오를 때부터 이미 예정되어 있었다.

김-박-김, 신라 왕계가 바뀐 사연

경순왕의 이름은 김부金傅이다. 경순왕의 성명을 굳이 밝히는 이유는 제53대 신덕왕神德王과 제54대 경명왕景明王, 그리고 제55대 경애왕景哀王 세 임금이 모두 박씨 성을 가진 군주였는데, 경순왕 대에 다시 김씨로 바뀌었기 때문이다. 제17대 내물왕부터 시작되어 수백 년간 김씨가 세습하던 신라 왕권은 제52대 효공왕孝恭王 다음부터 3대에 걸쳐 박씨에게 넘어갔다. 그러다가 경순왕이 왕위에 오르면서 다시 김씨로 바뀐 것인데, 이는 신라 왕실 내부에 문제가 생겼거나 그렇게 될 수밖에 없는 사건이 일어났을 가능성이 매우 높았음을 암시한다.

신라 왕권이 김씨에서 박씨로 넘어가게 된 이유를 확인하려면 제49대 헌강왕憲康王과 제51대 진성여왕眞聖女王 시대로 거슬러 올라가야 한다. 헌강왕이 어느 날 사냥을 나갔다가 길가에 서 있는 아름답고 젊은 여인을 보고 마음속으로 사랑하게 되어 수레 뒤에 태우고 왕이 거처하는 장소인 행재소行在所에 가서 정을 통한 결과, 아들이 태어났다. 아이가 자라자 체격이 크고 용모가 걸출하므로 이름을 '요嶢'라고 하였다. 헌강왕의 누이동생인 진성여왕이 즉위한 해인 887년 요가 채 한 살이 안 되었다고 하니, 헌강왕은 세상을 떠나기 2년 전에 일반 백성의 여인과 정을 통한 셈이다. 진성여왕은 즉위 9년이 지나도록 후사를 얻지 못하자 요를 오라버니의 핏줄로 여겨 태자로 삼게 된다. 진성여왕이 세상을 떠나고 요가 왕위에 오르니 바로 신라 제52대 효공왕孝恭王이다.

효공왕의 재위 기간은 897년부터 912년인데, 이때 이미 신라 왕실은 지방 영토를 통제할 수 있는 힘을 잃어버린 상태였다. 각지에서 쉴 새 없이 반란이 일어났으며, 후고구려를 세운 궁예와 후백제를 세운 견훤이 서로 패권 다툼을 벌이고 있는 상황이었다. 이러한 와중에 궁예의 부하였던 왕건이 점점 신망을 얻어 서해의 해상권을 장악함과 동시에 진도와 나주 등 국토의 서남부 지역 전체를 수중에 넣으면서 궁예를 능가하는 힘과 세력을 가지게 된다. 이처럼 어려운 상황에서 효공왕은 후사도 없이 912년 세상을 떠나게 되고, 백성들의 추대를 받아 신라 제8대 아달라왕阿達羅王의 직계 후손으로 성은 박朴이며 이름은 경휘景暉인 분이 왕위에 오르게 되니 바로 제53대 신덕왕이다.

이 시기에 이르면 신라는 경주 지역을 제외한 나머지 영토에 대해서는 어떠한 통치 행위도 할 수 없는 상황이었다. 신덕왕은 슬하에 승영昇英과 위응魏膺의 두 아들을 두었는데, 큰아들은 제54대 경명왕이 되고, 작은아들은 제55대 경애왕이 된다. 특히 신덕왕 재위 중인 916년에는 지금의 합천 지역인 대야성을 견훤이 공격하는 사건이 일어났는데, 겨우 막아 내기는 했지만, 당시 견훤은 마음만 먹으면 얼마든지 경주까지 쳐들어올 수 있는 군사력과 힘을 지니고 있었다.

이러한 상황은 경명왕, 경애왕 대를 거치며 한층 더 심화되어, 신라는 거의 모든 것을 고려의 왕건에게 의지하게 된다. 당시 견훤의 후백제와 왕건의 고려는 팽팽하게 맞서고 있었으므로 신라가 누구와 손을 잡느냐에 따라 두 나라의 운명이 결정될 수 있는 상황이었다. 따라서 신라의 행보는 후백제와 고려 두 나라 모두에게 중대한 사안이었다.

언제 어떤 일이 터질지 가늠하기 어려운 일촉즉발의 상황에서, 경애왕은 즉위 해인 924년 9월 왕건에게 사신을 보내 예를 갖추어 인사를 하였다. 그리고 경애왕 즉위 4년(927) 정월, 고려 태조가 직접 후백제를 공격할 때에는 신라에서 군사를 출동시켜 왕건을 도와주기도 했다.

신라와 고려의 사이가 가까워지자, 견훤은 고려가 후백제를 침략하면 방어하기 어렵겠다고 판단하고 그해 9월 군사를 정비하여 문경聞慶과 상주尙州를 쳐서 빼앗았다. 다급해진 경애왕이 고려에 사신을 보내 위급함을 알리자, 왕건은 시중侍中 공훤公萱과 대상大相 손행孫幸, 정조正朝 연주聯珠 등에게 "신라는 우리와 더불어 우호를 같이한 지 이미 오래되었다. 지금 위급함이 있으니 구원하지 않을 수 없다."고 한 후 즉시 병사 1만 명을 출동시켜 신라를 돕도록 하였다.

그러나 견훤은 고려의 구원병이 도착하기 전에 이미 남으로 내려와 신라 땅인 영천永川을 정복하고, 11월에 기습적으로 경주에 들어가 궁궐을 공격하였다. 이때 경애왕은 왕비와 후궁을 거느리고 왕실의 종친들과 더불어 경주 남산의 포석정鮑石亭에서 흥겹게 놀이를 즐기고 있었다. 군사가 전혀 없는 상태에서 갑자기 적군이 들이닥치자, 왕은 병풍으로 몸을 가리고 광대 100여 명을 보내 막아 보려 하였으나 견훤의 병사들과 대적할 수는 없었다.

왕과 왕비는 겨우 몸을 피해 후궁으로 도망처 들어갔고, 왕실의 종친들과 귀족들과 부인들은 사방으로 흩어져서 허둥지둥 어디론가 숨기에 바빴다. 미처 도망치지 못하고 포로로 잡힌 사람들은 귀한 신분, 천한 신분 가릴 것 없이 모두 식은땀을 흘리며 엉금엉금 기면서 종이 되기를 빌었으나 화를 면하지 못했다. 견훤은 병사들을 풀어 신라 왕실의 재물을 약탈하고, 궁궐에 들어가 왕과 왕비를 찾도록 명하였다. 후궁에 숨어 있던 왕과 왕비는 결국 후백제 군사들에게 잡혀 군중軍中으로 끌려오게 되었다. 견훤은 왕을 협박하여 스스로 목숨을 끊도록 하고 왕비를 강제로 욕보였으며, 부하들을 풀어 왕의 후궁들까지 욕보였다.

그리고 왕실 사람들 중에서 박씨계를 배제하고 김씨계이면서 제46대 문성왕文聖王의 후손으로 이찬伊湌 효종孝宗의 아들인 김부金傅를 억지로 세워 왕위에 앉히니 바로 제56대 경순왕이다. 견훤은 경애왕의 아우 효렴孝廉과 재상 영경英景을 사로잡고 귀족의 자식들과 온갖 기술자, 여러 가지 무기와 수많은 보물 등을 닥치는 대로 빼앗은 다음 자신의 나라로 돌아갔다.

'마의' 태자의 반대에도 신라를 고려에 바치니

경순왕이 즉위한 뒤에도 견훤은 끊임없이 신라를 침략하였다. 일부 장수나 성주들은 아예 견훤에게 항복하였으며, 고려와 가까운 지역에서는 신라를 떠나 고려에 항복하는 사건도 심심찮게 일어났다. 경순왕 재위 4년에 이르러서는 지금의 경상도 북쪽 지역과 동해 주변의 주와 군이 모두 고려에 투항하였다. 이러한 상황에서 경순왕 재위 5년(931) 2월, 태조 왕건이 기병 50여 명만을 거느리고 경주 근방에 와서 만나기를 요청하였다. 이 소식을 들은 경순왕은 모든 신하들을 거느리고 교외까지 나가 영접하고 극진한 예우를 다하였다. 임해전臨海殿에서 연회를 베풀면서 어느 정도 술이 취하자 경순왕이 말하였다.

"이 몸이 하늘의 도움을 받지 못하여 점점 환란이 닥쳐오고 있다. 전번에 견훤이 의롭지 못한 행동을 마음대로 하여 천 년 사직을 망치고 있으니 어찌 통탄하지 않을 수 있겠는가!"

왕이 말을 마치고 눈물을 보이니 좌우에 있던 신하들 중 목에 메어 흐느껴 울지 않는 사람이 없었고, 고려 태조 또한 눈물을 흘리면서 위로하였다. 경순왕의 처지를 안타깝게 여긴 태조가 경주에서 수십 일 동안 머물다가 고려로 돌아가려 하자 경순왕은 멀리까지(穴城) 친히 배웅하며 이별을 아쉬워하였고, 사촌동생인 김유렴金裕廉으로 하여금 왕건을 따르도록 하였다. 고려의 군사들은 엄격한 규율을 매우 잘 지켜 신라에 머무르는 동안 조금도 흐트러짐이 없어 경주의 남녀노소들이 모두 서로 기뻐하면서 말하기를, "저번에 견훤의 군대가 왔을 때는 마치 범이나 이리 떼를 만난 것 같더니 오늘 왕공王公이 왔을 때는 부모를 만난 것 같다"고 할 정도였다.

그 뒤로도 고려와 신라의 관계는 우호적으로 유지되었지만, 변방의 영토를 지키던 사람들이 속속 고려에 항복하는 일이 늘어만 갔다. 그러던 중

935년 3월 후백제에서 변란이 일어나 견훤의 장남인 신검神劍 등이 아버지 견훤을 금산사金山寺에 유폐하고, 그 3개월 후인 6월 금산사를 탈출한 견훤이 나주로 피신했다가 고려 조정의 도움으로 개성으로 망명하는 엄청난 일이 일어났다.

나라를 보존하기 어려울 지경으로 쇠약해진 상황에서 견훤의 망명 사건까지 벌어지자, 경순왕은 재위 9년(935) 10월에 조정의 전체회의를 소집하여 고려에 항복할 것을 의논하려고 하였다. 신하들 중에는 그렇게 하는 것이 옳다고 하는 사람도 있고, 옳지 못하다고 하는 사람도 있어서 쉽게 결정을 내리지 못하고 있을 때 태자가 나서서 말했다.

"한 나라의 흥망과 성쇠는 반드시 하늘의 운명에 달려 있습니다. 나라의 힘이 약해졌을 때는 여러 충신들과 의로운 사람들을 모아 힘을 합쳐 민심을 수습하고, 스스로를 굳건하게 하는 것이 우선입니다. 그렇게 한 후에도 나라를 일으켜 세우지 못한다면 어쩔 수 없지만 어찌 천 년이나 이어 온 신라의 사직을 아무 노력도 하지 않고 경솔하게 하루아침에 남의 손에 넘길 수 있단 말입니까?"

이 말을 들은 왕은 눈물을 흘리면서 답하였다.

"지금의 신라는 고립되고 위태로운 상황이 보는 바와 같아서 더 이상 나라를 지탱해 나갈 수가 없다. 강하지도 못하고 다시 일어날 힘도 없으면서 아무 잘못도 없는 백성들이 참혹하게 죽도록 하는 것은 나로서는 차마 할 수 없는 일이다."

그리고 왕은 곧바로 김봉휴金封休로 하여금 고려 태조에게 편지를 보내 항복하겠다는 뜻을 밝혔다. 이것을 본 태자는 큰 소리로 울면서 왕에게 하직 인사를 하였다. 궁궐을 나선 태자는 금강산(개골산)으로 들어가서 바위 아래에 작은 집(의암옥倚巖屋)을 지은 다음 평생 동안 삼베옷을 입고 풀잎을 먹으며 살다가 일생을 마쳤다. 이 신라의 마지막 왕자를 후대 사람들은 '마의태자麻衣太子'라 불렀다.

10월 말에 미리 고려에 서신을 보내 항복할 뜻과 신하가 될 뜻을 전한 경순왕은, 11월 초에 경주를 떠나 개경으로 향하였다. 이 소식을 들은 고려 태조는 왕철王鐵 등을 멀리까지 보내 맞이하도록 하였다.

경순왕이 모든 신하들을 거느리고 경주를 출발하니 귀족과 백성(사서士庶)이 모두 따랐다. 화려한 수레(향차香車)와 훌륭한 말(보마寶馬)이 30여 리나 뻗쳐서 도로를 메울 정도였으며, 구경하는 사람들이 길가에 늘어(도열堵列)섰다. 12일에 왕이 개경에 이르니 경순왕의 연락을 받은 고려 태조는 심복을 먼저 보내 경순왕을 잘 모시도록 한 다음 친히 교외까지 나가서 영접하고 위로한 다음 왕궁의 동쪽 가장 좋은 구역을 정해서 거처하게 하고 말하기를, "이제 왕께서 나에게 나라를 주셨으니 이는 아주 큰 선물입니다. 원하건대 대왕께서는 제 집안과 혼인하시고, 저는 대왕의 종실과 혼인하여 사위와 장인(구생舅甥) 사이라는 집안 관계를 영원히 맺고자 합니다." 하면서 자신의 맏딸인 낙랑공주를 아내로 삼도록 배려했다.

고려 태조에게 자상한 보살핌을 받은 경순왕이 말하기를, "저의 큰아버지인 김억렴金億廉의 딸은 덕행이 훌륭하고 용모가 아름다우니 이외에 더한 보답이 없을 듯합니다." 하였다. 보름을 머물던 경순왕은 고려 태조에게 글을 올려 이르기를, "신라는 오랫동안 매우 어려운 재앙(상란喪亂)을 겪으니 나라의 운수(역수曆數)가 이미 다하여 두 번 다시 국가의 기틀(기업基

業)을 보전할 수 없게 되었습니다. 청하건대 신하의 예로 뵙게 하소서."라고 하였으나 태조가 이를 따르지 않았다. 12월에 고려의 모든 신하들이 태조께 아뢰기를, "하늘에는 두 해가 없고, 땅에는 두 임금이 없는 법입니다. 한 나라에 두 임금이 있으면 백성이 어떻게 감당하겠습니까? 원컨대 신라왕의 청을 들어 주소서." 하였다.

상황이 이렇게 되자 고려 태조는 천덕전天德殿에 납시어 모든 신하(百僚)를 모으고 이르기를, "짐이 신라와 더불어 피를 마시고 동맹하여 두 나라가 우호를 함께 하면서 각기 사직을 보전해 왔었다. 이제 신라왕이 신하되기(稱臣)를 굳이 청하고, 여러 신하들도 또한 그것이 좋겠다고 하니 비록 마음에 부끄러우나 여러 사람들의 뜻을 어기기가 어렵다." 하고 뜰에서 알현하는 예를 받으니 여러 신하들이 축하하며 만세를 외치는 소리가 땅을 흔들었다.

태조 왕건은 경순왕을 정승의 자리에 올려서 관광순화위국공신상주국낙랑왕식읍팔천호觀光順化衛國功臣上柱國樂浪王食邑八千戶로 봉하고, 그 지위는 태자의 위에 있게 하였다. 그리고 해마다 녹봉祿俸으로 곡식 1천 석을 주고 신란궁神鸞宮을 창건하여 하사하였다. 또한 그를 곁에서 모시며 따르던 시종과 무관으로 정팔품 산원散員과 정육품 낭장郞將들을 모두 채용하여 자신의 신하로 받아들였다. 또한 신라라는 나라 이름을 없애고 경주慶州라 한 다음 그 지역을 경순왕의 식읍으로 주어 생활에 지장이 없도록 하였으며, 개성에 있으면서 자신의 고향을 통치하는 벼슬아치인 사심관事審官으로 삼아 왕으로서 대우했다.

낙랑공주가 지어 준 '도라산都羅山' 암자

자신의 뜻과는 관계없이 적군인 견훤에 의해 왕위에 올랐고, 도탄에 빠진 백성들의 아픔을 더 이상 두고볼 수 없어 천 년 사직을 고려에 바쳐 자신의 나라를 역사에서 사라지게 한 비운의 군주가 경순왕이다. 하지만 경순왕 개인의 삶은 불행했다고 보기 어렵다.

《삼국사기》에 따르면, 경순왕의 부인은 왕비였던 죽방부인竹房夫人, 고려에 귀순한 후 다시 결혼한 왕건의 두 딸인 낙랑공주와 부인 왕씨 세 명이다. 그러나 조선시대의 여러 기록에 나타난 가계 관련 기록과 《신라삼성연원보新羅三姓淵源譜》 등에 따르면 부인은 네 명에서 다섯 명 정도 있었고, 아들은 최소 9명에서 13명, 딸이 4명이었던 것으로 보인다. 《삼국사기》에는 신라왕 시절의 왕비와 고려에 귀순한 후 혼인한 낙랑공주에 대해서만 간략하게 나와 전모를 파악할 수 없다. 하지만 조선시대 들어 경순왕의 후손들이 자신의 선조를 찾으려는 노력을 남긴 기록들이 있어 그 실상을 어느 정도는 짐작할 수 있다.

10여 명에 이르는 경순왕의 왕자 중 첫 번째 왕비인 죽방부인의 소생 중 마의태자로 불리는 김일金鎰은 금강산으로 들어가 두 번 다시 세상에 나오지 않았고, 둘째 아들이면서 범공대사梵空大師로 불리는 김굉金鍠은 세상의 고뇌를 잊고자 머리를 깎고 화엄사華嚴寺의 승려가 되었으며, 마지막 왕자인 김명종金鳴鍾은 나라가 멸망할 당시 이미 아간阿干이라는 관직에 있었다. 한편, 낙랑공주 소생으로는 아들 다섯과 딸 둘이 있었는데, 각각 대안군파의 시조, 삼척 김씨의 시조, 언양 김씨의 시조, 의성 김씨의 시조, 강릉

김씨의 시조가 된 것으로 나타난다. 또 다른 부인 왕씨는 아들을 낳지 못하고 딸만 얻었기 때문에 작위를 받지 못한 것으로 보인다. 경순왕 자신은 천 년 사직을 끝낸 죄인이 되었으나, 그의 많은 자식들이 각자 한 가계를 이루어 김씨 각 파의 시조가 되어 지금까지 이어져 오고 있다는 점은 매우 특이한 일이라고 할 수 있다.

경순왕과 관련해 또 한 가지 특기할 것은, 그가 세상을 떠난 후 백성들에 의해 신으로 모셔 받들어졌다는 사실이다. 이는 경순왕이 백성들을 전쟁의 참화에서 벗어나게 해 주어 목숨을 보전할 수 있도록 한 것을 큰 은덕으로 생각했기 때문으로 풀이할 수 있다. 민간에서 모시는 신령의 공식적인 명칭은 '김부대왕金傳大王'이며, 전통무傳統巫의 신에 좌정한 점 또한 눈길을 끈다. 김부대왕을 신으로 숭배하는 지역은 강원도의 원주시·인제군·평창군, 경기도 연천군·파주시·시흥시·안산시·수원시, 충청북도 제천시·충주시, 충청남도 보령시, 전라북도 전주시, 전라남도 순천시, 경상북도 영주시·문경시·경주시, 경상남도 하동군 등 전국적으로 분포되어 있다. 대표적인 사례를 몇 가지 소개하면 다음과 같다.

우선 조선 후기 이규경李圭景이 지은 《오주연문장전산고五州衍文長箋散稿》에 용이 된 김부대왕이 꼬리로 산을 잘라 백성들이 수해를 입지 않도록 했다는 전설이 경주와 포항 사이의 형산강 지역에 전해지고 있다. 지금은 형산강을 사이에 두고 형산兄山과 제산弟山이 나누어져 있는데, 원래는 두 산이 하나로 붙어 있었다고 한다. 형제산이 나란히 손을 잡고 사이좋게 지내고 있는 모양이라 비만 오면 주변 지역이 늘 홍수 피해를 겪자, 경순왕이 태자와 힘을 합쳐 용으로 변해 산을 잘라 버려서 물이 동해로 흐르도록 하여 백성들이 피해를 보지 않게 했다는 것이다. 이러한 전설을 간직하고 있는 왕룡사王龍寺(경북 경주시 강동면 국당길 283)에서는 왕장군용왕전王將軍龍王殿과 신령각神靈閣에 김부대왕을 신으로 모시고 있다.

경상북도 영주시 영광여고(경상북도 영주시 광복로 23번길 59-1) 앞 자인전慈仁殿(1958년 건립)에도 경순왕의 영정이 봉안되어 있었는데, 장소가 협소하여 1968년 자인전 뒤편에 숭은전崇恩殿을 다시 건립하여 영정을 옮겨 봉안하고 매년 음력 4월 4일에 제사를 올리고 있다. 경순왕의 딸인 덕주공주가 세운 사찰인 충북 제천의 덕주사德柱寺(제천시 한수면 송계리 산3) 뒤편 산 정상에도 김부대왕 사당이 있었다고 한다. 이는 1927년 이능화李能和가 지은《조선무속고朝鮮巫俗考》에서 분명하게 밝혀 놓았다.

강원도 인제군에도 김부대왕각(강원도 인제군 상남면 김부리 657-1)이 남아 있다. 지금은 아무도 살지 않는 벌판이 되었지만, 10여 년 전만 해도 마을이 있었고 경순왕을 신으로 모시는 김부대왕제金博大王祭라는 부락제를 지냈다. 김부대왕제는 소를 잡아서 제물로 쓰는데, 제사가 끝난 후에는 마을과 마을이 서로 돌싸움(石戰)을 벌이는 등 성대하게 치러졌다. 김부대왕동으로도 불렸던 동네는 1993년 군사종합전술훈련장으로 국방부에 매각되어 한 채의 가옥도 남지 못하게 되었다. 군부대 땅이 되었지만 김부대왕을 모신 비각만은 철거하지 않아서 황량한 벌판 가운데 처연한 모습으로 우뚝 서 있다. 동네가 없어지면서 사람들이 이사를 간 뒤 부근에 있는 밭이 팔리지 않아 가끔 들르곤 하던 윤씨 내외가 1997년 음력 5월 5일 쓸쓸하게 올린 김부대왕제가 마지막 제사가 되었다.

경기도 안산에 있는 잿머리 성황당(경기도 안산시 단원구 성곡동 산76)도 경순왕과 관련이 있다. 고려 제6대 임금인 성종(982~997) 때 내부시랑 서희徐熙가 송나라에 사신으로 가게 되어 잿머리 해안에서 배를 띄우려 하였는데, 갑자기 폭풍우가 몰아쳐서 바다로 나갈 수가 없게 되었다. 서희가 먼 길을 잘 다녀올 수 있도록 기원하는(장도壯途) 제사를 지내고 밤중이 되어 잠이 들었는데, 소복을 한 두 여인이 꿈 속에 나타나서 "우리는 신라 마지막 임금 김부대왕의 비 홍씨와 친정어머니 안씨입니다. 경순왕과 결혼 후 나라가 망하고 비명에 죽은 것이 한이 되어 모녀 혼령이 편안하게 쉬지 못하고 있으니 쉴 수 있는 거처를 마련해 주시기 바랍니다."라고 하였다. 그렇게 하겠노라고 약속한 서희는, 실제로 언덕 위에 작은 성을 쌓은 다음 사당을 짓고 그림쟁이를 불러 꿈에서 본 모습대로 그리게 하여 안치한 다음 위령제를 지냈다. 그러자 신기하게도 바다가 잠잠해져서 무사히 사신 행차를 마칠 수 있었다고 한다. 그 뒤로 지금까지 이곳에서는 잿머리성황제를 지내고 있다.

이처럼 전국적으로 분포하는 경순왕에 대한 무속 신앙은 고려, 조선시대와 일제강점기까지 이어지면서 많은 사람들의 추앙을 받았다는 사실을 확인할 수 있다. 개인의 행불행을 어느 한쪽 시각으로 판단할 수는 없겠지만, 천 년 사직에 종말을 고한 군주가 되었다는 역사적 사실 하나만으로도 경순왕의 일생이 순탄했다고 볼 수는 없을 것이다. 스스로 항복하여 고려의 신하로서 개성에 머물렀지만 천 년 사직을 하루아침에 잃은 왕이 어찌 마음 편하게 지낼 수 있었겠는가. 이는 경순왕의 부인 낙랑공주가 경기도 파주시 장단면의 도라산 중턱에 영수암永守庵이라는 작은 암자를 지어 남편이 남쪽의 고향을 바라보며 향수에 잠길 수 있도록 배려한 사실에서도 확인할 수 있다. 암자가 완성되자 경순왕은 아침저녁으로 이곳에 올라 신라의 도읍을 바라보면서 눈물을 흘렸고, 이 때문에 '도라산都羅山'으로 불리게 되었다.

그러나 이곳 역시 휴전선에서 아주 가까운 군사 지역으로 일반인들의 출입은 철저하게 통제되고 있다. 도라산은 해발 156미터밖에 되지 않는 낮은 산이지만, 주변에 강과 평야만 있어서 우뚝 솟은 모습을 하고 있다. 조선 초기에는 도라산 꼭대기에 봉수대烽燧臺를 설치하여 위급한 상황을 알리는 봉화를 올려 송도松都와 파주坡州를 연결하는 요충지이기도 했다. 지금은 국토가 남북으로 나누어지는 바람에 고향에 가지 못한 실향민들이 북녘 땅을 바라보면서 망향의 슬픔을 달래는 도라산 전망대가 자리하고 있으니, 경순왕이 고국 신라를 그리워하면서 눈물을 흘렸던 도라산에 얽힌 기구한 사연이 지금도 이어지고 있다고 볼 수 있다.

1973년 군사 지역에서 발견된 돌비석

경순왕은 왕건이 세상을 떠난 후에도 제2대 혜종惠宗, 제3대 정종正宗, 제4대 광종光宗까지 세 분의 고려왕 시대를 거치는 동안 어떠한 정치적 활동도 하지 않았을 뿐 아니라 고려의 정사에 일체 개입하지 않아 천수를 다할 수 있었다. 세상의 모든 일을 잊고 말년을 보낸 경순왕은 고려 제5대 군주인 경종景宗 재위 3년(978) 4월 4일에 세상을 떠났다. 그가 세상을 떠나자 고려 왕실에서 '경순왕敬順王'이란 시호諡號를 내렸다. 세상 돌아가는 순리를 따라 고려에 항복함으로써 많은 백성들의 목숨과 행복을 지킬 수 있었음을 높이 산다는 의미에서 붙인 시호였다.

경순왕이 세상을 떠나자 후손들은 당연히 시신을 경주로 모셔 왕릉을 만들고자 했다. 그러나 고려 조정에서는 왕의 시신은 수도 개성에서 백 리를 벗어날 수 없다는 국법을 내세워 반대하고 나섰다. 이미 신라는 없어졌고 모두 고려의 백성이 되었으므로 이 법을 따르지 않을 수 없었다. 고민에 고민을 거듭하던 경순왕의 후손들은 국법을 어기지 않으면서도 경주와 가장 가까운 곳인 파주시 장단 부근을 능의 자리로 선택한 다음, 강 너머로 고향인 남쪽을 바라볼 수 있는 임진강의 북쪽 성거산 자락에 왕의 예에 맞추어 장례를 모셨다.

선조들의 묘소와 함께하지 못한 탓인지 경순왕릉은 수난을 많이 겪었다. 고려와 조선을 거치면서 상당히 오랜 세월 방치되어 잊혀진 채 찾지 못하다가, 조선 후기에 와서야 비로소 능을 발견하여 새롭게 단장했다. 경순왕릉의 위치가 처음으로 정확하게 기록된 것은 조선 중종 25년(1530) 이행李荇 · 윤은보尹殷輔 · 신공제申公濟 · 홍언필洪彦弼 · 이사균李思鈞 등이 왕명으로 편찬한 전국 지리지 《신증동국여지승람新增東國興地勝覽》이다. 이 기록에 의하면, 경순왕릉은 장단부長湍部의 남쪽 7리 되는 곳에 위치하고 있다. 이것으로 볼 때 조선 초기에 이미 왕릉의 위치가 알려져 있었으나, 그 뒤 어떤 기록에도 나타나지 않는 것으로 보아 임진왜란과 병자호란 등을 거치면서 상당히 오랜 동안 왕릉의 위치를 잃어버렸던 것으로 추측된다. 그러다가 영조 재위 22년(1746) 10월 14일, 경순왕의 후손인 동지同知 김응호金應豪가 다음과 같은 상소를 올렸다.

"신들의 선조인 신라 경순왕의 능묘를 오래전에 잃어버렸습니다. 지금 장단에서 그 지석誌石 및 신도비神道碑가 나왔으나, 왕의 묘에 대한 일은 일반 백성 집안의 무덤과는 사례가 달라서 벌목을 금지하는 절차와 석물을 세우고 수호자를 두는 일은 조정의 지시가 아니고서는 할 수 없습니다. 혹시라도 조정에서 사정을 참작하여 이것을 허락하여 주신다면 위로는 전대前代를 추념하는 성스런 군주聖主의 뜻을 드러낼 수 있고, 아래로는 먼 조상을 추모하여 근본에 보답(追遠報本)하려는 신들의 정성을 위로할 수 있을 것입니다."

영조는 선조를 모시고 추앙하겠다는 후손의 뜻을 받아들여, 곧바로 경순왕릉을 보수하여 새롭게 세우도록 하고 제사를 지내는 것도 허락하였다. 그 뒤 조선 말기까지는 비교적 잘 보존되고 가꾸어졌으나 일제강점기와 한국전쟁을 거치면서 경순왕릉은 다시 버려진 상태가 되고 만다. 더구나 임진강 북쪽 장단 지역은 군사분계선과 매우 가까워 민간인의 출입이 통제되었던 곳이라 더욱 어려운 상황이 될 수밖에 없었다.

1973년 육군 25사단 예하에서 중대장으로 근무하던 여길도 대위가 부근 지역을 수색하다가 총탄에 맞고 쓰러져 있는 돌비석을 발견하여 상부에 보고하면서 경순왕릉은 다시 세상에 알려지게 되었고, 그 후 정비 작업을 거쳐 1975년 경기도 사적 제244호로 지정되어 지금에 이르고 있다. 그러나 경순왕릉이 위치한 곳은 50년 가까이 군사 지역으로 묶여 있어 일반인들의 출입이 불가능했던 장소였다. 일반인의 경순왕릉 출입이 제한적으로나마 가능하게 된 것이 2005년 말부터이고, 2006년 2월 군인 초소가 철수함으로써 누구나 자유롭게 드나들 수 있게 되었다.

천 년을 살아남은 경이로움

출입이 자유로워지기는 했지만 경순왕릉 가는 길은 꽤 멀게 느껴진다. 임진강을 따라 서에서 동으로 뻗어 있는 37번 국도를 따라가다가 두지교 차로에서 출구로 나가자마자 두지삼거리에서 좌회전하여 200미터를 가면 적성교차로가 나온다. 이곳에서 좌회전을 하면 임진강을 건너는 다리가 나오는데 강을 건너면 바로 연천군이다. 다리를 건너 장남면 사무소 방향의 술이홀로를 따라 계속 가면 장남면소재지에서 서북쪽으로 연결된 장백로와 만난다. 여기서 좌회전하여 2킬로미터 정도를 가면 372번 지방도와 다시 만난다. 여기에서 다시 좌회전을 하여 강을 따라 서쪽으로 가면 강변의 언덕 위에 남쪽에서 쳐들어오는 적을 방어하기 위해 고구려에서 쌓았던 호루고루성 유적지가 있고, 오른쪽으로 최근 세워진 마의태자 위령비가 자리하고 있다. 장백로와 만난 372번 도로 삼거리에서 약 1.6킬로미터를 가면 북쪽으로 작은 길이 하나 나오고 경순왕릉 입구라는 표지판이 등장한다. 이곳에서 우회전하여 수백 미터를 가면 경순왕릉 주차장에 닿으니 여기서부터 왕릉 구역이다.

경순왕릉 구역에 들어서면 맨 먼저 입구 양쪽으로 높게 둘러쳐진 철조망과 붉은 글씨로 지뢰라고 써진 출입금지 팻말이 눈에 띈다. 비무장지대 바로 앞인 데다가 어디에 지뢰가 묻혀 있는지 알 수 없어 이런 시설을 해

놓았다고 한다. 싸늘한 철로 만들어진 높은 담장을 보면 우리나라가 아직까지 휴전 상태이며 분단국가라는 사실이 피부에 와 닿는다.

주차장에서 북서쪽으로 철조망 사이로 난 길을 따라 언덕으로 100미터 정도 올라가면 널찍한 풀밭이 열리고 오른편 산 중턱에 남쪽을 향하고 있는 능이 보인다.

경순왕릉에서 가장 먼저 눈에 띄는 것은 봉분의 크기다. 신라의 왕이었지만 고려의 신하로 살다가 세상을 떠난 때문인지 경주에 있는 왕릉에 비해 봉분의 크기가 소박하다. 봉분의 높이는 약 3미터, 지름은 7미터 정도의 원형봉토분으로, 아래쪽에는 네모난 돌(판석板石)을 쌓아 봉분의 흙이 유실되지 않도록 병풍석屛風石으로 둘렀다. 왕릉의 병풍석에는 보통 십이신十二神이나 꽃무늬를 새기는데, 경순왕릉은 아무런 조각이 없는 상태에서 돌을 쌓아 둥글게 만들었다. 봉분 바로 앞에는 신라경순왕지능新羅敬順王之陵이라고 쓴 표석이 서 있다. 표석에 7~8개의 총탄 자국이 선명하게 나 있는 것을 볼 수 있는데, 한국전쟁의 와중에 총을 맞은 흔적이다.

총탄 자국이 선명한 표석
한국전쟁의 흔적이다. 그나마 이 비석이 발견되지 않았다면 아직도 경순왕이 어디에 묻혔는지 몰랐을 수도 있다.

소박한 봉분의 경순왕릉
신라왕으로 살다 고려 신하로 죽은 기구한 운명이 고스란히 담겨 있다.

표석 바로 아래 중앙에는 장명등長明燈이 있으며, 봉분 아래쪽 양옆에는 무덤을 수호하는 양석羊石과 망주석望柱石이 각각 하나씩 서 있다. 봉분의 뒤쪽과 양옆으로는 돌을 쌓아 올리고 그 위에 기와지붕을 덮은 것으로 둥글게 둘러친 담장(곡장曲墻)이 3면을 에워싸고 있다. 곡장은 적을 방어하기 위해 지은 성곽에서 둥글게 만든 부분과 닮았다고 해서 그 명칭을 그대로 쓴 것인데, 산짐승의 침입과 외부에서 들어오는 살기 가득한 나쁜 기운(淫風)으로부터 무덤을 보호하기 위한 것이다.

이러한 부속물들이 서 있는 묘역의 왼편 아래쪽에는 1747년에 만들어진 경순왕릉비敬順王陵碑를 넣어 놓은 비각碑閣이 있으며, 그 동쪽에는 제사를 모시기 위한 준비를 하는 곳으로써 세 칸으로 된 단출한 모습의 재실齋室이 서 있다. 묘역의 형태나 주변에 설치된 여러 종류의 석물石物, 묘비, 재실 등의 모양이나 배치가 모두 조선시대 묘제墓制에 맞도록 구성되어 있음을 한눈에 확인할 수 있다.

능이 조성되고 1천 년이 넘는 시간 동안 소실되었다가 발견되기를 거듭했던 경순왕릉이 이처럼 잘 보존된 모습으로 우리 앞에 있다는 것은 경이로움 그 자체라고 할 만하다. 왕릉을 출발점으로 마의태자 위령비, 도라산 유적 등과 함께 전국에 자리하고 있는 경순왕 관련 사적지를 함께 돌아본다면 훌륭한 문화기행이 되지 않을까 한다.

13

세 개의 능으로 남은 비운의 왕

공양왕릉
恭讓王陵

기울대로 기울어진 고려의 마지막 자락에서 자신의 뜻과 상관없이 억지로 왕위에 올라 실권 없는 임금 노릇을 하다가 이성계에게 나라를 넘기고 비참하게 최후를 맞은 비운의 군주 공양왕은, 죽어서도 한곳에 정착하지 못한 채 세 개의 왕릉을 남겼다. 어느 것이 진짜 왕릉인지 알 수 없지만, 민간에 구전되는 여러 이야기들이 있어 그 최후를 그려 볼 수 있으니 다행이라 해야 할까?

고려의 마지막 군주인 공양왕恭讓王(재위 1389~1392)의 능은 세 곳에 있다. 공양왕과 왕비인 순비順妃 노씨盧氏의 묘소가 나란히 자리하고 있는 경기도 고양시의 왕릉이 1970년 2월 28일 사적 제191호로 지정된 국가 공식 왕릉이다(경기도 고양시 덕양구 원당동 산65-1). 그 외에도 공양왕릉이 두 곳 더 있으니, 하나는 공양왕이 살해당한 곳으로 알려진 강원도 삼척시 근덕면 궁촌리 178번지에 있는 묘소이고(1995년 강원도기념물 제71호), 다른 하나는 강원도 간성의 고성산 서쪽 자락 양근陽根(양평) 함씨의 시조인 함부열咸傳說의 묘소 뒤편에 있는 작은 무덤이다(고성군 간성읍 어천리 산93번지).

세 개의 왕릉은 모두 나름의 근거와 사연을 갖고 있어서, 현재로서는 어느 것이 진짜 공양왕의 능인지 정확하게 가려내기 어렵다. 고려의 마지막 군주로서 원주, 간성, 삼척 등으로 세 번이나 유배지를 옮겨 다니다가 종국에는 살해당함으로써 생을 마감한 비운의 인물이라는 점, 고려에 대한

고려의 마지막 군주였기에 그 죽음과 능에도 많은 사연을 간직한 공양왕이다. 고양의
공양왕릉은 왕비 노씨의 묘소와 나란히 있는 쌍릉이다.

충성심으로 어떻게 해서든 임금을 지키려 한 신하가 있었다는 점, 5백 년 가까운 시간 동안 고려의 백성이었던 사람들이 군주의 시신이나마 지키기 위해 다양한 방법을 동원했을 가능성이 높다는 점 등을 고려해 볼 때, 세 개의 능에는 매우 복잡한 사연들이 얽혀 있을 것임을 짐작할 수 있다.

임금이 되고 싶지 않았던 마지막 임금

918년 왕건이 창업하여 1392년 공양왕이 이성계李成桂에게 왕권을 넘길 때까지 475년간 유지된 고려는, 1170년 정중부鄭仲夫가 쿠데타를 일으켜 정권을 오로지하기 시작한 '무신정변'을 중심으로 전기와 후기로 나누어진다.

후기 고려는 무신정권의 부정과 부패, 핍박당하던 농민·천민 계층·승려들의 저항과 민란으로 큰 혼란에 빠졌고, 설상가상으로 북쪽에서 세력을 확장한 몽골이 1231년 침략해 오면서 대내외적인 위기에 봉착한다. 100년에 걸친 무신정권의 혼란과 몽골의 침략, 그리고 1356년 공민왕의 반원反元운동까지 이어진 100여 년간의 원간섭기元干涉期를 거친 고려는 만신창이가 되어 더 이상 나라를 지탱하기 어려운 지경까지 몰린다.

이때 대륙에서 몽골이 세운 원元나라가 쇠퇴하면서 한족이 세운 명明이 일어나자, 고려 조정은 친원파親元派와 친명파親明派로 나뉘게 되고, 원명교체기에 고려 사회를 개혁해 나가던 공민왕이 1374년 시해당하면서 왕실은 대혼란에 빠진다. 당시 실세였던 이인임李仁任과 왕안덕王安德 등이 아직 열 살에 불과한 공민왕의 장남 왕우王禑를 보위에 올리니 이분이 고려 제32대 우왕禑王이다.

그러나 우왕은 우왕 14년(1388) 위화도회군으로 실권을 장악한 이성계·조민수曹敏修 일파에 의해 1388년 폐위되어 강화도와 여주를 거쳐 강릉으로 유배되었다가 1389년 12월에 죽임을 당한다.

이어 우왕의 아들로 아홉 살밖에 되지 않은 왕창王昌이 보위에 오르니, 바로 고려 제33대 창왕이다. 그러나 이성계 일파는 우왕과 창왕에게 모두 신돈의 아들이라는 굴레를 씌워 1년 만에 창왕을 폐위시키고 강화도로 귀양 보냈으며, 가짜를 내쫓고 진짜를 세워야 한다는 '폐가입진廢假立眞'의 논리로 왕씨의 정통 핏줄로 왕위를 이어야 한다면서 1389년 제20대 신종神宗의 7대손인 왕요王瑤를 찾아내 보위에 앉혔다. 그가 바로 고려의 마지막 군주인 공양왕恭讓王(1345~1394)이다.

공양왕은 즉위하자마자 우왕과 창왕을 서인庶人으로 신분을 낮추고 추종 세력을 귀양 보냈다. 그리고 한 달이 채 지나지 않은 12월 강릉에 유배가 있는 우왕과 강화도에 귀양 가 있는 창왕을 목을 베어 죽였다. 명목상으로는 왕명이었지만 실제로는 이성계를 중심으로 하는 신진 세력들의 요구였다. 공양왕은 보위에 있으나 실권은 전혀 없는 허울뿐인 왕이었다.

이성계 일파는 공양왕 즉위 다음 해(1390), 우왕과 창왕을 따르던 사람들을 처형하거나 귀양 보내 구세력의 뿌리를 잘라 내고 구귀족들의 경제적 기반이던 사전私田제도 개혁에 총력을 기울였다. 구세력 척결과 사전제도 개혁은 신진 세력들의 정치적·경제적 기반을 공고하게 하는 매우 중요한 일이었다. 또한 이성계는 병을 핑계로 사직하겠다는 말을 종종 꺼내 공양왕을 압박하였다. 공양왕은 그때마다 사직을 받아들이지 않고 병문안하러 이성계의 집까지 찾아가는 수모를 겪어야 했다. 뿐만 아니라 1392년 3월 이성계의 다섯째 아들 이방원李芳遠의 사주를 받는 조영규趙英珪가 선죽교에서 정몽주를 살해하는 사건까지 일어나면서, 고려 왕실을 지키고 보호하려는 신하들은 더 이상 왕의 주변에 남아 있지 않게 되었다.

홀로 남겨진 공양왕은 왕위를 넘겨줄 때만 기다리는 처지가 되었다. 1392년 6월부터 남은南誾 · 조준 · 정도전 등 이성계의 심복 52인이 공양왕을 내몰고 이성계를 보위에 올릴 모의를 하기 시작하니, 이를 눈치챈 공양왕은 7월 5일에 이방원과 조용趙庸을 불러 "내가 장차 이 시중侍中(이성계)과 더불어 동맹을 맺으려고 하니, 그대들은 내 말을 시중에게 전한 다음 시중의 말을 듣고 맹세하는 글의 초안을 잡아서 오도록 하라."고 했다. 이 말을 전해들은 이성계는 "내가 무슨 말을 하겠는가? 자네가 마땅히 임금의 명령을 받았으니 글의 초안을 잡도록 하라."고 했다.

조용이 초안을 잡아서 글을 쓰기를 "경卿(이성계)이 있지 않았으면 내가 어찌 이 자리에 이르렀겠는가? 경의 공과 덕을 내가 어찌 잊을 수 있겠는가! 크고 넓은 하늘(皇天)과 땅을 다스리는 신(后土)이 위에 있고 곁에 있으니 대대로 자손들은 서로 해치지 말 것이다. 내가 경에게 버림을 받는 일이 있다면, 이와 같은 맹약이 있는데 어찌하겠는가?'라고 써서 공양왕에게 보이니 왕이 "좋다"고 했다.

7월 12일 공양왕이 이성계의 자택으로 찾아가 맹약 의식을 행하려 하자, 이를 본 배극렴裵克廉 등이 왕의 어머니인 왕대비를 핍박하여 공양왕을 폐위한다는 교지를 받아내고, 시중 자리에 있는 남은이 왕이 거처하는 궁궐에 이르러 이를 선포하니 공양왕이 엎드려 명령을 듣고 이렇게 말했다.

"나는 본래 임금이 되고 싶지 않았는데, 여러 신하들이 나를 억지로 왕의 자리에 앉혔다. 내가 성품이 민첩하지 못하여(不敏)하여 일의 시기(事機)를 제대로 알지 못했으니 어찌 신하의 마음을 거슬리게 한 일이 없었겠는가?"

이로써 하루아침에 왕위를 이성계에게 물려준 공양왕은 공양군으로 강등되어 부인 노씨, 아들 왕석王奭과 왕우王瑀, 시녀 몇 명을 데리고 강원도 원주로 내려가게 된다.

함씨 형제의 본관을 가른 충심

그러나 공양왕은 원주에서 오래 머물지 못하고 다시 강원도 동쪽 끝의 간성(현재의 고성)으로 옮겨 간다. 이때 가까이에서 왕을 모시며 따라간 이가 있었으니, 고려 개국공신의 후예인 함부열咸傅烈이다. 그의 형 함부림咸傅霖은 조선의 개국에 참여하여 3등 공신이 되어 형조의랑刑曹議郎 자리에 있던 인물로서, 어지러운 시기에 형제가 정반대의 길을 걷게 된 것이다. 이후 함씨 형제의 운명은 공양왕 시해를 기점으로 완전히 엇갈리게 되고 본관까지 달라져 함부열의 후손은 경기도 '양근'을, 함부림의 후손은 '강릉'을 본관으로 하게 된다.

한편, 멀고 먼 간성까지 공양왕을 귀양 보냈지만, 조선 조정에서는 왕씨 일족을 몰살하여 후환을 없애야 한다는 상소가 계속 올라왔다. 그때마다 이성계는 이를 받아들이지 않았으나, 1393년 12월 동래현령 김가행金可行을 중심으로 공양왕을 복위하려는 움직임이 발각되어 많은 이들이 처형되고 이듬해 3월 초까지 재판과 숙청이 진행되었다. 조정에서는 1394년 3월 14일에 공양왕과 왕자들을 간성에서 삼척으로 옮기게 된다. 이 과정에서 사헌부와 사간원, 그리고 형조 등의 신료들이 공양왕과 왕자들을 모두 사형시켜야 한다는 상소를 계속 올리면서 업무를 거부하자, 이성계도 더 이상 견디지 못하고 1394년 4월 17일에 중추원부사 정남진鄭南晉과 형조의랑 함부림咸傅霖을 보내 공양왕과 두 아들을 모두 목 졸라 죽이라(絞殺)는 명령과 함께 다음과 같은 교지를 내린다.

"신하와 백성들(臣民)이 추대하여 나를 임금으로 세웠으니 이것은 진실로 하늘이 정한 것이오. 그대(君)를 관동關東에 가서 있게 하고, 그 나머지 왕족(同姓)들도 각각 편한 곳에 가서 생업을 누리게(保安) 하였는데, 동래현령東萊縣令 김가행金可行과 염장관鹽場官 박중질朴仲質 등이 반역을 도모하고자 그대(君)와 왕족(親屬)의 운명(命運)을 장님인 이흥무李興茂에게 점을 쳐 보았다가 일이 발각되어 스스로 죄를 실토(伏罪)하였다오. 그대는 비록 몰랐겠지만 일이 이 같은 지경에 이르니 사헌부와 사간원, 형조 등에서 연명으로 상소를 올려 간청하기를 열두 번이나 하였으나 짐이 여러 날 동안 굳게 막았다오(固爭). 그러나 대소신료들이 또 글을 올려 간청(諫)하므로 내가 어쩔 수 없이 억지로 그 청을 따르게 되니 그대는 이 사실을 잘 알아주기 바라오."

결국 공양왕은 삼척에서 두 아들과 함께 사형을 당하였고, 이 과정에서 실제로는 첫 번째 능이라고 할 수 있는 간성의 왕릉이 만들어지게 되었다. 공양왕을 모셨던 함부열의 후손인 양근 함씨 집안에서 내려오는 이야기는 다음과 같다.

　　고려조에 예부상서禮部尙書를 지냈으며 양근 함씨의 시조가 된 함부열은 나라가 망하자 개성을 빠져나와 공양왕을 따라 간성으로 가서 금수리에 자리를 잡은 다음 수타사水陀寺로 왕을 모셔 시중을 들었다. 그러던 중 왕이 다시 삼척으로 옮겨지자 안절부절 못하던 함부열은 친형 함부림에게 왕을 사형에 처한다는 연락을 받았다. 함부열은 형에게 간청하여 다른 왕족의 시신을 공양왕의 시신으로 대신하고 왕을 간성으로 빼돌리려 했다. 그러나 조선의 개국공신 함부림은 조정의 명을 거역할 수 없다며 다시 쫓아와 왕을 살해하였다. 이에 함부열이 시신을 모셔 와 아무도 모르는 곳에 무덤을 만들었고, 이런 까닭에 함씨 집안에서는 공양왕의 기일을 4월 17일이 아니라 4월 25일로 하여 세상 사람들이 알 수 없도록 하였다. 공양왕을 고성산 서쪽 자락에 모신 함부열은 자신이 죽게 되면 왕의 무덤 아래쪽에 무덤을 만들 것과 왕의 제사를 먼저 지내고 자신의 제사를 지내라는 유언을 남겼다. 이렇게 해서 함부열이 양근 함씨의 시조가 되었고, 공양왕과 함께 묻힌 묘역은 후손들에 의해 현재까지 보존되고 있으며 지금도 축문 없는 제사를 지내고 있다는 것이다.

　　이 이야기는 한 집안에서 전해 내려오는 것으로, 역사적인 사실을 증명할 어떤 사료도 존재하지 않아서 그 진위를 확인할 수는 없다. 하지만 양근 함씨의 시조묘가 간성에 있고, 공양왕이 간성에 머물렀을 때 함부열이 함께하였다는 것과 비록 삼척에서 형 함부림에 의해 공양왕이 죽임을 당했다고는 하나 함부열이 왕의 시신이나마 온전히 모시기를 간절히 원했던 정황으로 보아 전혀 터무니없는 것은 아닐 듯하다.

또 다른 공양왕의 무덤은 강원도 삼척시 근덕면 궁촌리 마을 서편 야트막한 언덕에 자리 잡고 있다. 이곳에는 특이하게 네 기의 묘소가 있는데, 가장 큰 것이 공양왕릉이고 나머지 두 개는 왕자의 묘소, 봉분 아래쪽에 석축을 두르지 않은 작은 묘소는 공양왕이 타던 말의 무덤, 혹은 시녀의 무덤이라고 알려졌다. 공양왕의 무덤으로 알려진 묘소는 가장 남쪽에 자리 잡고 있으며, 봉분 아래쪽이 돌로 굽을 돌려서 쌓고 그 위에 흙을 올린 형태이며 봉분의 지름은 13미터 정도이다. 봉분 바로 앞에 직사각형 모양의 혼유석魂遊石이 하나 놓여 있을 뿐 왕릉과 관련된 장식물이나 건물(재실齋室) 등은 전혀 찾아볼 수 없다. 두 왕자의 것으로 추정되는 두 개의 무덤은 봉분 아래 부분을 석축으로 감싼 형태이고, 시녀 무덤 혹은 말 무덤으로 전해지는 것은 흙으로 된 봉분만 있다.

그렇다면 삼척의 공양왕릉은 어떻게 조성되었을까?《조선왕조실록》〈태조실록〉에 의하면, 공양왕의 유배지가 원주에서 간성으로 옮겨졌다가 마지막에 삼척으로 다시 바뀌었고, 조정에서 내려보낸 정남진과 함부림이 삼척에서 처형했다고 하니, 이곳에 왕릉이 조성된 근거가 될 만하다. 이 묘소는 조선시대에 공식적으로 인정한 왕릉은 아니지만 삼척부사를 지낸 허목許穆이 서기 1662년에 지은 《척주지陟州誌》에서 왕릉이라 밝히고 있으며, 1855년 김구혁金九赫이 지은 《척주선생안陟州先生案》에는 궁촌의 서쪽 언덕에 있는 공양왕릉에 봉토를 새롭게 했다는 기록 등이 남아 전한다.

일명 궁촌왕릉宮村王陵으로 불리는 강원도 삼척시 '세 번째' 공양왕릉

공양왕과 그의 아들 왕석, 왕우 등 3부자 무덤으로 전해지고 있다. 네 기의 묘소 중 가장 큰 것이 공양왕릉(위)이고, 나머지 두 개는 왕자의 묘소, 봉분 아래쪽에 석축을 두르지 않은 작은 묘소는 공양왕이 타던 말의 무덤 혹은 시녀의 무덤이라고 알려졌다.

《척주지》는 마을 노인들의 증언을 수록한 책인데, '궁촌宮村'이란 마을 이름이 공양왕이 유배 와서 일반 백성이 사는 집과 같은 누추한 곳에서 살았다고 하여 붙여진 이름이라는 점을 밝히고 있어 안타까움을 더한다.

그 외에도 궁촌리 부근은 공양왕과 관련된 지명이 여럿 남아 전한다. 마을 뒤로 나 있는 고돌산 고개에서 왕이 살해되었다고 해서 살해재 혹은 사랫재를 비롯하여, 공양왕의 큰 왕자인 왕석이 살았다는 궁터, 말을 먹이던 마리방 등도 현재까지 남아 있다. 지금도 이곳에서는 왕이 죽임을 당한 4월 17일에 매년 제례를 올리고 있다.

삽살개가 지키는 고양 공양왕릉

이제 첫 번째 왕릉, 경기도 고양시에 있는 '국가 공식' 공양왕릉에 대해 살펴보자. 공양왕을 사형시킨 후, 조선 조정에서는 고려의 흔적을 철저하게 지우려고 전국 각지에 흩어져 유배된 고려의 왕족들을 바다에 던져 버리거나 사형시켰으며, 1394년 4월 26일부터는 왕씨 성을 쓰지 못하도록 국법으로 금하기까지 했다. 그러나 세월이 흘러 태종 대에 이르러 예조禮朝에서 '공양군을 왕으로 추봉하고 능을 만드는 것이 좋겠다'는 내용의 계문啟聞이 올라와, 태종 16년(1416) 8월 5일 왕명에 의해 공양군을 공양왕으로 추봉하고 경기도 고양에 묘소를 마련하였다(《조선왕조실록》〈태종실록〉). 이에 따르면, 공양왕의 묘소는 강원도 삼척의 궁촌리에 22년 가량 있다가 태종 16년 고양으로 옮겨져 비로소 왕릉을 마련하고 제사를 지낸 것으로 보인다.

사적 제191호로 지정되어 있는 고양의 공양왕릉은 왕비 노씨의 묘소와 나란히 있는 쌍릉이다. 묘를 나타내는 표지석인 작은 묘표석이 왕릉과 왕비릉 앞에 하나씩 서 있고, 중간에 '고려공양왕고릉高麗恭讓王高陵'이라고 새겨진 약간 큰 비석이 하나 서 있는데, 이것은 조선 말기 고종 때 세워진 것으로 알려져 있다.

묘역은 조선 초기 왕릉 양식을 따른 것으로 보이는데, 규모나 장식물 설비는 다른 왕릉에 비교가 되지 않을 만큼 작고 초라하다. 조선시대에 들어오면 봉분 뒤편에 담을 쌓아서 묘역 전체를 보호하는 구실을 하는 곡장曲墻을 두르는 것이 일반적인데, 공양왕릉에는 이러한 곡장이 존재하지 않는다. 왕릉 뒤편 산 쪽에는 화려한 모양의 봉분과 다양한 형태의 장식물을 갖춘 조선조 사대부들의 묘소가 즐비한데, 공양왕의 무덤을 위쪽에 조성하지 않고 사대부 묘소 아래쪽에 모신 것에서 냉혹한 역사적 현실이 느껴진다.

또한 멀리서도 묘소임을 알아볼 수 있도록 설치하는 표식인 망주석望柱石도 없고, 봉분을 보호하기 위해 무덤 아래쪽에 설치하는 석축, 화려한 무늬를 새겨 놓은 병풍석과 봉분 주위를 둘러싸서 무덤 전체를 보호하는 구실을 하는 난간석欄干石 등도 없다. 난간석 외면에 무덤을 수호하는 구실을 하도록 바깥쪽을 향해 세우는 양마석羊馬石도 찾아볼 수 없다. 다만, 왕과 왕비의 묘소 바로 앞 가운데에 있는 장명등長明燈 앞쪽에 조그만 석호石虎 하나가 아래쪽에 있는 연못을 바라보고 있을 뿐이다. 전설에 따르면 이 석호는 호랑이가 아니라 공양왕이 기르던 삽살개인데, 왕과 왕비의 시신

조선 초기 왕릉 형식을 따랐으나, 규모와 설비 등이 초라하기 그지없다. 망주석과 병풍석, 난간석은 물론, 봉분을 보호하는 석축도 없다. 다만, 왕과 왕비의 묘소 바로 앞의 장명등 앞에 작은 호랑이 석물이 눈에 띈다.

을 찾을 수 있도록 도와준 공이 있어 무덤 앞에 세우게 되었다고 한다.

조선 초기 이후에는 장명등에 사방을 밝힌다는 의미로 네 개의 광창光窓을 만들었는데, 공양왕릉에는 두 개의 광창이 남북으로 뚫려 있다. 이 모양은 태조와 태종의 능에 있는 석등과 동일하다. 장명등은 크기가 매우 왜소하며, 받침돌 위에 4각으로 된 기둥돌(간석竿石)을 세우고 그 위에 불을 밝힐 수 있도록 두 개의 구멍이 뚫린 4각의 화사석火舍石을 얹었으며, 그 위에는 석등 뚜껑에 해당하는 것으로 8각으로 조각된 지붕 모양의 옥개석屋蓋石을 놓았다. 장명등 양편에는 돌로 된 사람(석인石人)이 각 한 쌍씩 서 있다. 무덤 바깥쪽에 있는 것은 높이가 1미터 정도이며 두 손에는 홀笏을 쥐고 있다. 무덤 쪽에 있는 석인은 키가 더 작으며 아무것도 쥐지 않은 상태에서 두 손을 마주 잡고 있는 모양이다. 이러한 석물 외에는 묘제墓祭를 지내기 위한 건물이나 홍살문 같은 것이 전혀 없어 정상적인 왕릉의 형태를 갖추었다고 보기는 어렵다.

삼척에서 세상을 떠난 때로부터 20년 넘게 버려 두었던 공양왕의 무덤을 왜 고양의 견달산見達山 아래로 옮겨 와 새로 왕릉을 조성했는지, 그 이유에 대해서는 남아 전하는 기록이 없다. 다만 왕릉을 조성하게 된 배경에 대한 이야기가 주변 지명과 함께 전설로 남아 있어 추정해 볼 뿐이다. 그 이야기는 다음과 같다.

개성에서 이성계에게 왕위를 물려주고 난 후 남쪽으로 향하던 왕과 왕비가 고려의 충신 최영의 무덤이 있는 부근인 경기도 견달산 아래에 이르렀다. 왕과 왕비가 허기에 지친 채로 견달산 남쪽 자락에 있는 사찰 어침사魚沈寺(御寢寺)에 들어가자, 승려들이 동남쪽 방향의 골짜기인 다락골에 숨어 있게 하고 밥을 해서 날랐다고 한다. 이런 사연 때문에 이곳의 지명이 밥절골 혹은 식사동食寺洞이 되었다. 현재의 행정구역 명칭도 '식사동'이다.

그러던 어느 날, 어침사의 승려가 밥을 지어서 다락골로 갔는데 왕과 왕비가 보이지 않았다. 스님은 할 수 없이 그냥 돌아갔다가 다음 날 다시 밥을 드리려고 왔으나 역시 왕 내외가 보이지 않았다. 그런데 마을 아래쪽에 있는 물웅덩이 앞에서 왕이 키우던 삽살개가 슬프게 짖어 대고 있는 것이 보였다. 승려가 사람들을 이끌고 가니, 삽살개가 웅덩이로 뛰어들어 스스로 죽음을 선택하였다. 기이하게 여겨 물속을 들여다본 사람들은 너무나 놀라 말을 잃었다. 왕과 왕비가 나란히 물속에 누워 있었던 것이다. 망국의 한을 간직한 채 비극적으로 삶을 마감한 왕과 왕비를 웅덩이 북쪽 언덕에 장사 지내고, 충성스런 삽살개의 모양을 만들어서 무덤 앞에서 능을 지키도록 했다고 한다. 이런 사연으로 인해 왕이 다락골로 넘어오면서 쉬었다는 고개는 '대궐고개'라는 이름이 붙었고, 왕릉이 있는 동남쪽 마을은 '왕릉골'이 되었으며, 공양왕릉은 '반나절릉'이라는 별칭이 붙었다. 왕과 왕비가 반나절을 숨어 지내다가 스스로 목숨을 끊었기 때문이다.

기울대로 기울어진 고려의 마지막 자락에서 자신의 뜻과 상관없이 억지로 왕위에 올라 3년 동안 실권 없는 임금 노릇을 하다가 이성계에게 나라를 넘기고 비참하게 최후를 맞은 비운의 군주 공양왕은, 죽어서도 한곳에 정착하지 못한 채 세 개의 왕릉을 남겼다. 미약한 역사 기록으로는 어느 것이 진짜 왕릉인지 알 수 없지만, 민간에 구전되는 여러 이야기들이 있어 그 최후를 그려 볼 수 있으니 다행이라 해야 할까?

고양시 공양왕릉 앞에 있는 물웅덩이 터

견달산 다락골에 잠시 숨어 있던 공양왕 내외가 빠져 죽은 곳으로, 왕이 키우던 삽살
개가 짖어 발견되었다는 전설이 전해지는 장소이다.

지명과 사물에 얽힌 전설은 대개 누구나 공감할 수 있는 애틋한 정서를
바탕으로 하면서 극적 효과를 높이는 반전의 구조를 지니고 있다. 공양왕
의 비극적인 사연들도 그렇게 백성들의 입에서 입으로 전해지면서 다양한
모습으로 재창조되었고, 구체적 증거물들이 신빙성을 더해 준 덕분에 먼
후대에까지 전해질 수 있었던 것으로 보인다.

14

500년 조선 왕릉의 표준

태조 이성계

건원릉

健元陵

치밀한 계획 아래 정교하게 조성된 건원릉은 조선이라는 나라가 얼마나 잘 정비된 시스템을 갖춘 사회였는지를 보여 주는 하나의 상징물이다. 왕릉을 조성할 공간 선택부터 묘역을 구성할 모든 설비에 이르기까지 어느 것 하나 규격과 규정을 정해 놓지 않은 것이 없다.

20세기 근대와 직접 맞닿아 있는 나라 조선은 유학을 정치이념으로 하였으며 모든 제도와 문화 역시 철저하게 유교를 중심으로 조직된 사회였다. 죽은 이의 몸을 모시는 공간인 무덤도 당연히 유학 이념에 맞게 조성되었으며, 이에 맞추어 왕릉의 묘제墓制도 잘 정비되었다. 조선시대 왕릉은 체계적으로 구조화된 형태를 갖추었으며 웅장하고 화려하면서도 절제된 아름다움을 갖추었는데, 이러한 왕릉 묘제의 첫 사례가 바로 건국 시조 태조 이성계李成桂(1335~1408) 묘소인 '건원릉健元陵'이다.

원래 태조는 자신이 생전에 사랑했던 신덕왕후神德王后와 함께 묻히고 싶어 해서 경복궁의 서남방에 있는 정릉貞陵에 자신의 묏자리를 축조하였으나, 태종이 자신의 그런 소망을 들어주지 않을 것 같자 임종이 가까워서는 고향인 함흥咸興에 무덤을 만들어 달라고 했다. 그러나 태종은 아버지의 바람을 따르지 않고 신덕왕후의 정릉은 사대문 밖으로 이장해 버리고,

경기도 구리시 인창동 '동구릉'을 대표하는 능인 건원릉

동구릉이 자리한 검암산은 명당 자리를 여럿 품고 있다. 태조는 선조들이 있는 함경도에 묻어 달라고 했다는데, 조선 후기의 송시열은 이성계가 직접 묘 자리를 잡았다고 적었다.

태조의 능은 현재의 동구릉東九陵(경기도 구리시 인창동) 자리에 조성했다. 아들로서 아버지의 유언을 지키지 않을 만큼 부자 사이의 감정이 극도로 악화되어 있었던 것이다.

세계 유네스코 문화유산으로 지정된 조선시대 왕릉 40기의 모범이 되는 건원릉은 능원의 짜임새, 각 구성 요소들이 복잡하면서도 매우 질서정연하게 배열된 체계적인 구조를 갖추고 있다. 묘제의 구조와 구성물 등에 초점을 맞추어 건원릉을 살펴보자.

태조 묘를 벌초하지 않는 이유

태조 이성계의 묘소인 건원릉健元陵은 한양 동쪽에 자리한, 바위가 없거나 아주 적다는 뜻을 지닌 검암산儉巖山 동북편 산자락 깊숙한 곳에 모셔져 있다. 검암산은 높이가 해발 177미터밖에 안 되지만, 풍수적으로 기운이 거칠어 단단한 바위가 우람하게 드러나는 세산勢山인 불암산佛巖山과 수락산水落山의 산세를 받아 이루어진 육산肉山으로, 명당의 혈穴 자리가 여럿 존재하는 형산形山이다. 검암산이 품고 있는 이 아홉 개의 명당자리(穴處)가 아홉 기의 능묘를 이루었다고 한다.

태조의 능이 모셔진 이래 조선 왕조 500년 역사 동안 이곳에 아홉 기의 왕릉이 잇따라 조성되면서 세간에서는 '동구릉東九陵'이라 부르기 시작했고, 그것이 공식 명칭으로 되었다. 그러나《영조실록》을 보면 18세기 초인 1724년까지는 태조의 건원릉, 문종文宗의 현릉顯陵, 선조宣祖의 목릉穆陵,

장렬왕후莊烈王后의 휘릉徽陵, 현종顯宗의 숭릉崇陵이 있어서 '오릉五陵'이라 불렀다.

남쪽으로 망우산忘憂山과 아차산峨嵯山을 마주하고 있는 검암산은, 백두대간에서 뻗어 내린 한북정맥漢北正脈의 용맥龍脈을 고스란히 받아 안으면서 용이 머리를 드는 것처럼 움푹 꺼졌다가 솟아오른 모습을 하고 있으며 여러 개의 명당을 품고 있다고 한다. 태조 이성계의 능을 이곳에 모시면서 정해진 묘제가 조선 왕조 500년 동안 왕릉의 표준이 되었으니, 건원릉의 치밀한 구조와 그 안에 담긴 의미를 짚어 보면 조선祖先을 받들고 모시는 후손의 극진한 마음을 느낄 수 있다.

조선 왕릉의 시초가 되는 태조의 능원이 이곳에 자리하게 된 사연에 대해서는 《조선왕조실록》과 야사野史의 기록, 그리고 전설에 상당한 차이가 있다. 먼저 《태종실록》의 기록을 보자.

태조 이성계가 1408년 5월 24일에 세상을 떠나자 영의정부사 하륜河崙이 유한우劉旱雨, 이양달李陽達, 이양李良 등을 데리고 여러 곳의 능 자리를 물색했는데, 검교참찬의정부사 김인귀金仁貴가 말하기를 "내가 사는 양주의 검암儉巖에 좋은 묘 터(길지吉地)가 있다."고 하였다. 하륜 등이 가서 확인해 보니 과연 천하의 명당이었다. 이러한 사실을 태종께 고하고 태조가 세상을 떠난 때로부터 한 달 정도 지난 6월 28일 왕명으로 산릉山陵을 확정하여 공사를 시작하였다.

야사에는 태조가 생전에 사랑했던 아내 신덕왕후가 있는 정릉貞陵에 묻히고 싶어 했으나, 계모에 대한 원한이 깊었던 아들(태종)이 자기 소원을 들어줄 리 없다고 판단했다고 전한다. 과연 태종은 신덕왕후의 능이 도성

안에 있는 데다가 규모가 너무 크다며 왕후의 능 주변 100보 언저리까지 집을 지을 수 있도록 허락하였다. 그러자 권세가들의 집이 하나 둘 들어서기 시작했고, 심지어 하륜은 사위까지 동원하여 집을 지을 정도였다. 능원이 점차 훼손되는 것이 안타까워 태조가 왕비 능에 가서 몰래 울기도 했다고 한다. 태조는 이런 아들이 자신과 왕비를 함께 둘 리 없다고 여겨, 자신의 무덤을 선조들이 있는 함경도 땅에 만들어 달라는 유언을 남겼다.

태조가 세상을 떠난 후 태종은 고민에 빠졌다. 아버지의 유언대로 함경도 땅에 능묘를 조성하면 그 먼 곳까지 제례를 드리러 가는 것이 보통 일이 아닐 텐데, 그렇다고 유언을 무시할 수도 없었다. 고민을 거듭하던 태종은 한 가지 묘책을 내어 아버지 고향 땅의 흙과 그곳에서 자란 억새풀을 가져다가 능묘의 봉분을 만드는 것으로 대신했다. 그래서 다른 왕릉과 달리 건원릉은 지금까지도 봉분에 억새가 자라며 벌초를 하지 않는다.

한편 태종은 아버지가 세상을 떠나자 곧바로 신덕왕후 강씨의 신분을 첩으로 격하하고, 그 무덤을 묘로 강등하여 성북구 정릉동 산기슭으로 이장해 버렸다. 현종顯宗 대에 이르러 송시열宋時烈의 청으로 다시 정릉으로 복구되었으나, 능묘는 원래의 자리로 돌아올 수 없었다.

조선 후기 들어 송시열이 민간에 전하는 이야기를 정리하여 임금께 올린 상소문(차자箚子)에는《태종실록》의 기록과 상당히 차이가 나는 내용이 있어 흥미를 끈다.

"우리 태조께서 신통력이 있는 승려(신승神僧)인 무학無學과 함께 당신이 죽어서 묻힐 능묘 자리(수장壽藏)를 가려서 잡았으니 건원릉이 바로 그것입니다. 검암산 자락에 묘 터를 잡은 후 태조께서는 지금의 망우 고개에서 쉬며 말씀하기를, "자손들이 뒤를 따라서 묘를 쓸 수 있는 곳이 12개의 산둥성이(강岡)에 이를 정도이니 내가 이로부터는 근심을 잊을(망우忘憂) 수 있겠다."고 했습니다. 이런 사연으로 검암산에서 가장 서쪽의 줄기에 있는 고개를 망우忘憂라고 했습니다. 그러니 이곳이 얼마나 좋은 자리인지를 알 수 있습니다."

20세기 들어 망우리에 공동묘지가 조성되었으니 지명 전설이 절묘하게 맞아 들어간 사례라 할 수 있을까!

4개의 공간, 2개의 영역

《조선왕조실록》에 따르면, 태조의 능침 내부는 석실로 조성했으며, 이를 위해 각 도에서 군정軍丁을 징발하여 부역赴役하도록 했다. 이때 징발된 장정이 충청도에서 3,500명, 풍해도豐海道(황해도)에서 2천 명, 강원도에서 5백 명 정도였으니 얼마나 대공사였는지를 짐작할 수 있다.

건원릉의 능원陵園 공간은 기본적으로 네 개로 나뉜다. 첫째는 진입과 재실齋室의 공간, 둘째는 제향祭享의 공간, 셋째는 전이轉移의 공간, 넷째는 능침陵寢의 공간이다.

첫 번째 구역인 진입 공간은 금천교禁川橋, 홍살문, 배위단拜位壇이 중심을 이룬다. 금천교는 능 안쪽에서 보았을 때 왼쪽에서 오른쪽으로 흘러 나

작은 돌다리처럼 보이지만, 인간의 영역에서 신의 영역으로 들어가는 중요한 경계이다. 금천교를 건너면 붉은 두 기둥, 즉 '홍살문'이 나온다.

가는 냇물을 건너도록 놓은 다리다. 겉모습은 작은 다리에 불과하지만 금천교의 의미는 대단히 크고 중요하다. '금禁'이란 글자는 일반적으로 금지한다는 뜻을 가지고 있는데, 여기서는 경계를 나눈다는 의미로 쓰였다. 즉, 다리 바깥쪽은 인간의 영역이고 다리 안쪽은 신의 영역이 되어, 이 금천교를 경계로 인간계와 신계神界가 나누어지는 것이다. 왕릉 입구에 있는 금천교를 건너는 순간, 신의 영역에 들어왔음을 인지하고 몸과 마음을 경건히 하라는 의미이다. 금천교는 능묘 입구뿐 아니라 궁궐 입구에도 설치된다. 궁궐의 금천교는 하늘의 아들인 임금의 공간과 일반 백성들의 공간을 나누는 구실을 하는 것으로, 금천교 바깥은 땅의 영역이고 안은 하늘의 영역이 되는 의미를 가진다.

금천교를 건너면 바로 눈앞에 붉은 칠을 한 두 개의 나무기둥이 있고, 그 사이 위에는 창틀 모양과 뾰족한 화살촉 모양 장식이 있는 '홍살문紅箭門'이 나온다. 홍살문은 충신, 효자, 열녀 등을 표창하기 위해 집이나 마을, 능陵, 원園, 묘廟, 궁전, 관아 등의 앞에 세웠다. 왕릉의 홍살문은 영혼이 사는 집의 대문으로서, 신이 드나드는 문이니 경의를 표하고 함부로 행동하지 말라는 뜻을 담고 있다. 홍살문에서 능묘 쪽을 바라보면 바로 옆 오른쪽에 돌로 된 벽돌을 깔아 놓은 네모난 공간이 하나 보이는데, 이것을 '배위拜位'라고 한다. 홍살문 앞 배위는 능묘를 참배하러 들어온 왕이 선왕에게 서서 예를 갖추어 절(입배立拜)을 올리는 곳이다. 정자각 계단을 올라가면 오른편에도 배위가 있는데, 이는 제례의 시작과 끝을 알리는 곳으로서 여기서 네 번 절(사배四拜)하는 예를 올린다.

홍살문에서 정자각까지 뻗어 있는 길은 '참도參道', 곧 참배의 길이다. 왼

홍살문에서 정자각까지 이어지는 '참도'

정자각으로 제사를 올리러 가기 위한 참배의 길이다. 이때 왼쪽의 높은 길은 '신도'(사진 왼쪽 길)라 하여 무덤 주인만 다니는 길이므로 산 사람이 밟아서는 안 된다.

쪽은 약간 높게 만들고 오른쪽은 약간 낮게 만들어 구분하였는데, 높은 쪽 길은 무덤의 주인이 다니는 '신도神道'이고 낮은 쪽은 임금이 제례를 지내 기 위해 정자각으로 들어가는 '어도御道'이다. 여기에서도 다른 장치와 마 찬가지로 신의 영역과 인간의 영역을 엄격히 구분하고 있음을 알 수 있다.

정자각丁字閣까지 곧게 뻗은 참도는 정자각 축대 앞에서 오른쪽으로 구 부러진 다음 정자각 오른편으로 다시 굽어진다. 제향祭享의 공간으로 향 하는 것이다. 돌계단의 난간 부분인 소맷돌에 구름무늬 모양의 난간이 있 는 계단 두세 개를 오르면 정자각 내부로 들어가게 된다. 소맷돌에 있는 구름무늬는 이곳을 지나면 천상의 공간이라는 것을 나타내는 상징적인 의 미가 있다.

정자각에 오르는 층계도 신의 계단(신계神階)과 사람의 계단(인계人階)으 로 구분되어 있다. 오른쪽은 네 개의 돌을 쌓아 만든 계단이고, 왼쪽은 구 름무늬 난간이 있는 계단인데, 왼쪽 편 소맷돌에 구름무늬가 새겨져 있는 섬돌이 신의 계단이다. 이런 층계는 서쪽 편에도 하나 있다. 이는 제관인 임 금이 능묘에 올라가는 길로서, 신의 계단이 필요 없기 때문에 하나만 있다.

제향의 공간에서, 전이의 공간으로

두 번째 구역인 '제향의 공간'은 정자각을 중심으로 예감瘞坎, 소전대燒 錢臺 등으로 구성되어 있다. 정자각은 한자의 '정丁'자 모양으로 지어진 집 으로, 능의 주인을 모시고 후손들이 제사를 올리는 공간이다. 앞뒤로 문이 달려 있는 일자 모양의 건물 안에는 지방을 붙임으로써 신이 왕림하는 장소인 '신위神位'와 제사 음식을 차려서 진설陳設하는 '제상祭床' 등이 있고, 정자각 앞부분 남쪽으로 뻗은 공간에 마련된 지붕과 기둥만 있는 곳은 제관祭官이 서서 제례를 올리는 장소이다.

정자각 뒤쪽 오른편에는 '수복방守僕房', 혹은 '재실齋室'로 불리는 건물이 있다. 재실은 다섯 칸으로 되어 있는 작은 집으로, 제사에 쓰는 도구(제기祭器)를 보관하거나 능을 지키는 관리나 관의 노비가 거처하는 장소이다. 이것은 정자각에서 동남쪽으로 19미터 정도 떨어진 곳에 짓도록 규정하고 있다. 정자각 뒤 왼편에는 음식을 만드는 장소인 수라청水喇廳이 있다. 제사를 준비하는 장소인 수복청(재실)과 수라청은 정자각을 중심으로 좌우 대칭으로 놓인다.

정자각은 능묘 맨 아래 뜰에서부터 100미터 떨어진 지점의 정남쪽에 설치하게 되어 있어 정자각 뒤편 문을 통해 능을 올려다볼 수 있다. 정자각 바깥쪽 왼편에는 중간이 잘록하고 아래 위가 평평하면서 네모진 모양의 돌이 하나 놓여 있다. '소전대燒錢臺', '석함石函', '망료위望燎位', '망예위望瘞位' 등으로 불리는 이 돌은 제사 때 사용한 지방과 축문 등을 태우는 곳이다. 소전대는 정자각 서북쪽 방향에 북향으로 설치하되, 장소를 골라 땅을 판 다음 잡석雜石을 넣어 다진 뒤 소전대로 사용할 돌을 설치하도록 규정하고 있다. 소전대는 능침의 망주석 서쪽에도 만들도록 하였는데, 건원릉에는 보이지 않는다.

소전대에서 능묘 쪽으로 좀 올라간 자리에는 네 개의 돌을 울타리처럼 둘러 네모나게 만들어 놓은 구덩이가 하나 나온다. 이곳은 제사 때 축문祝

文을 얹어 놓는 널조각인 '축판祝板', 신에게 바친 음식이나 물건인 '폐백幣帛', 제사에 희생물로 쓴 짐승의 털이나 피(모혈毛血) 등을 묻는 곳으로 '예감瘞坎'이라고 한다. 예감의 넓이는 축판과 폐백, 모혈 등을 묻을 정도로 여유 있게 만든다.

세 번째 구역인 '전이의 공간'은 죽은 이의 삶을 기리는 신도비가 중심을 이룬다. 건원릉 묘역에는 정자각과 능묘 사이 공간 오른쪽에 신도비각神道碑閣이 있고, 비각 내부에 건원릉비와 태조의 신도비가 세워져 있다. 앞쪽에 서 있는 건원릉비에는 '대한 태조고황제건원릉大韓 太祖高皇帝健元陵'이라 쓰여져 있고, 태조 이성계의 생몰년과 고종高宗이 왕위를 이은 지 9년째 되는 광무 3년(1899) 작은 정성을 나타내 세운다는 내용이 담겨 있어서 대한제국 선포 뒤에 세워진 것임을 알 수 있다.

뒤쪽에 서 있는 큰 비석은 태조의 업적을 기록한 '신도비神道碑'다. 보물 제1803호로 지정된 태조 신도비는 건원릉이 조성된 1년 뒤인 태종 9년(1409)에 건립하였다. 태종의 명을 받은 길창군吉昌君 권근權近이 비문을 짓고 좌정승 성석린成石璘이 글씨를 썼으며, 지의정부사 정구鄭矩가 비문의 제목篆額을 담당하였다고 기록되어 있다. 비석 뒷면에 새기는 글인 '비음기碑陰記'는 예조좌참의 변계량卞季良이 짓고, 성석린이 글씨를 썼다.

높이 4.48미터의 신도비는 머리(이수螭首), 몸통(비신碑身), 다리(귀부龜趺) 세 부분으로 구성되어 있다. 머리 부분인 '이수'에는 뿔이 없는 용의 모양이 새겨져 있는데, 위가 둥글고 아래가 네모난 형태이다. 이수에 새긴 용은 네 마리이며, 그중 두 마리가 좌우에서 비의 몸통을 입에 물고 하늘로 올라가는(승천昇天) 형상을 하고 있다. 이수의 중앙 아래쪽에는 전서체篆書

體로 쓴 제액題額이 새겨져 있고, 네모난 돌로 이루어진 비신碑身(비석의 중심을 이루는 비문을 새긴 돌) 앞뒤에는 태조의 업적을 담은 글이 새겨져 있다. 이수와 비신은 한 덩어리의 대리석을 다듬어서 만들었다.

죽은 사람에 대한 정보를 담고 있는 비석은 두 종류로 나누는데, 비석 몸통의 위가 네모난 모양으로 된 것은 '비碑'라 하고, 몸통의 위가 둥근 모양으로 된 것은 '갈碣'이라고 한다(방비원갈方碑圓碣).

그 아래 비를 받치고 있는 '귀부'는 화강암으로 만들어졌으며, 거북이 엎

'제향의 공간'을 지나면 만나는 건원릉비(왼쪽)와 신도비
'전이의 공간'은 신도비가 중심을 이룬다. 건원릉비는 1899년 고종이 세운 것이다.

드러 있는 모양을 하고 있다. 거북의 등에 네모난 구멍을 파서 비좌碑座를 마련하고 그곳에 비신을 세워 고정시키도록 했는데, 몸체의 귀갑龜甲 바깥으로 꼬리와 네 발이 선명하게 나와 있으며, 그 아래는 복련覆蓮(연꽃을 엎어 놓은 모양)을 조각한 직사각형의 대좌臺座가 설비되어 있다. 이수와 귀부를 갖춘 신도비 양식은 발해와 신라의 남북국시대에 도입된 것으로 '무열왕신도비武烈王神道碑'가 대표적이다. 건원릉의 신도비 역시 이 양식을 그대로 수용하고 있어 불교문화의 영향을 엿볼 수 있다.

비석이 비와 바람에 마모되는 것을 막기 위해 지은 비각은 숙종 17년 (1691)에 세운 것으로, 영조 대인 서기 1774년에 한 번 수리했으며, 고종 대에 대한제국 선포와 함께 능표석陵表石을 세우면서 정면 4칸, 측면 3칸의 팔작지붕 건물로 비각을 확장하여 현재의 모습을 갖추게 되었다.

혼백의 외유까지 고려한 능침 공간

마지막으로 왕릉의 네 번째 구역인 '능침의 공간'을 살펴보자. 능침 공간은 다시 세 부분으로 구분된다. 봉분과 난간석·혼유석·석호·석양 등이 자리하고 있는 가장 위쪽 공간이 '상계上階'다. 상계가 끝나는 부분에 장대석을 가로질러 깔아서 경계석으로 삼고 그 아래 공간을 한 단 낮게 설비하여 장명등과 한 쌍의 문인석文人石, 한 쌍의 마석馬石을 배치하였으니, 이 부분이 '중계中階'다. 중계 언저리 역시 장대석으로 경계를 만들고, 중계보다 한 단 낮게 만들어 무인석과 마석 각 한 쌍, 그리고 가운데에 직사각형 모양으로 세로로 높은 형태의 정중석正中石을 배치하였다. 능묘의 가장 낮은 이곳이 '하계下階'다. 이렇게 해서 봉분의 남쪽 방향으로 상계, 중계, 하계의 세 뜰이 자리하게 된다.

위 뜰(정庭)은 높이 30센티미터, 남북 너비 4.2미터, 동서 너비 17.79미터로, 봉분과 봉분을 보호하기 위한 장치와 기구들이 설비되어 있는 가장 중요한 공간이다. 가운데 뜰(중계)은 높이와 동서 너비는 위 뜰과 같지만 남북의 너비는 6.3미터로 조금 더 넓은 것이 특징이다. 아래 뜰은 동서 너비는 같되 남북의 너비가 8.1미터로 더 넓고 높이도 81센티미터로 더 높다. 이렇게 해서 봉분을 중심으로 아래쪽으로 가면서 고깔 모양으로 넓어지는 모양을 갖추게 됨으로써 답답하지 않고 탁 트인 느낌을 주도록 만들어진다.

상계부터 살펴보면, 중앙에 동남 방향을 향해 봉분(높이 4.11미터)이 자리하고 있고, 그 뒤쪽에 기와를 덮은 1미터 높이의 돌담장이 둘러쳐져 있다. 담장은 산짐승이나 산사태 등으로부터 봉분을 보호하기 위한 구조물로 '곡장曲墻'이라고 한다. 곡장은 조선시대 이전에는 없었던 것으로 건원릉에서 처음 채택된 이래 일종의 표준으로 자리 잡았다. 곡장 설치에도 일정한 규격이 있어서 북쪽과 동서의 뜰 너비가 봉분에서 1.8미터가 되도록 했다. 북쪽 곡장 맨 아래에는 지대석(높이 9센티미터), 그 위에는 '격석隔石', 격석 위에는 담장을 얹기 위한 돌인 '만석滿石'이 설치되어 있다.

봉분은 흙을 둥근 모양으로 쌓아 올린 형태이며, 아래쪽에 돌기둥(우석隅石)을 12각角으로 병풍처럼 둘러쌓았다(사대석莎臺石). 이처럼 봉분을 보호하는 돌인 '호석護石'은 가장 중요한 석물이기 때문에 매우 복잡한 구조를 지니고 있다. 맨 아래쪽에 기단으로 놓는 지대석地帶石은 아래에 놓는 정지대석正地臺石과 그 위에 놓는 상지대석上地帶石으로 구성된다. 상지대석(두께 약 55센티미터, 길이 27센티미터)은 열두 개로 연꽃을 뒤집은 모양(복련覆蓮)의 무늬를 새겨 넣어서 우아함을 더했다.

12각을 구성하는 직사각형 돌기둥인 우석(높이 90센티미터, 길이 1.2미터, 두께 10센티미터)은 돌로 만든 악기인 석경石磬과 모양이 비슷하다. 우석 아

건원릉의 '능침' 공간

맨 아래, 가장 낮은 단부터 봉분의 남쪽 방향으로 하계―중계―상계로 나뉘어 있다. 봉분을 중심으로 아래쪽으로 고깔 모양으로 넓어지는 형태이다.

래에는 불로초과에 속하는 버섯인 영지靈芝를 새기고, 위에는 방울무늬(영저靈杵)와 목탁을 양각陽刻으로 새겼다. 영지는 왼편에 있고, 목탁은 오른편에 있다. 병풍석 중간에 놓여 흙이 흘러내리지 않도록 울타리 구실을 하는 열두 개의 넓적한 직사각형 모양의 돌(높이 90센티미터, 길이 1.5미터, 두께 10센티미터)은 면석面石 혹은 지면석地面石이라고 한다. 각 면석은 아래에는 영지를, 위에는 뭉게구름 모양(와운문渦雲文)과 12지신을, 중간에는 보살상을 새겼으며, 주변은 뭉게구름무늬(渦雲文)를 양각으로 새겼다.

면석 위에 놓여 봉분의 흙을 받쳐 주는 구실을 하는 만석滿石(높이 55센티미터, 길이 30센티미터, 두께 10센티미터) 역시 열두 개다. 돌 아래쪽에는 하늘을 향해 있는 연꽃 모양(앙련仰蓮) 무늬를 새겨 연꽃을 엎어 놓은 모양의 복련무늬와 대조를 이루도록 구성했다. 만석과 만석 사이에 앞으로 튀어나오게 박힌 네모난 돌기둥 모양의 '인석引石'(길이 20센티미터, 사방 너비 33센티미터)도 열두 개다. 튀어나온 부분의 정면에는 돌마다 모란, 지초芝草, 국화무늬를 번갈아 하나씩 새겼다.

병풍석 바깥에는 난간석欄干石을 설치한다. 난간석 맨 아래에는 기둥돌을 세울 수 있는 지대배석地臺排石(두께 45센티미터, 길이 2.05미터, 너비 6센티미터)을 열두 개 놓고, 지대배석 사이에 모퉁이돌(우석隅石)을 역시 열두 개 놓는다(두께 55센티미터, 길이 132센티미터, 너비 75센티미터). 모퉁이돌의 모양은 궁중의 아악기로 네모나고 끝이 살짝 구부러진 '석경'과 비슷하다.

돌기둥인 석주石柱(높이 1.9미터) 역시 열두 개이며 석주 위에는 둥근 머리 모양의 '원수圓首'(높이 30센티미터)를 올린다. 원수 아래에는 40센티미터 높이의 돌을 위아래로 나누어 위에는 앙련, 아래에는 복련무늬를 넣어 대조를 이루게 하고 중간을 잘록하게 하여 염주를 감아 놓은 것처럼 만드는데 이것을 '연주대蓮珠臺'라고 한다. 그 아래 돌기둥은 양옆에 지름 27센티미터 정도의 구멍을 뚫어 옆으로 둘러 치는 '죽석竹石'을 끼울 수 있도록 하였다. 그 아래쪽 3단 모양의 연좌대蓮座臺에는 위아래에 앙복련엽仰覆蓮葉을 만들고, 연잎 사이에 둥근 여의주如意珠 모양의 무늬를 새겨 넣었다. 위의 앙련엽은 끄트머리를 받치도록 하고 아래의 복련엽은 땅에 있는 네모돌 끝을 누르도록 만들며, 그 아래 3센티미터 정도로 끝이 뾰족한 촉을 만들어 양옆 땅의 네모진 돌에 꽂는다.

석주와 석주 사이는 8각형의 장대석을 옆으로 연결시킨 '죽석'을 놓는다. 죽석은 석주와 석주 사이에 두 개씩 들어가므로 모두 스물네 개이다 (길이 147센티미터, 8면의 너비 30센티미터, 길이 165센티미터). 죽석이 스물네 개이므로 석주와 석주 사이에 작은 기둥인 동자석주童子石柱(높이 96센티미터, 사면의 너비 33센티미터)를 열두 개 더 세운다. 동자석주는 죽석과 맞닿는 부분을 받칠 수 있도록 33센티미터 크기의 둥근 머리를 만들고 그 안과 바깥 면에 구름 모양을 새기는데 이를 운두韻頭라 한다. 석주와 동자석주 땅에 까는 네모돌(지방석地方石)(두께 30센티미터, 너비 33센티미터, 길이 1.35미터)도 스물네 개다. 이 돌들이 모두 탄탄하게 연결되어 고정되면서 난간석은 매우 단단한 구조물이 된다.

병풍석과 난간석 사이 공간을 채운 돌들은 평평하면서도 오목하게 들어간 면과 막대처럼 튀어나온 모양으로 연결시켜 놓아 마치 철갑옷을 입은 것처럼 늠름한 위용을 더한다. 이 돌들은 능침 쪽은 높고, 난간석 쪽은 낮게 설계한 다음 기와 모양으로 된 얇고 넓적한 돌(박석薄石)을 깔아서 물 빠짐을 원활하게 하고, 흙의 유실을 방지하도록 설비했다. 여기에는 박석과 우석을 사용하는데, 각각 24개 12개의 돌을 사용한다. 이 돌들을 서로 맞물리게 놓아 물이 스며들지 못하게 막는다.

난간석 바깥에는 외부의 잡귀 등으로부터 능묘를 보호하는 역할을 하는 석호石虎와 석양石羊 여덟 마리가 있다. 각각 네 마리씩 나누어 좌우에 엇갈리게 배치하여 봉분의 양쪽을 에워싸고 있다. 남쪽에 석양을, 북쪽에는 석호를 배치했으며 모두 머리가 바깥을 향해 서 있거나 앉아 있는 모습이다. 석양은 길이 1.5미터, 너비는 84센티미터, 높이 75센티미터 정도이다. 석호는 앉아 있는 모양이어서 그런지 전체적인 크기는 약간 작고, 높이는 석양보다 높다. 석호의 길이는 1.2미터, 너비는 60센티미터, 높이는 1.17미터 정도이다. 난간석에서 석수까지의 거리는 1.35미터이며, 석양과 석호의 거리는 3.3미터이다.

능묘 바로 정면에는 상당히 큰 네모난 돌을 돌기둥으로 떠받쳐 놓았다. 무덤의 혼백이 나와 노닐면서 후손들의 배례를 받는 공간으로서 '혼유석魂遊石'(길이 3.3미터, 너비 1.9미터, 두께 42센티미터)이라 한다. 혼유석을 받치는 다섯 개의 돌은 '발돌足石'(지름 60센티미터, 높이 48센티미터)이라 하는데, 둥근 모양으로 중간이 불룩하고 아래위가 날렵한 배흘림 모양이라서 '고석鼓石'이라고도 부른다. 각각의 발돌 중간에는 사자머리 모양(사자두형獅子頭形)의 귀면이 네 방향으로 새겨져 있는데 '나어두羅魚頭'라고 한다. 발돌 아래에는 받침돌(대석臺石)을 놓아서 큰 돌을 견고하게 고정시키는 역할을 한다.

혼유석 양쪽에는 매우 복잡한 장식의 돌기둥인 '망주석望柱石'이 두 기

건원릉의 망주석(중앙 기둥)과 석양

망주석은 무덤 양쪽에 하나씩 세워, 무덤에서 빠져나가 놀러 다니던 혼백이 집을 잘 찾아올 수 있도록 만든 표식이다. 석양과 석호 등의 석수는 난간석 바깥에서 외부의 잡귀를 막고 능묘를 보호하는 역할을 한다. 석호와 석양이 무덤 주변에 각각 네 마리씩 엇갈리게 배치되어 있는데, 사진에서는 석호가 망주석에 가려졌다.

있다. 망주석은 머리, 머리받침, 몸통, 지대석으로 구성되어 있다. 머리 부분은 둥근 머리(원수圓首) 모양으로 높이가 30센티미터 정도이다. 머리받침은 45센티미터 정도 높이로 위에는 앙련仰蓮을, 아래에는 구름무늬(운채雲彩)를 새겼으며, 중간은 잘록하게 한 다음 염주 모양을 둘렀다. 그 아래 몸통은 8각으로 모가 난 기둥으로 되어 있다(높이 1.23미터, 지름 33센티미터). 돌기둥 가운데에는 작은 구멍을 낸 뒤 다람쥐처럼 생긴 동물을 조각해 놓았다. 무덤을 바라볼 때 왼쪽 망주석의 동물은 올라가는 모양이고, 오른쪽 망주석의 동물은 내려오는 모양을 하고 있다. 이 짐승이 어떤 동물을 조각한 것이며 어떤 기능을 하는지, 올라가는 모양과 내려오는 모양의 배치와 의미가 무엇인지 등에 대해서는 정확하게 밝혀진 바가 없다. 원래 능묘의 망주석에 새긴 것을 '세호細虎'라고 불렀던 것으로 보아, 무덤 주인을 호위하거나 탈 것의 구실로 만들었으리라 추정된다.

맨 아래 지대석 부분도 8면으로 되어 있으며 중간이 잘록한 장고 모양이다(높이 78센티미터, 둘레 직경 67.5센티미터). 석수에서 망주석까지의 거리는 2.85미터, 망주석과 망주석 사이 거리는 11.1미터이다. 망주석은 망두석望頭石, 망주석표望柱石表, 석망주石望柱, 화표주華表柱, 전죽석錢竹石 등으로 불리는데, 무덤에서 나가 멀리까지 놀이를 다니던 혼백이 자신의 집을 잘 찾아올 수 있도록 하기 위한 표식이다. 이러한 돌기둥이 언제부터 무덤에 세워지기 시작했는지 정확한 연도를 짚어 내기는 어렵지만 남북국시대 신라의 능묘인 괘릉掛陵과 흥덕왕릉興德王陵의 것이 가장 오래된 것으로 알려져 있다.

엄격하고 촘촘한 사회체제의 상징물

중계가 시작되는 부분이면서 혼유석 바로 앞 중앙에는 '무덤을 길이 밝히는 등'이란 뜻을 지닌 장명등長明燈이 놓여 있다. 장명등은 불교의 영향이다. 장명등이 언제부터 무덤 앞에 세워지기 시작했는지 정확히 알 수 없지만, 조선시대 일품재상一品宰相 이상에 한하여 세울 수 있도록 한정하는 법을 만든 걸로 보아, 고려 말에서 조선 초 묘제가 체계화되면서 세워졌을 것으로 짐작된다.

장명등은 머리, 지붕, 몸체, 받침대로 구성되어 있다. 꼭대기에는 둥근 돌이 있고(높이 45센티미터, 지름 33센티미터), 아래쪽에는 구름무늬가 새겨져 있다. 머리 바로 아래 덮개돌(개석蓋石)은 8각의 날렵한 둥근 지붕 모양으로 각 면마다 구름 형상이 새겨져 있다(높이 75센티미터, 위 지름 33센티미터, 아래쪽 지름 1.17미터). 장명등의 몸통에 해당하는 '격석隔石'(화사석火舍石)은 8각으로 되어 있으며 4면에 창窓이 나 있다(높이 33센티미터, 지름 69센티미터). 구멍이 난 중간에 등불을 놓아 사방을 비출 수 있는 구조로, 고려시대까지는 창구멍이 둘이었으나 건원릉부터는 네 개로 바뀌었다. 받침돌인 대석은 위아래가 모두 8면으로 되어 있는데, 위쪽(높이 39센티미터)은 앙련을 조각했고, 허리 부분(높이 36센티미터)은 잘록하게 만든 다음 8면의 각 모퉁이에 모두 연꽃을 새겨 맵시를 냈다. 아래쪽(높이 45센티미터)에는 복련 문양을 새겼으며, 그 아래쪽은 구름 모양의 발(足)을 새겼다. 맨 아래에는 석등이 움직이지 않도록 지대석을 놓았다. 장명등은 봉분 정면 아래쪽 중계에 자리하고 있어 무덤 전체와 그 아래 부분까지 밝힐 수 있도록 했다.

장명등과 같은 높이의 공간 양쪽에는 문인석文人石과 마석馬石이 하나씩 나란히 자리하고 있다. 문인석은 사모관대紗帽冠帶 복장을 하고 있는데, 몸통의 뒤쪽과 소매 부분 등에 옷의 주름까지 정교하게 조각했고, 손은 앞가슴에 모은 채 조회 때 임금의 말씀을 받아 적기 위해 가지고 다니는 홀기笏記를 두 손으로 잡고 있다. 문인석 바로 뒤에는 고개를 숙이고 순종하는 것처럼 보이는 마석이 하나씩 서 있다. 문인석의 얼굴 표정은 엄숙할 정도로 진지하여 바로 아래에 있는 무인석의 표정과 대조적이다(전체 높이 3.45미터, 땅 위로 나온 부분 높이 2.25미터, 몸통 너비 90센티미터, 두께 75센티미터). 상계와 중계의 높이에 차이를 둔 것은, 상계의 능침을 구성하고 있는 망주석까지의 석물石物은 능묘의 주인과 직접 관련이 있는 것들이지만, 장명등과 문인석 등은 아래에 있으면서 주인을 모시는 구실을 하는 것으로 생각했기 때문으로 보인다.

건원릉의 문인석(왼쪽)과 무인석
문인석과 무인석은 '능침 공간'의 중계와 하계에 각각 서 있다. 문인석이 무인석보다 위에 있고, 그 뒤로 말 모양의 마석이 쌍을 이루며 서 있다.

능침 가장 아래 부분인 하계에는 무인석과 마석이 각 한 쌍, 중앙에는 정중석이 자리하고 있으며, 제절除節의 맨 아래쪽에는 계절석階節石 혹은 정지석整地石이 있다. 무인석도 문인석과 마찬가지로 양편에 있는데, 투구를 쓰고 갑옷 차림에 칼집은 옆에 차고 칼은 두 손으로 자루를 잡고 땅으로 세워서 짚고 있다. 무인석 바로 뒤에는 문인석과 마찬가지로 고개를 숙이고 있는 말 한 필이 서 있다. 무인의 자리가 문인의 자리보다 아래에 위치한 데에서 조선 사회의 문민 위주 정책을 확인할 수 있다. 능묘 배치와 높이 등을 통해 조선시대 사회제도가 얼마나 체계적으로 정비되어 있었는지를 알 수 있어 흥미롭다.

왕릉 앞에 돌사람(석인石人)이나 돌짐승(석수石獸)을 세우는 양식은 신라 신문왕릉神文王陵이 처음이었던 것으로 파악된다. 무인석과 마석의 크기는 문인석의 그것과 같다. 무인석 사이 중앙 약간 아래쪽에 큼지막하고 네모난 돌이 땅과 같은 높이로 하나 놓여 있다. 다른 왕릉에서는 볼 수 없는 이 돌은 정중석正中石이라고 한다(길이 1.83미터, 너비 96센티미터). 능침에 올라가기 전 미리 예를 드리는 자리다.

이처럼 치밀한 계획 아래 정교하게 조성된 건원릉은 조선이라는 나라가 얼마나 잘 정비된 시스템을 갖춘 사회였는지를 보여 주는 하나의 상징물이다. 왕릉을 조성할 공간 선택부터 묘역을 구성할 모든 설비에 이르기까지 어느 것 하나 규격과 규정을 정해 놓지 않은 것이 없을 정도이다. 묘역 구성이 이 정도이니 사회제도는 한층 엄격하면서도 촘촘하게 정비되었을 것임을 짐작할 수 있다. 유학 이념을 바탕으로 하면서 왕과 사대부가 합심하여 만들어 낸 조선의 사회 시스템은 서로의 영역을 침범하지 않으면서 하나의 체제 안에서 모든 구성원들이 일사분란하게 움직일 수 있는 토대를 갖추고 있었다.

15

한 많은 세월 끝에 비로소 만나니

문종
현릉
顯陵

아들에게 젖 한 번 물리지 못하고 20대의 꽃다운 나이에 세상을 떠난 것도 한스러운데, 무덤이 파헤쳐진 상태로 반백 년 넘게 이승을 떠돌다가 남편 곁에 묻히게 되었으니 그 사무친 원한이 오죽했을까. 한 많은 무덤에 유독 전설과 '증거물'이 많은 것은, 죽은 이의 이러한 원한이 산 사람의 마음을 움직이기 때문일 것이다.

경기도 구리시에 있는 동구릉(경기도 구리시 동구릉로 197)은 조선을 건국한 이성계의 건원릉을 비롯하여 왕릉 9기와 왕비릉 17기가 모셔져 있는 조선 왕실 최대의 능원陵園이다. 입구를 지나 건원릉 방향으로 올라가다 보면, 오른쪽 방향에 있는 왕릉 중 두 번째가 현릉顯陵이다. 현릉에는 두 분의 묘소가 모셔져 있는데, 서쪽 언덕에 있는 것이 조선 제5대 군주 문종文宗(재위 1450~1452)의 능이고, 작은 골짜기 건너 동쪽 언덕에 모셔져 있는 능이 문종의 왕비인 현덕왕후顯德王后(1418~1441)의 능이다.

그러나 두 분의 능묘가 처음부터 이처럼 다정하게 가까이서 마주보고 있었던 것은 아니다. 1441년 스물네 살의 젊은 나이에 단종端宗을 낳고 산후별증産後別症으로 이틀 만에 세상을 떠난 현덕왕후는, 사후에 서인庶人으로 신분이 강봉降封되어 왕후의 자리에서 끌어내려졌으며, 세조에 의해 무덤이 파헤쳐지는 수난도 겪었다. 세월이 흘러 성종 대에 와서야 현덕빈顯

德嬪으로 복위되었으며, 1513년(중종 8)에 이르러서야 왕비로 복위되어 문종의 곁에 묻힐 수 있었다.

현덕왕후의 비극적인 삶은 남편 문종이 겨우 열세 살의 단종을 남겨 두고 세상을 떠나면서 시작되었으니, 문종과 현덕왕후 그리고 단종과 세조 네 인물 사이에 얽히고설킨 기막힌 사연을 먼저 살펴보는 것이 순서일 것이다.

건원릉에 이어 동구릉에 두 번째로 조성된 왕릉 '현릉'
세종의 아들이자 단종의 아버지인 제5대 문종 내외의 능이다. 사진 왼쪽이 문종, 오른쪽이 단종의 어머니 현덕왕후 권씨의 능이다.

부부가 72년 만에 나란히 눕다

1414년(태종 14) 세종世宗의 맏아들로 태어난 문종은 일곱 살 때인 1421년에 일찌감치 왕세자로 책봉되어 서른일곱 살 되던 해인 1450년 보위에 올랐다. 문종은 무려 29년의 긴 세월 동안 왕세자로 지내면서 학문 연마에 힘써 수많은 경서經書와 사적史籍들을 독파하며 왕의 자질을 갈고 닦았으며, 1437년 이후에는 세종의 배려로 섭정攝政의 기회를 가지면서 정치 감각까지 익혔다. 이러한 노력은 왕이 된 후 빛을 발했다.

왕위에 오른 문종은 관료들에게 언로를 개방하여 정사에 도움이 되는 의견에 귀를 기울였으며, 불합리한 제도를 과감하게 개편하는 통치력을 발휘했다. 하지만 문종은 성군의 자질은 갖추었으나 학문에 심취한 나머지 몸을 돌보지 않아 건강이 악화되었고, 부인(세자빈)을 세 번이나 맞이하는 불운을 겪으면서 적통을 이을 왕자의 생산이 늦어지게 되었다. 이것이 조선조 최대 비극을 잉태하는 실마리가 되었으니, 문종의 짧은 수명과 어머니 없는 어린 왕세자(단종)의 외로운 처지는, 결국 수양대군에 의한 왕위 찬탈과 단종의 참혹한 죽음으로 이어졌다.

1427년(세종 9) 4월 문종의 첫 번째 세자빈으로 책봉된 휘빈徽嬪 김씨는 무인 출신으로 상호군上護軍을 지낸 김오문金五文의 여식이었다. 김씨는 세자빈이 되어 궁중으로 들어온 지 2년도 채 되지 않아 사악한 주술呪術로 남편의 사랑을 얻으려고 시도(압승술壓勝術)한 것이 발각되어, 1429년 4월 서인으로 강등되어 쫓겨났다. 세자빈 자리를 오래 비워 둘 수 없다고 판단한 세종은 같은 해 10월 15일에 서둘러 지방 현감이었던 종6품 봉여奉礪의 딸을 세자빈으로 삼았다. 문종은 세종의 당부대로 순빈純嬪 봉씨와 화합하려 노력했지만, 학문을 좋아하는 세자와 음주가무를 즐기는 세자빈의 성격이 판이하게 다른 탓에 부부 사이는 점점 멀어져만 갔다. 세종이 하루라도 빨리 왕세손을 얻어야겠다는 생각에 세자의 후궁인 종4품 승휘承徽를 세 명이나 더 들이자, 위기감을 느낀 세자빈 봉씨는 밖에서 들릴 정도로 크게 울기도 하고 거리낌 없이 승휘들에 대한 시기와 질투를 드러냈다. 뿐만 아니라 승휘 권씨가 임신을 하자 자신도 임신을 했다고 거짓을 말하기도 하고, 몸종 소쌍과 동성연애를 하는 등의 그릇된 행위를 일삼다가 1436년(세종 18) 10월 직첩을 회수당하고 세자빈의 자리에서 쫓겨나 서인으로 강등되었다.

초초해진 세종은 당장 세 번째 세자빈을 간택하려 했지만 또 실패할까 걱정스러운 데다가 마땅한 규수도 구하지 못해 두 명의 후궁 중 이미 두 명의 딸을 생산한 양원良媛 권씨를 세자빈으로 올렸다. 이분이 바로 현덕왕후이다. 1436년 12월 28일, 양원 권씨가 세자빈으로 최종 결정되고 이듬해 2월 28일 책봉 의식이 엄숙하게 치러졌다. 그로부터 4년 뒤인 서기 1441년(세종 23) 7월 드디어 세종의 원손元孫인 아들을 낳으니 바로 단종이다. 원손이 태어나면서 왕실이 안정되는 듯 보였으나, 세자빈이 산후별증으로 이틀 만에 세상을 떠나면서 첫 번째 비극이 시작되었다.

문종은 세자빈이었던 현덕왕후가 세상을 떠나고 9년 뒤이 서기 1350년 세종의 뒤를 이어 보위에 오를 때까지 새 부인을 들이지 않았고, 임금이 된 후에도 새 왕비를 맞이하지 않았다. 세 번 결혼한 것이 큰 상처가 되었던 모양이다. 어쨌든 보위를 이을 아들은 얻었으나, 문종의 건강이 좋지 못한 것이 큰 문제였다. 동생인 수양대군과 안평대군 등의 움직임도 심상치 않았다. 문종은 어린 아들 걱정으로 단 하루도 마음 편할 날이 없었다. 그 와중에도 정사에 힘써 고려의 역사를 정리하여 기록하고, 군사제도를 획기적으로 개편하는 등 눈부신 성과를 이루었지만, 보위에 오른 지 2년 4개월 만인 1452년 병으로 세상을 떠나니 춘추 겨우 39세였다.

문종은 아들의 안위가 걱정이 되었는지 김종서金宗瑞, 황보인皇甫仁 등의 대신들과 생전에 자신이 아꼈던 성삼문成三問을 비롯한 집현전 학사들에게 어린 단종을 부탁한다는 유언을 남긴다. 마침내 단종이 즉위하여 아버지 문종의 장례를 치르게 되었는데, 아버지가 남달리 효성이 지극했던 분이었으므로 부왕인 세종의 영릉英陵 옆에 안장하려고 서쪽과 남쪽 등을 파보았으나 모두 물이 나거나 돌이 있어 능묘를 만들기에 적합하지 못했다. 이에 1452년 7월 24일 수양대군, 안평대군, 김종서, 황보인, 정인지鄭麟趾 등으로 하여금 풍수학낭관風水學郎官과 함께 증조부인 태조의 건원릉 동쪽의 혈穴을 알아보도록 해서 그곳으로 자리를 정한 다음 능침을 모시고 묘호를 '현릉顯陵'이라 했다.

현릉의 묘제는《국조오례의國朝五禮儀》의 본이 된 영릉英陵의 제도를 따랐다. 세종의 능인 영릉은 원래 경기도 광주廣州에 있다가 19년 뒤인 1469년(예종 1) 경기도 여주驪州로 천장遷葬하면서 묘제가 많이 변했으므로, 현릉이《국조오례의》의 법제를 바탕으로 조성된 가장 오래된 왕릉인 셈이다.《국조오례의》는 국가의 기본 예식인 길례吉禮(제사), 가례嘉禮(즉위·책봉·관례·혼례), 빈례賓禮(사신 접대), 군례軍禮(군사 의식), 흉례凶禮(장례) 제도를 상세하게 규정한 예전禮典으로서, 세종 때부터 편찬하기 시작하여 성종成宗 대에 신숙주申叔舟 등에 의해 완성되었다.

문종의 능은 건원릉의 동남쪽 방향, 중간에 작은 골짜기가 있는 두 개의 산등성이(강岡) 중 서쪽에 자리하고 있다. 전체적인 묘제와 구조는 건원릉과 동일한데, 세부적으로 몇 가지 변화한 모습이다.

첫째, 인계人界와 신계神界를 구분하는 상징물인 금천과 금천교가 뚜렷하지 않다. 건원릉은 동쪽에서 내려와 서남쪽으로 빠져나가는 시냇물이 뚜렷하며 그 위로 돌다리(석교石橋)가 놓여 있는데, 현릉 앞의 금천은 시내의 모습만 갖추었을 뿐 물이 거의 흐르지 않을 정도로 희미하고 금천교로 지칭할 만한 다리도 분명하게 나타나지 않는다. 또한 건원릉의 경우 배위단이 홍살문 바로 안 오른쪽 옆에 있는 데 비해, 현릉의 배위단은 바깥 오른쪽에 자리하고 있다. 또한 현릉의 참도는 제향의 공간인 정자각으로 향하다가 두 능의 중간 골짜기로 다시 이어지면서 현덕왕후의 능까지 가도록 설비되어 있다. 능침 바로 앞에 있는 혼유석의 받침돌은 다섯 개에서 네 개로 줄었으나, 받침돌의 모양과 중간에 도깨비 형상을 조각한 것 등은 같다. 문인석과 무인석은 건원릉에 비해 몸집이 앞뒤로 커졌으며, 옷의 주름이나 갑옷 무늬, 투구의 모양 등이 훨씬 섬세하면서도 사실적으로 묘사되었다. 얼굴 표정도 약간 달라서, 문인석은 건원릉보다 훨씬 근엄한 분위기를 풍기지만 무인석은 눈을 크게 부릅뜨고 있는 모습이 오히려 약간 우스꽝스럽게 보여 상당히 특이한 느낌이다.

현릉 동쪽의 작은 골짜기를 사이에 두고 맞은편 언덕에 현덕왕후의 능이 자리하고 있다. 이처럼 같은 산줄기 영역 안의 서로 다른 언덕에 있으면서 부부가 마주 보고 있는 방식의 능묘를 '동원이강릉同源二岡陵'이라 한다.

문종릉에서 바라본 현덕왕후릉

몇 가지 소소한 변화를 제외하면, 현릉의 묘제와 구조는 건원릉과 거의 유사하다. 다만, 같은 산줄기의 다른 언덕에서 서로 마주 보는 구조인 '동원이강릉'이다.

"내 집을 부수니 어디에 혼백을 붙일고"

현덕왕후는 안동安東이 본관이며 지금의 서울시장에 해당하는 판한성부사判漢城府事를 지낸 권전權專의 맏딸로 태어나 열세 살에 세자의 후궁인 승휘承徽가 되었으며, 이듬해 딸을 낳고 한 계급이 올라 양원良媛으로 진봉된다. 첫딸이 1년도 되지 않아 세상을 떠난 후 1436년 경혜공주를 낳았으며, 이어 세자빈 봉씨가 폐출되자 1437년 2월 세자빈에 정식으로 책봉되었다. 1441년 다시 아들을 낳았으나 이틀 만에 세상을 떠났는데, 당시는 문종이 세자 신분이었기 때문에 왕실 묘역에 안장되지 못하고 안산의 고읍古邑인 와리瓦里(경기도 안산시 단원구 와동공원로 일대에 있는 광덕산 부근으로 추정)에 있는 산에 모셔졌다가, 나중에 문종이 왕위에 오르자 현덕왕후로 추봉되고 '소릉素陵'이란 이름(능호陵號)을 받아 능묘의 모습을 갖추었다.

그러나 편안함도 잠깐, 유일한 혈손인 단종이 천애고아로 보위에 올라 수양대군과 그를 추종하는 신하들의 핍박으로 왕위를 내놓고 노산군魯山君으로 강등되어 영월로 귀양 갔다가 사약을 받고 죽임을 당하는 참혹한 비극이 일어나고 말았다. 이로부터 현덕왕후의 혼백은 슬픔과 원한이 가득한 원귀와 다름없는 혼령이 되어 살아 있는 인물인 세조와 불꽃 튀는 접전을 벌인다.

현덕왕후의 고난은 1456년 6월 2일 세조를 죽이고 노산군을 복위시키려다 실패한 사육신 사건이 김질金礩의 발고로 드러나면서 시작되었다. 성삼문成三問, 유응부兪應孚, 박팽년朴彭年 등 사육신을 비롯하여 수많은 사람이 이 사건에 연루되어 목숨을 잃었는데, 현덕왕후의 어머니 최씨와 남동생

권자신權自愼이 참혹한 죽임을 당하고, 이미 세상을 떠난 아버지도 서인庶人으로 신분이 강등된다. 세조와 그 추종 세력들은 이후 6월 21일에 단종을 노산군으로 강봉시키고 22일 영월로 유배를 보내고도 불안했는지 이미 죽은 현덕왕후까지 표적으로 삼았다. 1457년 6월 26일 의정부議政府에서 올린 상소를 보자.

"현덕왕후의 어머니 아기阿只와 아우 자신이 반역을 꾀하다가 처형되었습니다. 또한 아버지 권전權專은 이미 죽었으나 폐해서 서인으로 삼고 노산군은 종사에 죄를 지어 군君으로 강봉되었는데도 그 어미가 왕후의 호칭과 지위(명위名位)를 그대로 보존한다는 것은 마땅하지 않습니다. 폐하여 서인으로 끌어내리고 다시 묘를 만드는 것이 좋겠습니다."

세조가 이를 그대로 시행하도록 함으로써 현덕왕후는 서인으로 감봉되고 능묘는 서인의 것으로 고쳐졌으며, 신주는 종묘에서 철거되었다. 이처럼 철저하게 단속하였음에도 불구하고, 단종 복위 움직임은 사육신 사건 이후에도 끊임없이 일어난다. 1457년 6월 21일 단종의 장인인 송현수宋玹壽와 권완權完 등이 복위 운동을 전개하다 적발되었으며, 7월 3일에는 세조의 아우인 금성대군錦城大君의 역모 사건이 드러나 금성대군과 송현수 등이 그해 10월 21일 사형을 당한다. 이를 빌미로 양녕대군讓寧大君과 효령대군孝寧大君을 비롯한 여러 종친들이 노산군을 처벌해야 한다는 요청을 계속하였으며, 특히 양녕대군은 노산군 처벌 요청을 세 번씩이나 올렸다.

결국 세조가 그해 10월 21일에 사약을 내림으로써 어린 나이에 첩첩산중으로 유배된 단종은 한 많은 세상을 떠난다. 단종에게 쏠리는 동정심과 충성심을 두려워한 한명회 등은 세조에게 단종의 시신을 거두는 자는 삼족을 멸하겠노라는 어명을 내리게 하고, 그 시신을 동강 가에 내버려 두어 아무도 손대지 못하게 하였다. 장례조차 치르지 못하게 공포를 조장했으니 살아 있는 자의 권력욕이 과연 어디까지인지 가늠하기 어렵다.

이처럼 서슬 퍼런 권력에 모두 숨죽이고 있을 때 단종의 어머니 현덕왕후의 혼령이 역사의 전면에 모습을 드러내고, 이 일로 세조는 현덕왕후의 안산 능묘를 파헤치는 기괴한 사건까지 벌이게 된다. 현덕왕후의 혼령이 세조의 맏아들인 의경세자懿敬世子를 죽게 만들었다거나, 세조의 얼굴에 침을 뱉어 부스럼이 생기게 했다는 등의 내용은 《음애일기陰崖日記》,《축수편逐睡篇》,《금석일반金石一斑》,《동각잡기東閣雜記》 등의 여러 기록에 나오는데, 이를 조선 후기 실학자 이긍익李肯翊이 《연려실기술練藜室記述》에 모두 모아 놓았다. 그 내용을 종합해 보면 다음과 같다.

1457년 어느 가을 밤 세조가 꿈을 꿨는데, 형수인 현덕왕후가 생전의 모습으로 나타나서 "네가 죄 없는 내 자식을 죽였으니 나도 네 아들을 죽이겠다. 그러니 너는 당연히 그렇게 알고 있으라." 하며 시동생 얼굴에 침을 뱉었다. 세조가 놀라 깨어나니 세자궁에서 급한 기별이 왔는데 의경세자가 곧 죽음을 맞이할 것 같다고 하였다. 세조는 머리끝까지 소름이 돋았지만 이내 태연한 척하며 "그것은 사람의 힘으로 막을 수 없는 일이니 어쩔 도리가 없다."고 한숨을 내쉬며 말했다. 결국 세자는 그날을 넘기지 못하고 세상을 떠났다.

세자를 잃고 너무 화가 난 세조는 다음 날 당장 사신使臣을 안산으로 보내 현덕왕후의 무덤을 파헤치라고 했다. 명을 받은 사신이 석실石室을 부수고 왕후의 관을 밖으로 끌어내리려고 하는데 땅에 붙어 있는 것처럼 관이 꼼짝도 하지 않아 모든 사람들이 놀라고 괴상히 여겼다. 글을 지어 제사를 지내고서야 관을 들어낼 수 있었으니, 3~4일을 이슬 맞는 바깥(노천露天)에 내버려 두었다가 평민의 장례처럼 장사를 지내고 바닷가에 옮겨 묻었다. 현덕왕후의 능이 파헤쳐지기 며칠 전 밤중에 능묘 안에서 부인의 울음소리와 함께, "내 집을 부수려고 하는데, 나는 앞으로 어디에 혼백을 붙일 것인고?" 하니 고을 백성들이 모두 마음 아파했다. 그로부터 며칠 뒤에 조정에서 나온 사신이 들이닥쳐서 무덤을 파헤쳤는데, 바닷가 갯벌에 묻었어도 영험하고 기이한 것(영이靈異)이 드러났다. 원래 능이 있던 자리의 나무나 돌 하나라도 옮기려고 한다든지, 그곳에 마소를 풀어 무덤 자리를 짓밟으면 맑았던 하늘이 갑자기 컴컴해지고 비바람이 불어닥쳤으므로 어느 누구도 감히 가까이 하지 못했다고 한다.

조선의 야사野史를 가사체로 쓴 《한양오백년가漢陽五百年歌》에는 무덤을 파헤치려 하자 왕후의 관이 일어서서 한강의 물을 타고 거슬러 올라왔다고 기록되어 있다. 원래 왕후의 능이 있던 안산의 마을(와리瓦里) 옆에 능을 수호하는 사찰인 재사齋社가 있었는데, 무덤이 파헤쳐진 후 재사에 있던 중이 밤중에 들으니 부인의 울음소리가 바다 가운데부터 나더니 차츰 옮겨 가서 산 아래에 가서 그치는 것이었다. 중이 새벽에 울음이 그친 곳에 가 보니 옻칠을 한 관이 물가에 떠내려와 있는 것이었다. 너무 놀란 중이 풀을 베어 관을 덮고 바닷가 흙을 조금 덮어 자취를 감추어 두었다. 그 뒤

조수에 밀려온 모래가 쌓이고 쌓여 육지가 되었는데, 몇 년이 되지 않아 풀이 무성하게 나면서 언덕이 되었다. 묘역으로 표시한 흔적은 어디에도 없고 흙이 수북하게 쌓여 있는 언덕이 관이 묻힌 곳이라고 사람들의 입을 통해 전해 올 뿐이었다. 이렇게 해서 현덕왕후의 능은 영원히 사라지는 듯했지만, 뒤이어 잘못된 역사를 바로잡으려는 움직임이 나타난다.

중종 대까지 이어진 소릉 복권 운동

세조의 맏이였던 의경세자의 아들로 조선 제9대 왕으로 등극한 성종成宗 재위 2년(1471)에 생육신生六臣의 한 사람으로 당시 18세였던 남효온南孝溫이 상소를 올려 현덕왕후의 능호인 소릉을 다시 복권시켜야 한다고 주청하였다. 이를 본 성종이 대신들에게 의견을 물었는데, 현덕왕후를 서인으로 강봉시키는 데 앞장섰던 무리 중 한 사람인 영의정 정창손鄭昌孫과 왕실의 외척으로서 도승지都承旨 직책을 맡고 있던 임사홍任士洪 등이 결사적으로 반대하고 나섰다. 결국 남효온은 미친 사람으로 몰려 귀양살이를 하게 되었다. 그 일을 겪은 후 남효온은 소릉이 복권되지 않으면 과거에도 나가지 않겠다는 결심을 굳히고 김시습과 함께 조선팔도를 유람했다. 성종은 세조의 손자였으므로 할아버지가 했던 일을 되돌리기 어려웠을 것이다.

결국 이 일은 성종 대에는 해결되지 못하고 다음 왕으로 넘어가게 된다. 연산군燕山君 대에는 김일손金馹孫 등이 앞장서서 현덕왕후를 폐위시킨 것은 세조의 본뜻이 아닐 것이라고 주장하면서 복권을 주장했다. 그 뒤 계속해서 여러 사람이 현덕왕후의 복권을 주장하였으나 성사되지 못했다. 이후 1506년 9월 중종반정中宗反正이 일어나면서 정국이 소용돌이치는 가운데 소릉에 대한 이야기도 한동안 잠잠해졌다. 그러다 정권이 안정된 중종 7년(1512) 11월 소세양蘇世讓의 상소로부터 촉발되어 소릉 복권 문제가 본격적으로 논의되기 시작했다.

이때부터 조정의 여러 기관들이 하루 걸러 한 번씩 소릉 복권에 대한 글을 올리기 시작했으며, 이듬해인 서기 1513년 2월 18일 역대 임금과 왕비의 위패를 모셔 놓은 태묘太廟에 벼락이 떨어지고 난 뒤 복권 논의가 한층 급물살을 탔다. 충분한 명분을 쌓았다고 생각한 중종이 3월 3일 문무 대신들을 불러 의견을 물으니, 하나같이 현덕왕후를 복권하여 능묘를 다시 만들고 종묘에 배향해야 한다고 했다. 이에 중종은 3월 12일(양력 4월 17일)에 의정부에 교지를 내려 왕명으로 소릉을 복권시키고, 종묘에 배향한 다음 묘소를 다시 찾아 왕비의 묘제를 제대로 갖춘 능묘를 문종의 현릉 동쪽 언덕(강岡)에 영조營造하도록 지시한다. 이로써 현덕왕후는 세상을 떠난 때로부터 72년 만에, 무덤이 파헤쳐진 때부터는 56년 만에야 남편인 문종 곁으로 돌아와 함께 묻히게 됨으로써 어렵고 고단했던 여정을 마감하게 된다.

"나 때문에 고생이 많구나"

왕명이 내려지자 한편으로는 안산에 있는 옛 무덤을 찾는 작업이 시작되었고, 다른 한편으로는 송일宋軼을 산릉총호사山陵摠護使로 삼아 풍수 전문가를 데리고 묘 터를 알아보는 일을 진행했다. 그러나 능묘가 파헤쳐져서 버려진 지 반백 년이 넘었으므로 정확한 장소를 찾는 것이 쉬운 일이 아니었다. 어떤 사람은 이쪽이라 하고, 또 어떤 사람은 저쪽이라 하니 갈팡질팡하여 종잡을 수 없었다. 어쩔 수 없이 수많은 군인을 동원하여 물가에 죽 늘어서서 일제히 해변의 진흙을 파헤쳐 나가는 방법을 택하였는데도, 무덤 자리는 쉽게 발견할 수 없었다.

그러던 어느 날 밤 작업을 감독하던 감역관監役官이 잠을 자는데, 두 시녀를 거느리고 왕후의 차림을 한 현덕왕후가 휘장을 친 막(장전帳殿) 안에 앉아 말하기를 "나 때문에 너희들이 고생이 많구나." 하였다. 잠에서 깨니 너무나 생생한 꿈이었다. 혼령의 감응이라고 생각한 감역관은 엎드려 절을 올려 예를 표했다. 너무나 놀란 나머지 옷이 젖을 정도로 땀을 흘렸다. 다음 날 아침 사람들을 시켜 전날 팠던 부근을 다시 찾아 50센티미터 정도를 더 파내려가니 딱딱한 것이 삽 끝에 부딪히면서 옷칠을 한 나무 조각(칠편漆片)이 걸려 올라왔다. 이때가 4월 17일이었으니 한 달 가까이를 물가에서 작업한 셈이다. 너무나 오랜 세월이 흘러 시신의 흔적을 찾지 못할까 걱정했는데, 관을 열고 보니 안과 밖의 관은 형체가 그대로 있고, 염습한 옷도 거의 온전한 상태로 보존되어 있었다. 즉시 임금께 보고하고 곧바로 예를 갖추어 미리 자리를 잡아 놓은 현릉의 왼쪽 줄기(좌청룡左靑龍) 언덕에 모시니 이때가 서기 1513년 4월 21일이었다.

현재 안산에는 왕후의 옛 능묘와 관련된 유적은 보존되거나 남아 있지 않지만, 단원구 목내동 능 안에는 바다에 던져졌던 관이 물결에 떠밀려 다니다가 처음으로 육지에 닿은 곳에 생긴 우물을 가리키는 '관우물(관정棺井)'이라는 표지석이 하나 서 있다. 또한 최근 옛 능묘 자리를 발굴하면서 나온 양석羊石과 난간석주欄干石柱가 안산문화원 마당으로 옮겨져 전시되어 있다.

현덕왕후 능은 문종의 현릉과 작은 골짜기 하나를 사이에 두고 가까운 거리에서 마주볼 수 있는 거리에 있는데, 처음 능묘를 조성할 때에는 능과 능 사이에 해송海松이 울창하게 우거져서 잘 보이지 않았다고 한다. 그런데 왕비의 관을 광중壙中으로 내려놓자(하관下棺) 그 나무들이 저절로 말라 죽어 버렸고, 이에 능묘 조성의 총책임자인 시역제조視役提調 장순손張順孫이 일꾼들을 시켜 죽은 나무를 모두 베어내 막힌 것을 트이게 하니 두 능묘 사이에 가려진 것이 없게 되고, 더 이상 이상한 일도 일어나지 않았다고 한다.

현덕왕후 능의 묘제와 석물은 세조 때 간소화한 묘제에 맞추어 만들어져 병풍석이 없는 봉분으로 난간석만 있으며, 혼유석의 돌 두께도 얇아졌다. 나머지 묘제는 문종의 능묘와 동일하다. 정자각은 두 능묘의 중간 지점에 있으며, 그곳에서 능침에 이르는 참도參道가 왕후의 능까지 이어져 있다.

이처럼 애틋한 사연을 간직하고 있는 문종과 현덕왕후의 혼령이 잠들어 있는 현릉은 동구릉의 다른 어떤 능묘보다 사람의 마음을 짠하게 만든다.

동구릉 현릉의 문종릉 옆에 있는 현덕왕후릉(소릉)
세자빈 시절에 단종을 낳다 숨진 양원 권씨의 무덤이다. '조선조 최대 비극'으로
꼽히는 조선 초기의 권력 쟁탈 사건의 희생자이자 저 무서운 세조를 벌벌 떨게 한
혼령 이야기의 주인공이다.

천신만고 끝에 낳은 아들에게 젖 한 번 물리지 못하고 20대의 꽃다운 나이
에 세상을 떠난 것도 한스러운 일인데, 서인庶人으로 신분이 끌어내려지고
무덤이 파헤쳐진 상태로 반백 년 넘게 이승을 떠돌다가 남편 곁에 묻히게
되었으니 그 사무친 원한이 오죽했을까. 한 많은 무덤에 유독 전설과 '증
거물'이 많은 것은, 죽은 이의 이러한 원한이 산 사람의 마음을 움직이기
때문일 것이다.

16

죽어서 '대왕'으로 숭배받다

단종

장릉

莊陵

능 앞에서 몸을 돌려 바라보면 수많은 소나무들이 장릉을 향해 허리를 숙이고 절을 하고 있는 듯한 모습을 확인할 수 있다. 살아서 받지 못한 신하들의 숭배를 죽은 후 소나무가 대신하고 있다는 이야기가 구전으로 전해 온다.

하나의 무덤에는 산 자와 죽은 자의 두 세계에서 만들어진 수많은 이야기가 모두 담겨 있다. 특히 무덤의 주인이 살아생전 온갖 고난을 겪다가 한을 품고 생을 마감한 경우, 그 사연을 둘러싸고 수많은 이야기들이 만들어져 널리 전파되곤 한다. 이러한 무덤들은 하나의 문화적 현상으로서 의미를 발생시킨다. 무덤이 사람들 삶의 한 부분을 이루기도 하고, 문학 소재가 되거나 축제의 중심이 되는 등 다양하면서도 새로운 문화 현상을 생산하면서 사람들에게 감동을 주는 예술의 하나가 된다.

우리에게도 이처럼 하나의 문화 현상으로 뿌리를 내리면서 다양한 콘텐츠를 만들어 내는 무덤이 곳곳에 있는데, 그중에서도 가장 큰 비중을 차지하는 것이 왕릉이다. 특히 한과 슬픔을 간직한 왕의 무덤은 한층 더 큰 영향력을 가지는데, 그 대표적인 왕릉이 조선의 여섯째 임금인 단종端宗(1441~1457)의 장릉莊陵이다.

사후 수백 년이 지나 조성된 능이어서 석물이 조선 초기가 아니라 후기(숙종)의 양식을 따르고 있다. 전체적으로 조선의 전형적인 왕릉 구조이고 명당 자리로 알려져 있지만, 풍수지리상 능 뒤편의 산줄기가 끊겨 있다.

단종을 모신 장릉은 강원도 영월군 영월읍 영흥4리 산133-1번지에 있다. 왕릉의 주소를 이처럼 분명하게 적시하는 데에는 나름의 이유가 있다. 단종이 사약을 받고 죽임을 당한 뒤 이곳에 묻히기까지의 과정이 매우 드라마틱할 뿐 아니라, 당시 정권 실세들의 눈을 피해 오랜 시간 백성들 사이에서 입에서 입으로 전해지던 무덤이 세상에 알려지고 왕릉으로 모셔지기까지의 과정이 매우 특이하기 때문이다. 단종은 사후 백성들에게 산신령으로 받들어지면서 지역을 지키는 수호신으로 모셔졌고, 수백 년이 지난 지금까지도 이러한 현상이 지역 문화로서 여전히 지속되고 있다. 또한 단종이 유배를 떠나는 날 청계천 영도교永渡橋에서 생이별한 후 수백 년이 지난 지금까지 재회하지 못한 부인 정순왕후의 사연도 사람들의 심금을 울리며 장릉의 의미와 가치를 높이는 동인으로 작용한다.

단종과 관련된 수많은 인물과 그들이 남긴 사연, 유적들이 이처럼 거대한 연결망을 형성하고 있어서, 장릉을 이해하려면 역사적 사실을 문학적으로 형상화한 수많은 전설과 그것의 증거물로 작용하는 유적들, 곧 단종의 부인인 정순왕후 관련 유적, 단종의 유배 관련 유적, 단종 사후 일어난 사건과 장릉의 형성 과정, 단종이 산신령으로 모셔지면서 태백산 주변 지역 문화에 미친 영향 등을 함께 살펴보아야 한다.

죽음과 매장에 얽힌 갖가지 이설異說

먼저 단종의 죽음과 장릉의 조성 과정을 살펴보자. 숙부인 수양대군에게 빼앗기다시피 보위를 물러주고 상왕上王으로 물러난 단종은, 세조 2년 (1456) 자신을 복위시키려다 수백 명이 목숨을 잃은 사육신 사건으로 인해 '노산군魯山君'으로 신분이 강등되어 영월의 청령포淸泠浦로 유배를 간다. 그리고 이듬해 그곳에서 바로 산 너머인 경상도 순흥에서 금성대군이 일으킨 반란 사건으로 인해 결국 목숨을 잃는데, 그 구체적인 정황에 대해서는 기록에 따라 내용이 상당히 다르다.

《세조실록》에서는 자신과 관련된 사람들이 한양에서 죽임을 당했다는 소식을 들은 단종이 세조 3년(1457) 10월 21일 스스로 목을 매어 죽으니 예를 다해 장례를 지냈다고 간단하게 적혀 있다. 《숙종실록》에는 금부도사 왕방연이 왕의 명으로 사약을 가지고 갔으나 차마 집행하지 못하고 있었는데, 그 지역 하급 관리인 공생貢生 중 한 사람이 활줄에 긴 노끈을 이어서 단종께서 앉은 자리 뒤의 창문으로 끈을 잡아당겨 죽였다고 했으며, 《병자록》에는 그 공생이 미처 문 밖으로 나오지 못하고 아홉 구멍에서 피를 흘리면서 그 자리에서 즉사했다고 기록되어 있다.

조선의 야사를 가사체로 쓴 《한양오백년가》는 공생이 아니라 노비 복득이의 손에 목숨을 잃었다고 전하고 있다. 자신 때문에 많은 사람들이 자꾸 목숨을 잃자 단종께서 노비 복득이에게 "지난 여름 너무 더워 몸이 허약해진 것 같아 개를 먹어야겠다. 그런데 내가 개를 잡을 수 없으니 네가 개 목을 졸라서 당기라." 하니, 복득이가 영월 읍내에 가서 개를 구해 왔다. 단종이 방 안에서 개의 목에 명주끈을 걸어 잡고, 복득이는 문지방 아래 구멍을 뚫고 밖에서 문지방에 두 발을 대고 힘껏 잡아당겼다. 한참이 지나 개가 죽었을 것 같은데 그만하라는 말이 없어 복득이가 문을 열고 보니 개

강원도 영월군 남면 광천리의 '청령포' 단종 유배지

단종은 즉위 후 채 20개월을 채우지 못하고 1455년 숙부 수양대군(세조)에게 양위했
다. 그리고 이듬해 사육신 사건이 일어나, 1457년 영월의 청령포로 유배되었다. 그러
나 그해 여름 홍수로 서강이 범람하여, 단종이 청령포에 기거한 기간은 두어 달이다.

는 살아 있고 대신 단종이 명주끈에 목이 졸려 죽어 있었다. 너무 놀란 복득이는 청령포 절벽 위에 올라가서 큰 소리로 외치기를 "영월 사람 들으시오, 단종대왕 승하했소!"라고 세 번 외친 다음 강으로 떨어져서 스스로 목숨을 끊었다고 한다.

국가의 공식 문헌에 장례 절차나 묘역 위치 등에 대한 내용이 전혀 없는 점, 민간의 기록인《병자록》이나《한양오백년가》등 야사의 여러 기록에 신분이 낮은 사람 손에 목이 졸려 죽은 것으로 나타나고 있는 점 등으로 볼 때, 단종이 일정한 절차를 통하지 않고 죽임을 당한 것만은 분명해 보인다.

죽은 뒤 상황도 기록마다 다르다. 조선 중기인 중종 대에서 선조 대까지 활동했던 문신으로 예조판서의 자리에까지 올랐던 이기李墍가 지은 야담집인《송와잡설松窩雜說》에 따르면, 단종이 세상을 떠난 다음 날까지도 관청에서는 관을 마련하거나 시신에 옷을 입히고 끈으로 묶는 절차인 염습敛襲을 행하지 않은 채 짚으로 빈소를 겨우 마련했다. 그 와중에 젊은 중한 명이 와서 죽은 이와 친분이 있다면서 빈소를 지키다가 밤중에 시신을 지고 도망을 쳤는데, 산골짜기에서 불태웠다고도 하고 강물에 던져 버렸다고도 한다.

《영남야언嶺南野諺》에는 영월의 호장戶長 엄흥도嚴興道가 시신이 있는 거리를 통곡하며 왕래하다가 관을 갖추어 이튿날 아전과 백성들을 거느리고 영월군 북쪽 5리 되는 동을지冬乙旨에 무덤을 만들어 장사지냈다고 기록되어 있다. 이때 친척들이 가문에 화가 미칠까 두려워 다투어 말리니 흥도가 "옳은 일을 하고 해를 당하는 것은 내가 달게 생각하는 바"라고 말했다고 한다.

《한양오백년가》 역시 엄홍도가 시신을 수습하였다고 기록하고 있다. 그 내용은 다음과 같다.

청령포 강가에 꽁꽁 언 상태로 버려져 있는 단종의 시신을 아무도 거두지 않자, 영월 호장이던 엄홍도가 한밤중에 거적때기에 싸서 지게에 지고 눈 덮인 산을 올라갔다. 온 사방이 눈뿐인 데다가 땅이란 땅은 모두 얼어붙었으므로 대왕의 시신을 묻을 곳을 찾을 수가 없었다. 칠흑같은 어둠 속에서 산길을 헤매다가 지금의 장릉 자리까지 가게 되었는데, 사슴 두 마리가 눈을 뒤집어쓰고 누웠다가 사람 기척을 듣고 피해 가는 것을 발견하였다. 사슴이 누웠던 자리는 눈이 없고 땅이 녹아 있었으므로 그곳을 파서 작은 무덤을 만들고는 그날 밤 식솔들을 모두 데리고 전라도 지방으로 숨어 버렸다고 한다. 자료에 따라 약간 차이가 있기는 하지만, 영월 엄씨의 시조가 된 엄홍도가 시신을 거두어 묘역을 조성했다는 설에 가장 무게가 실린다.

이처럼 기구한 사연을 간직한 채 조그만 봉분만 겨우 만들어진 단종의 묘역은, 그 후 오랜 시간 동안 조정의 관심 밖으로 밀려난 채 영월 백성들의 기억 속에만 살아 있었다. 그렇게 60여 년이 지난 중종 11년(1516), 조정에서 우승지를 보내 묘에 제사를 지내도록 하였는데 이때 영월에 다녀온 우승지가 이렇게 전했다.

"묘는 영월군 서쪽 5리 길 옆에 있는데, 높이가 겨우 두 자쯤(70센티미터) 되고, 여러 무덤이 그 곁에 총총했으나 고을 사람들이 모두 임금의 묘라 부르므로 비록 어린이들이라도 식별할 수 있었습니다. 사람들이 말하기를 '당초 돌아갔을 때 온 고을이 황급하였는데, 고을 아전 엄흥 도란 사람이 찾아가 곡하고 관을 갖추어 장사했다'고 하며, 고을 사람 들이 지금도 애처롭고 슬프게(哀傷) 여긴다고 하였다."

그 뒤 선조 때에는 송강 정철鄭澈이 올린 장계를 계기로 묘표墓表를 새롭게 세우고 사대부의 품계 중 가장 높은 일품一品의 자격으로 제사를 지내는 정도가 되었다. 이처럼 주목을 받지 못하던 단종의 묘역은 숙종이 즉위하여 사육신을 복권시키면서 성역화 작업이 구체화되기 시작했다.

숙종 24년(1698) 11월 6일, 노산대군의 묘호를 '단종端宗'으로 하고, 부인 송씨의 시호를 '정순왕후定順王后'로 올렸으며(추상追上), 같은 해 12월 25일 숙종이 창경궁에 있는 시민당時敏堂에서 친히 단종의 신주神主를 썼다. 이듬해인 숙종 25년 3월 2일에는 대왕의 능을 봉하여 능호를 '장莊'이라 하고, 3월 20일 왕후의 능을 봉하여 능호를 '사思'라 한 다음, 박팽년朴彭年의 9세 손을 장릉 참봉으로 명하고 정종鄭悰의 8세손을 사릉 참봉으로 삼았다. 단종이 세상을 떠난 지 무려 241년이 흐른 후에야 비로소 왕릉의 모습을 제대로 갖춘 무덤이 조성된 것이다.

사릉에서 옮겨 심은 소나무 한 그루

조선시대에는 영월읍에서 멀리 떨어진 깊은 산속이었겠지만 교통이 발달한 지금은 아주 가깝게 느껴질 정도다. 영월군청에서 2킬로미터도 안

되는 거리이며, 단종의 유배지였던 청령포에서도 2.5킬로 정도 떨어진 곳이기 때문에 아주 쉽게 접근할 수 있다. 영월읍에서 시내버스도 있는 데다가 자동차를 이용할 경우 38번 국도 서영월 교차로에서 내려와 옛 도로를 따라 동쪽으로 가면 금방 닿을 수 있다.

장릉은 단종이 세상을 떠난 후 수백 년이 지난 뒤 조성된 것이어서 왕릉을 단장한 석물石物이 조선 초기 양식이 아니라 조선 후기인 숙종 때 양식을 따르고 있다. 전체적으로 조선시대 왕릉의 구조를 따르고 있는데, 다른 왕릉과의 가장 큰 차이점은 능과 부속 구조물이 일직선을 이루지 않고 꺾인 모습을 하고 있다는 점이다. 이는 엄홍도가 단종의 시신을 매장할 때 왕릉이 자리 잡을 만한 묘 터를 살필 수 있는 형편이 아니었고, 그 뒤 오랜 시간 동안 버려져 있다가 추봉된 것이므로 기존의 왕릉처럼 격식을 갖출 수 없었던 탓일 것이다.

그 때문인지 장릉이 자리 잡은 묘역은 명당임에도 불구하고 풍수지리상 단점을 하나 갖고 있다. 무덤 뒤에 있는 주봉인 조종산祖宗山이 우뚝 솟아 있으면서 꼭대기부터 묘역까지 끊어지지 않고 힘차게 뻗어 내려야 하는데, 장릉 뒤편의 산줄기가 끊어진 형국이어서 후절지後絶地에 해당하는 것이다. 단종에게 후사가 없는 것을 이와 연결 짓기도 하는데, 이 또한 당시 상황에서 어쩔 수 없는 선택이었을 것이다.

사실 장릉에서 가장 큰 문제는 최근 조성된 참배로이다. 금천교, 홍살문, 참도, 정자각, 묘역의 순서로 되어 있던 참배로가 언제부터인가 옆쪽 산길로 올라가 묘역을 먼저 보고 거꾸로 내려오도록 조성된 것이다. 이는 금천교가 지니고 있는 상징적 의미를 고려하지 않은 것이다. 금천교의 '금

禁'자는 '막는다', '금지한다'는 의미가 아니라 서로 다른 영역임을 표시하는 경계의 뜻을 가지고 있다. 그 다리를 건너는 순간 신의 영역에 들어섰으니 엄숙한 자세와 마음가짐을 갖도록 하는 상징적인 의미를 지닌다. 또한 금천교를 지나 차례대로 만나는 다양한 종류의 유적들은 모두 신에게 점점 가까이 간다는 것을 알려 주는 의미를 지니고 있으므로, 당연히 원래 순서대로 참배할 수 있도록 고쳐야 할 것이다.

장릉의 묘역은 조선시대 다른 왕릉과 별반 다를 바 없이 보이지만, 자세히 살펴보면 상당한 차이가 있어서 하나하나 뜯어보는 묘미가 있다. 가장 먼저 눈에 띄는 것은, 왕릉의 주인을 모시고 서 있는 석상의 모습이다. 다른 왕릉에는 좌우에 문인석과 무인석이 각각 한 쌍씩 서 있지만 장릉에는 문인석만 서 있고 무인석은 없다. 칼을 든 자에게 왕위를 빼앗기고 죽임을 당한 단종의 사연을 이런 방식으로 전하고 있는 것이다. 석상과 마석의 크기도 앞 시대의 그것에 비해 상당히 작은데, 이는 숙종 시대에 시작된 석조물의 형식을 따른 것으로 장릉이 첫 사례였던 것으로 보인다. 무덤 앞을 밝히는 장명등의 모습도 눈여겨볼 필요가 있다. 그전의 왕릉에는 지붕과 몸체의 모양이 팔각형으로 된 팔각장명등이 주를 이루었으나, 장릉의 장명등은 네모난 지붕 모양의 사각옥장명등四角屋長明燈이다.

장릉에서 가장 특징적인 것은 왕릉을 둘러싸고 있는 주변의 산세 모양이다. 능 앞에서 몸을 돌려 올라온 방향을 바라보면 수많은 소나무들이 장릉을 향해 허리를 숙이고 절을 하고 있는 듯한 모습을 확인할 수 있다. 단종을 아끼고 사랑한 백성들이 만들어 낸 이야기일지 모르지만, 살아서 받지 못한 신하들의 숭배를 죽은 후 소나무가 대신하고 있다는 이야기가 구전으로 전해 온다.

이와 함께 장릉에서 반드시 살펴보아야 할 것은 정순왕후의 무덤인 사릉思陵에서 옮겨다 심은 작은 소나무 한 그루다. 혼인은 했으나 자식도 없는 상태에서 청계천 영도교에서 헤어진 것이 영원한 이별이 되었고, 죽은 후에도 지금까지 만나지 못한 두 분의 혼령을 조금이라도 위로하기 위해 최근 사릉의 소나무 한 그루를 옮겨 심어 애틋한 정을 되새기도록 하고 있으니, 후손들의 갸륵한 마음이 담긴 아름다운 소나무가 아닌가.

그 외에도 장릉 주변에는 무덤을 만들고 찾아내고 빛낸 신하들과 관련된 다양한 유적들이 많다. 단종을 위해 목숨을 바친 264인의 위패를 모신 장판옥, 장릉 제례 때 단종과 함께 제사를 받는 사람들의 신주를 모신 배식단配食壇, 정조 15년(1791) 박기정이 제사용 물을 길어 오려고 만든 우물인 영천靈泉 등은 장릉에만 있는 것이다.

또한 재실과 홍살문 사이에는 지금의 장릉이 있게끔 한 영월 호장 엄흥도의 충절을 기리기 위해 만든 '정려각旌閭閣'이 있다. 영월 엄씨의 시조가 된 엄흥도는 순조 33년(1833)에 공조판서로 추증되

영월 호장 엄흥도의 충절을 기리는 정려각
버려진 단종의 시신을 수습하여 장사 지냈다는 엄흥도는 영월 엄씨의 시조가 되었다.

고, 고종 13년(1876)에는 '충의공'이란 시호를 받았다. 중종 36년 영월군수로 부임하여 단종의 묘를 찾아내 새롭게 수축하여 제사를 지낸 박충원朴忠遠을 기리는 낙촌비각駱村碑閣, 동강 절벽에 몸을 던져 목숨을 끊은 궁녀와 시녀들의 영혼이 두견새가 되어 장릉이 있는 산 끝자락에 와서 울었다는 사연을 전해 듣고 1792년 영월부사 박기정朴基正이 동을지산 자락의 바위를 '배견암拜鵑岩'이라 이름 짓고 그 위에 지었다는 정자 '배견정拜鵑亭'도 둘러볼 만하다.

불행한 임금, 태백산 산신령으로 거듭나다

첩첩산중인 영월의 청령포로 유배를 간 단종이 이처럼 비참하게 죽임을 당하는 동안 왕비였던 정순왕후는 과연 어떻게 되었을까? 남편을 사지로 보낸 정순왕후는 세조의 힘이 골고루 미치는 사대문 안으로는 들어가지 않고 도성 밖에 머물면서 뼈를 깎아 내는 아픔을 참고 검소한 생활을 했는데, 유배 길에 마지막으로 헤어진 장소부터 그녀가 살던 공간 등이 모두 유적지로 남아 있어서 이별의 슬픔을 더해 주고 있다.

청계천 끝에 있는 영도교에서 마지막 이별을 한 정순왕후 송씨는 도성으로 돌아가지 않고 낙산駱山 동쪽 기슭에 있는 청룡사靑龍寺 자리에 초가집을 짓고 시녀들이 동냥으로 받아 오는 음식과 염색으로 연명하면서 평생을 살다가, 중종 16년(1521) 6월 4일 82세의 나이로 세상을 떠났다. 단종과 헤어지던 때가 18세였으니 무려 64년의 세월을 그리움과 동무하면서 살다가 쓸쓸히 세상을 떠난 것이다. 낙산 동쪽에는 정순왕후가 염색할 때 썼던 우물 터(자지동천紫芝洞泉)가 지금도 남아 있다. 그녀가 살던 집은 세상에서 지은 업을 깨끗이 한다는 뜻에서 '정업원淨業院'으로 불리기도 했는데, 이곳에는 영조 때 어필로 써서 새긴 '정업원구기淨業院舊基'라는 표석이 남아 있다.

1457년 단종이 죽임을 당했다는 소식을 들은 정순왕후는 청룡사 앞에 있는 봉우리에 아침저녁으로 올라가 동쪽을 바라보며 통곡했는데, 우는 소리가 아래의 마을까지 들렸으므로 온 마을 여인들이 땅을 한 번 치고 가슴을 한 번 치는 동정곡同情曲을 했다는 이야기가 전해 온다. 그녀가 아침저녁으로 올랐던 봉우리를 '동망봉東望峰'이라 하였으며, 이곳에 1771년 영조의 친필로 새긴 비석이 있었으나 일제강점기 때 채석장이 개발되면서 사라져 버렸다고 한다. 정순왕후는 세상을 떠날 당시 서인으로 강등된 상태였기 때문에 왕비의 예로 장례를 치르지 못하고, 단종의 누이인 경혜공주 집안의 정씨鄭氏 묘역에 안장되었다가 숙종 때에 단종 복위와 함께 추상追上되어 '사릉思陵'이라는 묘호를 받았다. '사思'자는 그리워한다는 뜻을 지니고 있으니 사릉은 '그리움의 무덤'이란 의미다.

청계천 영도교에서 정순왕후와 애끓는 이별을 한 뒤, 단종의 유배 행렬이 청령포에 도착하기까지 이동했던 경로 곳곳에도 단종의 흔적이 남아 있다. 단종은 중량천中梁川의 살곶이다리(전곶교箭串橋)를 건너 살곶이벌을 향해 나아가다가 세종께서 지은 정자인 '화양정華陽亭'에서 하룻밤을 보낸 뒤 광나루에서 배를 타고 한강을 거슬러 영월로 향했다. 할아버지가 지은 정자에서 손자가 마지막 유배 길에 쉬어 가게 될 줄 누가 예상이나 했겠는가! 현재 화양정은 남아 있지 않고 광진구 화양리에 터만 덩그러니 남아 있다.

유배 행렬은 여주의 이포나루에 도달하여 배에서 내려 여주군 대산면의 한 마을에 들렀다. 이 마을에는 단종이 물을 마시고 쉬어 갔다는 뜻의 '어수정御水井'이란 우물이 있다. 제대로 쉴 겨를도 없이 길을 재촉한 유배 행렬은 남한강변을 끼고 원주시 부론면 단강마을을 지나 귀한 분이 오셨다는 뜻을 지니고 있는 '귀래貴來'를 통과한다. '귀래'라는 이름은 단종께서 지나가신 것을 기념하고 잊지 않기 위해 붙인 이름이다.

여기서 다시 산길을 넘은 단종은 충북 제천시 백운면을 지나 신림新林을 거쳐 싸리치를 넘고 주천강을 건너 영월 방향으로 길을 잡는다. 여기서부터는 산길이 더욱 험해지는데, 단종과 관련된 유적들이 곳곳에 남아 있다. 임금이 올랐다는 뜻의 '군등치君登峙', 말방울이 갑자기 슬픈 소리를 냈다는 '명라곡', 언덕을 오를 때 말방울이 떨어졌다고 하여 이름 붙여진 '방울재'를 넘어 험준하고 가파른 산의 고개에 오른 단종은 서쪽으로 지는 해를 바라보고 살아 돌아갈 수 없는 운명에 대한 슬픔을 이기지 못해 큰 절을 올렸다고 한다. 이 고개 이름은 '배일치拜日峙'이다.

이처럼 험난한 여정을 거쳐 영월에 도착한 단종은, 남쪽으로 깎아지른 듯 험준한 산과 절벽이 막고 있고 그 외 3면은 강물로 둘러싸여 있는 청령포에 이른다. 청령포에도 여러 유적들이 있으니 임금이 머물던 '어소御所', 단종이 겪었던 슬픔과 원한을 모두 보고 들었다는 소나무인 '관음송觀音松', 유배지였음을 알리는 '단종유지비端宗遺地碑', 일반인의 출입을 금하는 '금표비禁標碑', 단종께서 올라 한양을 향해 서서 시름에 잠겼던 '노산대魯

청령포(위)와 금표비

단종이 유배 온 청령포는 앞이 깎아지른 산으로 막히고, 3면이 강으로 둘러싸인 천혜의 절경이자 '감옥'이다. 지금도 배를 타야만 갈 수 있다. 금표비는 유배당한 단종의 처지를 단적으로 보여 주는 유물로, 이 비에 따르면 '동서로 300척, 남북으로 490척을 벗어날 수 없었다.

山臺'와 '망향탑' 등이 있고, 주변에 역시 단종이 자주 올랐다는 '자규루子規樓', 사약을 받고 죽임을 당한 장소인 '관풍헌觀風軒', 사육신과 생육신 등을 배향하는 '창절서원彰節書院' 등이 있다.

그 외에도 죽임을 당하던 날 단종이 추익한秋益漢의 꿈에 곤룡포를 입고 백마를 탄 모습으로 나타나 태백산 산신령이 된다고 현몽한 것을 근거로 그린 단종의 영정影幀을 모신 영모전永慕殿이 있다. 영월에서 정선 지역을 거쳐 태백산에 이르는 마을에는 이처럼 단종을 모신 사당祠堂들이 곳곳에 있다. 이 사당들은 모두 곤룡포를 입고 백마를 탄 단종의 영정을 신주로 모시고 있다.

태백산의 길목인 신동 가는 곳에 있는 두평서낭당(영월읍 연하리)은 대표적인 단종 사당이다. 연하리 시냇가 버드나무 아래 있던 두평서낭당은 규모가 상당히 크고 영험하다고 소문이 자자했다. 유신 정권 말기에 이르러 미신을 타파한다고 하여 모든 서낭당을 불사르라는 지침이 정부에서 내려졌는데, 마침 연하리가 고향인 영월군의 과장이 차마 헐지 못하고 있다가 원성을 견디지 못하여 본인이 스스로 불을 질러 태워 버렸다는 일화가 전한다.

단종을 모시는 수많은 서낭당들은 대부분이 없어져 버렸고 지금은 녹전면 유전리에 있는 조그만 서낭

강원도 영월읍 연하리 두 평서낭당에 모셔진 단종 내외 영정

당만 하나 남아 있다. 이곳 주민들의 이야기에 따르면, 나라에서 서낭당을 없애라고 하여 군청에서 여러 번 사람이 왔으나 마을 노인들이 이불을 준비하여 잠을 자면서 서낭당을 떠나지 않고 교대로 지키는 바람에 불을 지르지 못해 이 서낭당만 남게 되었다고 한다. 마을과 마을 사이에 있는 조그만 서낭당에도 추익한이 엎드려 산머루를 바치는 그림이 모셔져 있음을 물론이다. 그리고 태백산 꼭대기 천제단에서 동쪽으로 약간 내려간 곳에 있는 단종비각에는 지금도 많은 사람들의 참배 행렬이 줄을 잇고 있다.

태백산 꼭대기에 있는 단종비각
태백산 꼭대기 천제단에서 동쪽으로 약간 내려간 곳에 있는 단종비각에는 지금도 많은 사람들의 참배 행렬이 줄을 잇는다.

단종의 묘인 장릉에서 제사 지내는 모습
매년 4월 한식 때 3일간 제사를 겸한 향토문화제가 열린다.

이처럼 신격화되어 지역의 산신신앙으로 정착한 단종신앙은 태백산을
중심으로 활동하던 무당들에 의해서도 모셔졌고, 금성대군이 단종 복위를
꾀하다가 죽임을 당한 경상도 순흥 지역에도 단종과 금성대군을 모시는
사당과 제사신앙이 아직까지도 살아 있다. 그 외에도 생육신의 한 사람인
원호元昊가 음식과 편지를 단종에게 전했다는 사연을 지닌 서강西江 상류
에 있는 관란정觀瀾亭, 금성대군의 유배지인 순흥에 있는 위리안치지지圍籬
安置地址, 금성단錦城壇, 압각수鴨脚樹 등도 모두 장릉의 주인인 단종과 관련
된 유적들이다.

경상북도 영주시 순흥면 소백산 중턱의 금성대군 사당
단종은 물론, 단종 복위를 꾀하다 죽은 금성대군도 산신으로 모셔졌다. 금성은 세종의
여덟 아들 중 유일하게 세조 집권에 저항했다.

산신령이 된 단종은 역사적 인물이면서도 설화적인 인물로 형상화되었
다. 고귀한 신분을 지니고 태어났으나 집권 세력에 의해 버림을 받거나 견
디기 어려운 고통을 겪었고, 착한 사람이면서 비극적으로 억울한 죽음을
당했다는 몇 가지 조건을 갖추고 있기 때문으로 보인다. 이러한 조건들 덕
분에 산신령으로 모셔지고 마음 아파하는 대상으로 섬김을 받을 수 있게
되었으며, 지역을 초월하는 문화 현상으로 자리를 잡을 수 있었다. 조선시
대뿐 아니라 우리 민족사 전체를 통틀어서 보더라도 장릉만큼 애틋한 사
연과 수많은 유적들을 지니고 있는 왕릉은 없을 것이다.

17

문화적 융성기 '목릉성세'의 실체

선조

목릉

穆陵

선조의 능과 의인왕후의 능 석물은 그 만듦새가 조잡한데, 오랜 전란으로 인해 나라 살림이 피폐해진 데다가 숙련된 기술을 가진 석공을 구하기가 어려웠기 때문으로 추정된다. 문인석과 무인석 등은 크기만 클 뿐 우스꽝스러울 정도로 엉성한 모양이어서 마치 커다란 돌을 세워놓은 듯하다.

경기도 구리시 인창동에 자리 잡은 동구릉은 8명의 임금과 10명의 왕비와 후비가 안장된 조선 왕실의 최대 능원陵園이다. 능은 아홉 기에 달하지만 임금은 여덟인 이유는 제23대 순조의 세자였지만 제위에 오르지 못하고 세상을 떠났다가 나중에 익종翼宗으로 추존되어 조성된 문조의 수릉綏陵이 포함되어 있기 때문이다.

가장 중심부에 자리한 건원릉建元陵을 지나 오른쪽 숲길을 따라 좀 더 올라가면 넓고 탁 트인 골짜기가 열리는데, 그 서쪽 방향 왼쪽 언덕 위에 목릉穆陵이 있다. 목릉은 정자각을 중심으로 서쪽과 서북쪽·동남쪽에 각각 하나씩 전부 세 개의 능이 자리하고 있으며, 그중 가장 서쪽이 조선의 제14대 임금 선조宣祖(1552~1608)의 왕릉이다. 선조왕릉에서 동쪽 방향으로는 상당히 넓은 평지가 펼쳐져 있고, 골짜기 건너편에 비극의 왕자 영창대군永昌大君을 낳아 광해에게 핍박을 받던 선조의 계비(두 번째 부인) 인

조선의 제14대 임금 선조와 두 왕비가 묻힌 목릉

선조 시대를 찬양하며 쓰인 '목릉성세'란 말이 나온 곳이다. 그러나 선조에 대한 평가
와 별개로, 목릉 자체도 여러 차례의 수난을 거친 사연 많은 능이다.

목왕후仁穆王后의 혜릉惠陵이 자리 잡고 있다. 선조의 첫 부인으로 1600년 승하한 의인왕후懿仁王后 박씨의 무덤인 유릉裕陵과 인목왕후의 혜릉이 있던 이곳에 선조의 능이 정해지면서 세 능을 모두 합쳐 '목릉'이라 부르게 되었다.

후대에 이 묘호를 따서 선조 시대를 일컬어 '목릉성세穆陵盛世'라 했으니, 이황李滉과 이이李珥 같은 대학자들의 전통을 이어 학문적·문학적으로 커다란 족적을 남긴 인물들이 대거 출현하여 국난을 극복하고 문화적 융성을 이룩함으로써 태평성세를 누렸다는 의미다. 그러나 지금 선조 시대를 '목릉성세'라 부르며 찬양하는 사람은 많지 않다. 그보다는 임진왜란의 참상과 조선 조정의 무능을 먼저 떠올리지 않을까?

사화에 이은 당파 싸움, 그리고 임진왜란

조선사 최대 수난으로 일컬어지는 임진왜란은 조선을 건국한 지 꼭 200년 되는 해인 1592년 4월 14일 왜군이 부산포를 거쳐 동래부東萊府에 침입하면서 시작되었다. 왜군은 파죽지세로 밀고 올라와 불과 보름 만에 서울을 점령했다. 수많은 사람이 목숨을 잃고 국토는 초토화되었으며, 오랑캐로만 여겼던 왜인에게 짓밟혔다는 믿기지 않는 현실에 민족적 자존감은 땅에 떨어졌다. 선조 시대 일어난 이 엄청난 비극의 원인을 살펴보려면, 시간을 거슬러 올라가 선조 즉위 과정과 조선 지배 세력의 재편 과정을 먼저 확인할 필요가 있다.

선조는 연산군을 몰아내고 보위에 오른 조선 제11대 왕인 중종中宗(재위 1506~1544)의 손자이다. 반정으로 왕위에 오른 중종이 젊은 사림士林들을 대거 등용하면서 세조 대의 공신이 중심을 이룬 훈구파勳舊派와 대립 구도를 형성하게 되었으니, 이것이 당쟁의 불씨가 되었다. 1521년 '기묘사화己卯士禍'로 많은 사람들이 죽거나 유배를 가는 수난을 겪으면서 정치가 어지러워진 와중에 남쪽에서는 왜인들의 반란이 잦아지고, 북쪽에서는 야인野人들의 노략질이 빈번해지면서 조선은 점차 어려운 지경으로 내몰리기 시작했다. 이러한 상황에서 중종이 세상을 떠나면서, 25년간 세자로 있던 인종仁宗이 보위를 이었으나 왕위에 오른 지 8개월 만에 후사 없이 붕어하였다. 그리하여 중종의 셋째 왕비인 문정왕후文定王后 소생인 명종明宗이 12세의 어린 나이로 조선 제13대 왕으로 등극한다.

하지만 명종의 나이가 어려 모후인 문정왕후가 수렴청정을 했는데, 이 과정에서 외척이 발호하여 사화士禍가 일어나고 정치가 어지러운 틈을 타 북쪽에서는 임꺽정의 반란이 일어나고, 남쪽에서는 왜구가 침입하는 등 혼란이 끊이지 않았다. 엎친 데 덮친 격으로 명종의 유일한 혈손인 순회세자順懷世子가 13세의 나이에 세상을 떠나고, 적통 왕자가 없는 상태에서 명종이 34세의 나이로 세상을 떠났다. 이때 명종의 왕비 인순왕후仁順王后가 명종의 총애를 받던 하성군河城君으로 하여금 보위를 잇게 하였으니, 이분이 바로 선조다. 하성군은 중종의 후궁이었던 창빈昌嬪 안씨의 소생인 덕흥군德興君의 아들이었으므로 왕위를 이을 적통은 아니었지만 명종의 유지를 받들어 왕위를 계승하게 되었다.

명종의 총애를 받았던 하성군은 어릴 때부터 총명하고 효성이 지극하며 책 읽기를 좋아하여 성군의 자질을 지닌 인물로 높은 평가를 받았다. 16세의 어린 나이에 보위에 오른 선조는 1년간 인순왕후의 수렴청정을 거친 후 독자적인 왕정을 펼쳐 나가기 시작했다. 훈구 세력을 물리치고 사림을 대거 등용하고 이황과 이이 같은 이름난 유학자를 비롯하여 유능한 인재들을 발탁하여 나라의 힘을 기르는 한편, 백성들의 삶을 향상시키기 위해 노력하였다. 그러나 즉위 초부터 김효원金孝元을 중심으로 하는 동인東人과 심의겸沈義謙을 중심으로 하는 서인西人으로 당파가 나누어지면서 대립과 갈등의 골이 깊어졌고, 종국에는 동인이 서인을 물리치고 세력을 잡았지만 송강 정철의 죄를 논하는 과정에서 내부에서 의견 대립이 생겨 동인이 다시 남인과 북인으로 갈라지게 된다.

이처럼 조선의 정국이 요동치는 상황에서 일본은 토요토미 히데요시豊臣秀吉가 수백 년 동안 진행된 전쟁과 혼란을 정리하고 전국을 통일하고 전쟁을 감행하기로 한다. 하지만 당파 싸움에만 몰두하던 조선은 무방비 상태에서 전쟁을 치르게 되었으니 백성들의 고통은 이루 말할 수 없을 정도로 참혹했다.

전쟁이 터지자 선조는 백성과 신하들의 반대에도 불구하고 서울을 떠나 개성, 평양을 거쳐 압록강을 사이에 두고 명나라와 국경을 이루고 있는 지역인 의주義州까지 피난을 간다. 이여송李如松을 대장군으로 하는 명군明軍의 구원, 전국 각지에서 일어난 의병義兵과 승병僧兵의 활약, 그리고 남해 바닷길을 막아 호남 지방을 지켜 낸 이순신의 승리 등에 힘입어 겨우 한양을 수복하였지만, 겁에 질린 선조는 좀처럼 도성으로 돌아오려 하지 않다가 1593년 10월 1일에야 벽제관을 거쳐 한양으로 들어온다. 그러나 궁궐이 모두 불타 버린 뒤여서 선조는 정릉에 마련한 행궁行宮(임시 거처)에 머물렀다.

이후 명군과 왜군 사이의 밀고 당기는 접전, 화의의 진행과 결렬, 왜군의 2차 침입인 정유재란丁酉再亂 등을 거쳐 1599년 비로소 전쟁이 끝났다. 그러나 국토의 거의 대부분이 초토화되다시피 한 임진왜란이 남긴 상처는 가늠하기 어려울 정도였다. 전쟁 전의 조선으로 회복하는 데에는 천문학적인 비용과 수많은 사람들의 노력이 절대적으로 필요한 상황이었다. 특히 조선팔도의 모든 신민臣民들이 전쟁의 공포에서 벗어나는 데에도 많은 시간이 걸렸으니, 선조는 불탄 궁궐을 다시 지어 환궁할 엄두조차 내지 못할 지경이었다. 결국 선조는 경복궁으로 돌아가지 못하고 정릉의 행궁에서 1608년 2월, 보위에 오른 지 41년 만에 57세의 나이로 세상을 떠났다.

파헤쳐지고 옮겨지고, 왕릉 수난사

선조가 승하한 뒤 4개월에 걸쳐 준비하여 그해 6월 12일 건원릉의 서쪽 줄기(강岡)에 능침을 모시고 능호는 목릉穆陵, 묘호廟號는 선종宣宗이라고 했다. 묘호는 광해 9년에 선조宣祖로 바꾼 후 지금까지 그대로 쓰이고 있다. 우리가 일반적으로 부르고 있는 왕에 대한 호칭이 바로 묘호인데, '종宗'과 '조祖'의 차이와 구별을 두는 이유에 대해 여러 가지 의견이 있다.

조선시대 스물여덟 명의 왕 중 처음부터 묘호에 '조祖'를 붙인 경우는 '태조太祖', '세조世祖', '인조仁祖'뿐이다. 나머지 선조, 인조, 영조, 정조, 순조 등은 애초에 '종宗'을 붙였다가 나중에 '조祖'로 바꾼 사실을 《실록》에서 확인할 수 있다. 묘호는 조정 대신들이 논의하여 올리는 것으로 특별한 경우가 아니면 그대로 사용했는데, '조祖'를 붙이는 것은 통치자의 입장을 대변하는 것으로 혁명이나 반정 등을 통해 왕실을 굳건히 하고 고난에 처한 백성들을 구제한 경우에 한정했던 것으로 보인다. 이는 광해가 보위에 오른 후 부왕의 묘호를 선종에서 선조로 바꾼 것에서 확인할 수 있다. 즉, 선조는 임진왜란이라는 전쟁을 처음부터 막아 내지는 못했지만 다양한 방책을 강구하여 7년이란 긴 시간 동안 흉포한 왜적과 싸워서 결국에는 이들을 물리치고 나라를 지켜 냄으로써 백성들의 삶을 편안하게 했다는 사실을 높게 평가하고, 이러한 역사적 사실을 강조하기 위해 그렇게 한 것으로 보인다. 인조 역시 처음에는 인종으로 묘호를 올렸다가 나중에 바꾸었는데, 역시 반정을 통해 광해의 폭정을 끝냄으로써 백성을 도탄에서 구했으며 병자호란과 정묘호란 같은 국난을 극복한 공을 평가한 것으로 보인다. 영조, 정조, 순조 등도 처음에는 종宗으로 묘호를 올렸다가 나중에 바꾸었다.

선조는 세상을 떠난 후에도 별로 편안하지 못했다. 광해가 즉위한 후 영창대군의 생모인 인목대비의 궁인들이 왕이 거처하는 궁궐인 대전을 향해 저주를 하고, 광해군의 생모인 공빈恭嬪 김씨의 능침인 성릉成陵에 저주하는 물건을 묻었다는 소문이 돌기도 하였으며, 선조의 능침에도 땅을 파고 흉한 물건을 묻었다는 말이 나오면서 목릉의 흙을 파헤쳐 이를 확인하는 불상사가 일어났다. 이 일로 신흠申欽, 박동량朴東亮 등 여러 사람이 관직에서 쫓겨나 옥에 갇혔고, 김응벽金應壁은 죽임을 당했다. '계축옥사癸丑獄事'로 불리는 이 사건은 광해를 지지하는 대북파大北派가 영창대군을 지지하는 소북파小北派를 몰아내는 과정에서 일어났다. 결국 영창대군과 그의 외조부 김제남金悌男은 죽임을 당하고, 모후인 인목대비가 서궁西宮에 유폐되는 상황까지 벌어지면서 인조반정의 빌미를 제공하였다. 참으로 권력을 잡기 위해 벌이는 당파 싸움의 폐해가 얼마나 큰지를 짐작하고도 남음이 있다.

목릉의 수난은 여기에서 그치지 않았다. 인조仁祖 대에는 관이 들어 있는 광중壙中에 물이 차서 시신이 썩지 않아 불길하다는 흉흉한 소문이 나돌았다. 그전부터 목릉의 병풍석屛風石이 자꾸 기울어지는 현상이 나타나고, 여름이 되면 무인석武人石 아래쪽으로 물이 샘솟듯 나오는 것이 목격되었던 터라 풍수지리를 할 줄 아는 사람들이 광중에 물 기운水氣이 있어 그 압력으로 이런 현상이 나타난다며 자리가 불길하다고 수군거렸다. 그러나 왕릉을 옮기는 것은 보통 일이 아니므로 누구 하나 선뜻 말을 꺼내는 사람이 없다가 1630년 2월 4일 원주목사原州牧使 심명세沈命世가 목릉을 옮겨야 한다는 내용의 상소를 올려서 공론화되었다.

심명세는 상소에서 말하기를 "신이 생각하건대 목릉은 선조대왕이 영원히 계실 집(현궁玄宮)인데, 당시에 국상을 총괄하는 사람(총호사摠護使)이 풍수설을 믿지 않아 실력이 없는 풍수가에게 맡기는 바람에 좋지 못한 땅을 잡아서 능을 만들었습니다. 묘 자리는 바람이 막히고 기氣가 모여드는 곳을 좋은 터로 보는데, 지금의 목릉은 묘지(혈도穴道)가 우뚝 드러나 있고, 지형이 비탈진 데다가 험준하며 안쪽으로는 가려 주는 산이 없어 큰 들판과 마주 닿아 있는 관계로 물이 흘러나가는 것이 곧바로 보이니 아주 좋지 않는 터라고 할 수 있습니다. 신이 그전부터 유심히 살펴보니 봉분을 보호하는 판석(사대석莎臺石)의 한 귀퉁이가 떨어져 나갔고, 그 사이로 틈막이 (유회油灰)가 없어진 흔적을 보았습니다. 능지기(수복守僕)에게 물어보았더니 여름에 장마가 질 때면 남쪽 방향으로 물이 샘솟듯 나오고, 무인석 아래쪽도 물이 흘러내린다고 했습니다. 이것으로 볼 때 물이 무덤 아래 땅속에 있다가 나온다는 것을 알 수 있었습니다. 목릉을 옮겨야 한다는 점에 대해서는 많은 사람들이 마음속으로 공감하고 있지만 말을 꺼내지 못하

원래 건원릉 서쪽 산기슭이었다가 인조 대에 건원릉의 동쪽 두 번째 산줄기, 현재의 자리로 옮겨졌다. 첫 번째 왕비인 의인왕후의 유릉 바로 옆 줄기다. 나중에는 두 번째 왕비인 인목왕후까지 건너편 등성이에 같이 모셔진 '동원이강릉'이다. 세조의 유언으로 사라진 병풍석이 유독 선조릉에만 있다.

고 있습니다. 신이 들으니 목릉의 경우는 올해에 묘를 옮기면 아주 좋다고 하루라도 빨리 천장遷葬을 하는 것이 옳을 것으로 생각되니 성상께서는 과거에도 있었던 천장의 사례를 참고하시어 유념하여 살펴주시옵소서."라고 청하였다.

조상의 능침이 불길하다는 의견이 공개적으로 나오자 그냥 넘길 수 없다고 판단한 인조는 대신들을 불러 의논하여 옮길 장소를 알아보도록 했다. 여러 차례에 걸쳐 답사하고 장소를 물색해 본 결과, 건원릉의 동쪽 두 번째 줄기가 가장 좋다는 쪽으로 의견이 모아졌다. 특히 이곳은 첫 왕비인 의인왕후의 능인 유릉과 나란한 자리이며, 살아생전 선조께서 마음에 두고 있었던 곳이란 말이 나오면서 그해 3월에 최종 결정을 내리고 4월부터 본격적인 천장 준비에 들어간다.

이때부터 장장 7개월의 준비 기간을 거쳐 그해 11월 4일에 옛 능침을 파헤쳤는데, 광중에 물기가 전혀 없어서 많은 사람들이 심명세를 원망하기도 했다. 그러나 이미 이장할 준비를 마쳤으므로 건원릉의 동쪽 두 번째 능성으로 옮길 수밖에 없었으니, 같은 달 21일에 역사를 마침으로써 여러 차례 수난을 겪은 선조의 능침은 비로소 편히 잠들 수 있었다. 그로부터 2년 뒤인 서기 1632년 10월 둘째 왕비였던 인목왕후가 세상을 떠나 목릉의 건너편 등성이에 모시게 되어 두 왕비와 나란히 자리하게 되었다.

한 가지 눈길을 끄는 것은, 의인왕후의 유릉도 그 자리에 있기 전 약간의 수난을 거쳤다는 점이다. 서기 1600년 가을에 세상을 떠난 의인왕후의 능묘는 원래 경기도 포천의 신령新桙에 자리를 정하여 공사가 거의 반 넘게 진행되었을 때에 갑자기 풍수를 보는 술사術士인 박자우朴子羽란 사람이 그곳은 불길하다고 하는 바람에 다시 장지를 옮겨 건원릉의 동쪽 세 번째 산등성이(강岡)에 모셨다. 능을 옮기는 일은 당시로서는 대단히 중요하고 엄청난 비용이 드는 큰일이었는데, 왕비와 왕의 능묘를 이처럼 여러 번 옮겼으니 보통 일은 아니었다.

오랜 전란으로 엉성하게 만들어진 석물

목릉은 건원릉에서 제시된 조선조 왕릉의 기본 구조를 충실히 따르고 있으나 세부적인 부분은 약간 다르다. 우선 홍살문과 배위의 위치는 건원릉과 동일하다. 인간계와 신계의 경계를 표시하는 금천교가 뚜렷하게 나타나지 않고, 홍살문에서 정자각까지 가는 참도參道가 세 갈래로 나누어지는 모습을 보이고 있다. 조선시대 왕릉 중에서 가장 긴 참도와 가장 넓은 영역을 지니고 있는 능이라고 할 수 있다. 봉분의 흙이 흘러내리지 않도록 받쳐 주는 구실을 하는 직사각형 모양의 돌(판석板石)을 병풍석이라 하는데, 능을 간소화하라는 세조의 유언에 의해 그 뒤의 왕릉에서는 이것을 생략하고 난간석만 두르는 것이 보통이었는데, 선조의 능에만 유독 병풍석이 있어서 눈길을 끈다.

나머지 석물들은 왕릉과 왕비릉 모두 기존 능묘의 설비를 충실히 따르고 있는데, 다만 문무인석과 장명등 등의 모습이 매우 졸작이다. 특히 선조의 능과 의인왕후의 능 석물은 더욱 조잡한 모습인데, 오랜 전란으로 인해 나라 살림이 피폐해진 데다가 숙련된 기술을 가진 석공을 구하기가 어

목릉의 무인석(왼쪽)과 문인석

선조의 목릉은 조선시대 왕릉 중 그 규모가 가장 크고
참도도 가장 길다. 그러나 오랜 전란 탓에 석물의 만듦
새가 조잡하고 엉성하다는 아쉬움이 있다.

러웠기 때문으로 추정된다. 문인석과 무인석 등은 크기만 클 뿐 우스꽝스
러울 정도로 엉성한 모양이어서 마치 커다란 돌을 세워놓은 것 같은 느낌
을 주기도 한다.

장명등 역시 앞 시대의 것에 비해 매우 엉성하면서 밋밋하게 다듬어져
입체감을 주지 못하고 조형미가 많이 떨어진다. 또한 봉분 바로 앞에 있는
혼유석의 받침돌이 다섯 개에서 네 개로 줄어들었으며, 이것은 두 왕비의
능묘도 마찬가지다. 두 왕비의 묘역은 모두 병풍석이 생략되고 난간석만

목릉 (맨 왼쪽부터) 혼유석과 장명등, 망주석
'혼유석'은 넋이 나와 놀도록 봉분 앞에 놓은 돌로, 목릉에 이르러 받침돌이 다섯 개에서 네 개로 줄었다. 의인왕후의 능에 있는 장명등과 망주석은 받침돌이 둥글지 않고 각이 진 모습으로, 이런 형식이 후대의 능묘 양식에 영향을 미쳤다.

두른 것을 제외하고는 앞 시대에 마련된 왕실 능묘의 전형을 충실하게 따르고 있다. 다만 의인왕후의 능에 있는 장명등과 망주석은 받침대에 해당하는 대석臺石이 둥근 모양이 아니라 투박하고 각이 진 모습이면서 각 면마다 꽃무늬가 조각되어 있는 점이 특이하다. 이것은 후대의 능묘 양식에도 영향을 미친 것으로 알려져 있다. 기본적인 산의 뿌리가 같지만 능침이 조성된 장소가 각각 다른 세 줄기의 언덕에 조성된 형태인 동원이강릉同原異岡陵은 조선의 왕릉 중 목릉이 유일하다.

목릉의 주인인 선조가 통치하던 시대는 조선 전체를 어려움에 빠뜨리고 백성에게 한없는 고통을 안겨 준 7년전쟁 임진왜란이 있었으니, 임금의 잘 잘못을 떠나 불행한 시대의 군주였던 것만은 분명하다.

임진왜란은 단순한 전쟁 혹은 난리가 아니라 17세기 이후 동아시아의 세력 판도를 뒤흔드는 단초가 되었다는 점에서 '역사적 사건'이라 할 만하 다. 침략의 당사자였던 일본은 조선에서 노략질해 간 다양한 선진 기술을 바탕으로 훗날 '메이지유신明治維新'을 통해 근대화에 박차를 가하면서 제 국주의로 나아갈 발판을 마련하였고, 대륙의 명나라는 조선에 파병하느라 엄청난 국력을 낭비하는 바람에 북동쪽의 이민족 세력을 견제하지 못하고 쇠락의 길을 걷게 되며, 이 틈을 타 누르하치가 여진족을 통합하여 '후금後 金'(나중에 청淸나라로 이름을 바꿈)을 세워 명나라를 밀어내고 대륙의 주인 이 되려는 욕심을 노골화한다.

조선은 어땠을까? 선조는 1590년 일본의 동태를 살피기 위해 통신사 황 윤길黃允吉, 부사 김성일金誠一 등을 보냈으나 두 사람의 상반된 보고를 받 고 현명한 판단을 내리지 못해 국방 대책을 제대로 세우지 않아 나라와 백 성을 큰 시련에 처하게 했을 뿐 아니라, 전란이 일어난 뒤에도 통치력을 발 휘하지 못하고 우왕좌왕했다. 조선의 정치 관료들은 엄청난 국가적 시련 을 겪은 뒤에도 당파 싸움에 몰두하느라 국제적 변화에 적극적으로 대처 하지 못하여 정묘호란丁卯胡亂(1627)과 병자호란丙子胡亂(1636)이라는 전쟁 을 또다시 치르게 된다.

《실록》을 비롯한 여러 문헌에서는 선조가 개인적인 능력이 매우 뛰어나 고 성품이 온화하며 화려한 것을 즐기지 않았으며, 효성이 지극하고 강직한 군주였다고 기록하고 있다. 하지만 나라 전체가 전쟁의 구렁텅이에 빠질 때까지 당쟁을 막지 못했으며, 그 결과 수많은 백성들을 전쟁의 구렁텅이에 밀어 넣었고 전쟁 와중에도 명에만 의존하는 등 커다란 시련을 겪도록 했으니 결코 현명한 군주라고 보기는 어려울 듯하다.

18

죽음조차 강등된, 초라하기 짝이 없는

광해군묘

光海君墓

광해의 묘는 능묘의 크기도 작은 데다가 병풍석과 난간석조차 없고 오로지 흙과 잔디로만 봉분이 조성되어 있어 눈시울을 뜨겁게 한다. 반정 세력에 의해 군君으로 강봉된 탓에 기존의 왕릉 설비와 같게 할 수는 없었다 해도 능묘의 기본적인 구도조차 지키지 않은 것은 참으로 이해하기 어렵다.

조선 왕조의 스물여덟 군주 중 단종과 겨룰 만큼 비극적인 운명의 왕을 꼽는다면 제15대 임금 광해光海(1575~1641)가 아닐까. 임진왜란으로 민족적 위기감이 고조되던 때 세자로 책봉된 광해는 전쟁이 끝난 뒤 아버지 선조가 승하하면서 보위에 올랐으나, 1623년에 인조반정仁祖反正이 일어나는 바람에 군君으로 강등된 후 지금까지 왕으로 복권되지 못하고 있다.

조선조 임금 중 군으로 강등되었다가 왕으로 복권되지 못한 인물은 연산군燕山君과 광해군 둘인데, 광해의 복권이 끝내 이루어지지 못한 것을 아쉬워하는 이들이 많다. 왕으로 복권되지 못했기 때문에 왕자의 격에 맞춰 조성된 묘소 역시 왕릉의 범주에 들어가지 못한 상태에서 기념물 정도로 취급되고 있으니 안타까운 일이 아닐 수 없다.

광해군은 임진왜란 중 백성들을 안심시키고 의병 활동을 독려하는 등 세자로서의 역할을 훌륭히 수행했으며, 왕위에 오른 뒤 15년 동안 보위에

경기도 남양주시에 있는 광해의 '묘'

교통이 발달한 오늘날에도 찾아가기 어려울 만큼 가파른 산등성에, 변변한 안내판도
없이 방치되어 있다. 게다가 어머니 발치에 묻어 달라는 유언에도 공빈 김씨의 묘와
상당히 떨어진 자리에, 더 높은 곳에 자리하고 있다.

있으면서 국방을 튼튼히 하고 능란한 외교술로 나라와 백성을 지켜 냈다. 하지만 천륜에 어긋나는 행위로 반정의 희생물이 되었고, 영원히 복권될 수 없는 지경에 처하였다. 조선이라는 나라가 사라져 광해가 다시 왕으로 복권될 가능성은 영원히 사라져 버렸으니 이보다 더한 비운의 군주는 없다고 하겠다.

복권되지 못할 '천륜죄'의 빌미

선조의 후궁인 공빈恭嬪 김씨金氏 몸에서 출생한 광해는 형 임해군이 있었기에 세자로 책봉될 때부터 어려움을 겪었다. 선조는 두 명의 정실 왕비를 비롯하여 19명의 부인에게서 14명의 아들과 11명의 딸을 얻었는데, 왕비에게서 출생한 적통 왕자가 너무 늦게 태어나는 바람에 왕위 계승 과정이 순탄하게 이루어지기 어려웠다.

세자 광해가 서른한 살 때인 1606년 둘째 왕비인 인목왕후에게서 적통 왕자인 영창군永昌君을 얻은 선조는, 세자를 다시 세우려는 강력한 의지를 보였으나 2년 뒤 세상을 떠났고, 결국 광해가 보위에 오르면서 비극의 씨앗이 잉태된다. 적통 왕자가 왕위를 계승해야 한다는 명분을 내세우며 영창군을 옹립하려는 세력이 등장하면서, 광해 지지 세력과의 정면충돌이 불가피해진 것이다. 결국 광해는 친형 임해군과 이복동생 영창군을 죽음으로 내몰고, 계모인 인목대비仁穆大妃를 서궁西宮에 유폐시킴으로써 천륜을 저버렸다는 지탄을 받으면서 반대 세력에게 반정의 명분을 제공하게 된다.

후궁의 둘째 아들로 서자庶子였던 광해가 세자의 자리에 오를 수 있었던 것은 두 가지 상황 때문이었다. 하나는 친형 임해군의 성정이 난폭하고 폭력적이어서 군왕의 자질이 부족하다는 것이었고, 다른 하나는 임진왜란이라는 국가적 위기를 맞아 민심을 수습하고 급변의 사태를 대비하기 위해 세자가 필요하다는 것이었다. 세자를 세워야 한다는 의견은 그전부터 있었으나 결정하지 못하고 있던 차에 왜군이 부산포와 동래로 밀고 들어와 파죽지세로 북상하자, 4월 28일 급히 논의하여 광해를 세자로 세우기로 하고 다음 날 책봉과 동시에 선조는 북으로 피란길에 오른다. 선조는 중국 망명까지 염두에 두고 의주로 향하면서 만약의 사태에 대비하여 조정을 둘로 나누는 '분조分朝'를 시행하고, 세자 광해로 하여금 군주의 직무를 대신하도록 하였다.

이때부터 광해는 명나라가 아니라 우리가 중심이 되어 일본을 물리쳐야 한다며 민심을 모으면서 의병 활동을 독려하였는데, 이 때문에 명나라에 의지하려는 선조와 사사건건 부딪치면서 갈수록 불화가 커졌다. 세자의 지도 아래 1592년 10월 진주성 전투와 1593년 2월 행주대첩 등에서 관군과 의병이 왜군을 물리치고 대승을 거두면서 승기를 잡고, 1593년 4월 드디어 왜군이 한양에서 물러나 충청도 지역으로 후퇴하면서 한양을 수복하기에 이른다.

왜군의 세력이 점차 꺾이고 점령당했던 국토를 조금씩 회복하면서 민심이 광해에게 쏠리자, 선조는 조정 대신들의 의중을 확인함과 동시에 세자를 따르는 사람들의 세력을 꺾어 놓기 위해 왕위를 물려주겠다(선위禪位)

는 의사를 밝힌다. 나라의 힘을 하나로 모아 왜적과 맞서도 모자랄 판국에 조정을 분란의 소용돌이로 밀어넣는 선위 발표는, 군사들과 의병들의 사기를 저하시키고 왜와의 싸움과 협상 등에서 명나라가 주도권을 잡게 되는 결과로 이어졌다. 그 뒤에도 선조는 틈만 나면 선위하겠다는 발표를 함으로써 광해에게 쏠리는 민심을 차단하는 데 신경을 썼다.

어려움 속에서도 광해는 새롭게 설치된 군무사軍務司를 주관하면서 국력을 키우는 데 전력을 기울이며 만약에 있을 왜군의 재침입에 대비하였다. 명나라 황녀를 후비로 주어야 물러가겠다는 등 무리한 요구를 하던 왜와 명의 협상이 최종적으로 결렬되자, 1597년 2월 왜군이 다시 조선을 침략하니 이것이 바로 정유재란이다. 다시 전쟁이 일어나자 광해는 전라도 지역에서 군사를 모으는 일과 군량미를 조달하는 일 등을 감독하고 독려하는 활동을 전개한다. 1598년 8월 토요토미 히데요시가 남긴 유언에 따라 왜군이 철수하기 시작하고, 이순신의 지휘로 조선 해군이 노량해전에서 대승을 거두면서 7년에 걸친 전쟁은 겨우 마무리된다. 하지만 그 뒤로도 선조는 병을 핑계로 10년 동안 여러 차례에 걸쳐 선위하겠다는 뜻을 밝혀 광해의 정치 활동을 매우 어렵게 만들었다.

성공한 임금, 불행한 아들

전쟁이라는 국난을 만나 궁여지책으로 세자로 세운 후 10년 넘게 광해를 견제하던 선조는 1608년 2월 1일 병으로 갑자기 세상을 떠난다. 선조는 광해를 폐위하고 인목왕후에게서 얻은 영창군을 다시 세자로 세우려 했으나 뜻을 이루지 못하자 어린 아들을 보필해 달라는 말을 대신들에게 남김으로써, 그렇잖아도 당쟁으로 사분오열되어 있는 조정의 갈등을 한층 부채질하였다. 그리고 이는 결국 영창군의 죽음을 재촉하는 결과로 이어졌다.

보위에 오른 광해는 우선 친형 임해군을 지지하는 세력과 영창군을 지지하는 세력 등을 견제하면서 왕좌를 굳건하게 만드는 일에 주력했다. 그 과정에서 임해군과 영창군을 유배 보낸 후 죽이는데, 죽임을 당할 당시 영창군이 여덟 살의 어린아이였으므로 많은 이들의 안타까움을 샀다고《실록》은 기록하고 있다. 인목대비는 아들 영창대군은 물론이고 아버지 김제남金悌男까지 목숨을 잃고 대비의 자리에서 끌어내려져 서궁西宮에 유폐되었으니 광해군과 불구대천의 원수가 될 수밖에 없었다. 그리고 그로부터 약 10년 뒤 서인西人 세력이 주도한 인조반정이 성공하면서 광해는 폐위된다.

어린 동생을 죽음으로 내몰고 어머니를 핍박한 것이 반정 세력에게 좋은 명분이 된 것인데, 사실 이는 광해 개인의 판단과 결단에 따른 처신이라기보다는 조선 중기부터 고질화되어 있던 당쟁으로 인한 갈등이 극에 달한 결과라고 볼 수 있다. 반정으로 폐위되기 전까지 광해는 정권 내부의 극심한 갈등 속에서도 전쟁으로 폐허가 된 나라를 일으켜 세우기 위한 정책을 소신 있게 추진해 나갔다.

토지조사와 호적조사를 전면적으로 시행하면서 그동안 폐해가 많았던 공납제貢納制를 폐지하고 모든 조세를 쌀로 내도록 하는 대동법大同法을 확대하여 농민의 안정된 생활을 보장하고 국가의 재원인 세수 확대를 꾀하였다. 외교적 측면에서는 임진왜란 등으로 원한 관계에 있던 일본과 갈

등을 지속하기보다는 교류를 통해 조선의 평화를 구조적으로 보장하는 것이 바람직하다는 판단 아래 왜국이 요구하는 수교에 응하면서 남쪽을 안정시켰다.

한편, 조선에 침입한 왜군을 격퇴하기 위해 막대한 군사력을 투입하는 바람에 국력이 약해진 명나라가 여진족이 세운 후금後金의 압박에 시달려 조선에 도움을 청하자, 광해는 강홍립姜弘立을 도원수로 하는 1만1천여 명에 이르는 군사를 파견하되, 요동반도에서 후금의 군대와 싸울 때 활촉을 빼고 화살을 날리게 함으로써 후금을 적으로 여기지 않으며 싸울 의사가 없다는 것을 표시했다. 또, 전투가 명에 불리해지자 투항하도록 함으로써 후금과의 우호적인 관계를 유지한다. 이런 지혜로운 외교 전략 덕택에 광해가 통치하던 15년간 조선은 평화를 유지하면서 국력 회복에 전력을 쏟을 수 있게 된다.

하지만 광해의 이런 노력은 1623년 3월 13일에 일어난 인조반정으로 물거품이 되었다. 조선은 그로부터 4년 뒤인 1627년 1월 후금의 1차 침입인 정묘호란丁卯胡亂, 10년 뒤인 1636년 12월에 청태종이 직접 12만 대군을 몰고 온 병자호란丙子胡亂으로 다시 전쟁의 소용돌이에 휘말리고, 삼전도三田渡조약을 통해 청과 군신 관계를 맺는 치욕을 당하고야 말았다.

반정을 일으켜 왕을 몰아내고 정권을 장악한 서인 세력은 인목대비의 허락을 얻어 선조의 후궁인 인빈仁嬪에게서 출생한 정원군定遠君의 맏아들 능양군綾陽君을 새로운 왕으로 세우니 이분이 바로 인조다. 인목대비는 군으로 강봉된 광해를 죽이고자 했으나, 또다시 골육상잔을 하고 싶지 않았던 인조는 광해, 폐비 유씨柳氏, 폐세자 지祬, 폐세자빈 박씨 등을 한꺼번에 강화도로 귀양 보내 철저하게 지키도록 명령을 내렸다.

감시자들도 눈치 못 챈 고독한 죽음

이후 광해와 광해 가족의 삶은 철저하게 나락으로 떨어진다. 유배 생활
의 고통을 견디지 못한 폐세자廢世子는 5월 21일 밤중에 땅굴을 200여 미
터 파서 도주하다 잡혀 오고, 폐세자가 잡혀 오는 것을 나무에 올라 지켜
보던 폐세자빈은 땅에 굴러 떨어진 뒤 3일 동안 음식을 먹지 않다가 스스
로 목을 졸라 목숨을 끊으니 당시 나이 26세였다. 이 사건 이후로 조정에
서는 폐세자를 죽여야 한다는 목소리가 힘을 얻게 되었고, 결국 폐세자도
6월 25일 스스로 목을 매 자결하고 말았다. 폐세자의 나이 26세였다. 다음
은 폐세자가 된 광해의 아들이 강화도로 유배 갈 때 남긴 시이다.

복잡한 세상이 뒤집어지니 미친 물결 같은데, 무엇하러 근심을 하리
스스로 마음이 평안하네, 스물 여섯해는 진실로 한바탕 꿈이어라, 덤
덤하게 구름 사이로 돌아가리라(塵實飜覆似狂瀾 何必憂愁心自開 二十六年眞
一夢 好須歸去白雲間).

아들과 며느리를 잃은 슬픔과 유배 생활의 고통을 견디지 못한 폐비 유
씨 역시 1623년 10월 병으로 48세에 생을 마감한다. 강화로 유배간지 1년
이 채 안 되어 광해는 부인과 아들, 며느리를 모두 잃는 슬픔과 고통을 맛

보았다. 엎친 데 덮친 격으로 인조반정 때 큰 공을 세웠으나 논공행상에서 밀려 불만을 가졌던 이괄李适이 1624년 반란을 일으키니, 혹시 광해를 다시 세우려고 시도할까 염려한 서인 세력들에 의해 광해는 충청도 태안泰安으로 옮겼다가 난이 평정된 후 다시 강화의 교동도喬洞島로 돌아오는 고초를 겪기도 한다.

광해가 태안으로 옮겨 갈 때 관사館舍에 숙식을 하게 되었는데, 호송 일을 맡았던 하급 관리들이 광해를 작은 방에 재우고 자신들이 웃방(上房)을 차지하는 무례를 범하였다가 나중에 모두 파면되었다. 사실 서인 세력은 광해를 강화도로 보낼 때 처음부터 죽일 계획이었으나 밀명을 받은 경기 수사京畿水使 신경진申景珍이 거부하여 실패하였다고 한다. 강화 교동도는 반정으로 왕위에서 쫓겨난 연산군과 광해를 비롯하여, 안평대군, 임해군 등의 왕족, 송강 정철을 비롯한 사대부 등의 유배지였는데, 현재 남아 전하는 유적이 거의 없어 무척 아쉽다.

이후 1636년 청나라 태종이 광해의 복수를 하겠다는 명분을 내세워 조선을 침략해 오자(병자호란丙子胡亂), 겁을 먹은 조정에서는 1637년 2월 광해를 다시 제주로 옮긴다. 이때 공을 세우려는 자가 있어서 광해를 죽이려 했으나 역시 신경진이 사전에 이를 알고 막아 냈다. 그런데 제주로 갈 때 모시는 계집종 중 성질이 못된 여자가 있었다. 이 계집종이 함부로 행동하므로 광해가 꾸짖으니, 여자가 악을 쓰면서 말했다.

"영감이 지극히 높은 자리에 있을 때는 온갖 관청이 하루가 멀다 하고 모든 것을 바쳤는데 무엇이 부족하여 염치없는 더러운 자들에게 반찬을 요구하여 심지어 김치판서(침채판서沈菜判書)니 잡채참판雜菜參判이니 하는 말까지 생기게 했습니까? 철에 따라 비단 용포와 털옷을 올렸는데 무엇이 부족하여 다시 뇌물을 받고 심지어는 장사치, 통역관까지도 벼슬길에 나갈 수 있게 했소? 후궁의 의복과 음식은 또 각각 그 맡은 관청에서 올려 바쳤는데, 무엇이 부족하여 벼슬 구하고 소송하는 자들에게 뇌물을 받아서 민심을 크게 무너지게 하였소? 영감께서 사직을 받들지 못하여 국가가 이 지경까지 이르게 만들어 놓고 이 섬에 들어와서는 도리어 나에게 모시지 않는다고 책망하니 부끄럽지 않으시오? 영감께서 왕위를 잃은 것은 스스로 잘못한 결과지만, 우리는 무슨 죄로 이 가시덩굴 속에 갇혀 있단 말이오?"

이에 광해는 고개를 숙이고 한 마디 말도 없이 다만 탄식할 뿐이었는데, 옆에서 지켜보던 사람들이 모두 "이 계집종에게 하늘의 재앙이 있을 것"이라고 하였다. 과연 얼마 후에 그 계집종이 좋지 않은 일로 죽었다고 한다.

한편, 광해를 제주로 호송할 때 엄중하게 명을 내려 가는 곳을 알지 못하게 했으므로 배 위의 사면을 검은 휘장으로 막아 밖을 전혀 볼 수 없도록 했다. 배가 해안에 닿은 뒤에야 비로소 제주에 왔다고 알리니, 광해가 소스라치게 놀라며 "내가 어찌해서 여기까지 왔느냐? 내가 어찌 여기까지 왔느냐!"고 하면서 몹시 불안해했다고 한다. 어디로 가는 줄도 모르는 상태에서 강화에서 제주까지 멀고 먼 길을 내려온 광해는 슬픔으로 가득찬 시 한 편을 남겼다.

바람 불어 비가 흩날리는 성 머리를 지나는데, 더위와 습기 지독한데 누각만 높았구나, 바다에는 성난 파도치고 황혼은 지는데, 푸른 산에 얽힌 근심은 맑은 가을을 둘렀네, 보고 싶은 마음에 이별의 슬픔 지겹도록 겪었으니, 나그네의 외로운 꿈 번번이 제주도에 놀라네, 내 나라는 평안한지 소식조차 끊어지니, 안개 낀 강 위 외로운 배에 누웠어라 (風吹飛雨過城頭, 瘴氣薰陰百尺樓, 滄海怒濤來薄暮, 碧山愁色帶淸秋, 歸心厭見王孫草, 客夢頻驚帝子洲, 故國存亡消息斷, 烟波江上臥孤舟).

쓸쓸하고 외로운 죽음을 예고하는 듯한 이 시를 보고 당시 옆에 있던 사람 중에 눈물을 흘리지 않는 사람이 없었다고 한다. 광해가 제주에 들어올 때 처음으로 땅을 밟았던 곳이 지금의 구좌읍 행원리 행원포구杏園浦口로 당시에는 '어등포於登浦'라 불리는 곳이었다. 올레길 제20코스의 중간 기착지인 이곳에는 '광해 임금의 유배, 첫 기착지'라고 새겨진 표시돌만 쓸쓸하게 서 있다. 광해가 위리안치圍籬安置(울타리를 둘러 그 밖으로 나가지 못하게 함)되었던 곳은 제주성의 서쪽 부근으로 알려져 있으나, 자료가 없어 정확한 위치를 확인하기는 어렵다. 다만 제주시 이도1동에 있는 국민은행 제주 중앙로 지점 자리를 광해 적거지로 추정하여 주차장 입구에 작품 돌로 표시를 해 놓았다.

바깥출입이 불가능할 정도로 심하게 감시를 받으면서 유배 생활을 하던 광해는 제주로 옮겨 온 지 4년 만인 1641년 7월 7일 세상을 떠난다. 당시 춘추가 67세였다. 광해가 세상을 떠날 당시 제주목사濟州牧使 이시방李時昉이 열쇠를 부수고 문을 열고 들어가 보니 곁을 지키던 계집종 혼자 염을 하고 있었다는 기록이 전해 온다. 30여 명에 이르는 군사들이 위리안치된 주위를 철저하게 지켰다고 하지만 그의 죽음을 전혀 몰랐을 정도로 내

팽개쳐져 있었음을 알 수 있다. 이 광경을 본 제주목사는 즉시 예를 차려 장례 준비를 하도록 하고 한양으로 소식을 알렸다.

광해의 사망 소식을 들은 인조는 대신들의 조회朝會를 3일 동안 거르고, 7일간 간단한 수라(소찬素饌)를 들면서 조의를 표했고, 예조참의禮曹參議 채유후蔡裕後를 보내 왕자의 예로 장례 준비를 해서 육지로 관을 호송해 오도록 명을 내린다. 그리고 살아생전 광해가 입버릇처럼 말하기를, "내가 죽으면 어머니의 무덤 발치에 묻어 달라"고 했다는 주위 사람들이 전하는 말에 따라 경기도 양주 적성동(경기도 남양주시 진건면 송릉동)에 왕자의 예로 모시고, 폐비 유씨도 이장을 해서 쌍분으로 조성했다.

기본적인 능묘 구도조차 지키지 않은…

경기도 남양주시에 자리 잡은 광해의 묘는 상당히 가파르고 높은 산등성에 자리하고 있어서 군왕의 능에 맞추어서 조성된 것이 아님을 쉽게 알 수 있다(경기도 남양주시 진건읍 송능리 337-3). 일반적으로 왕릉은 앞이 탁 트여 있으면서 경사가 가파르지 않고 평평하면서도 넓은 곳에 묘역을 잡는다. 홍살문, 참도參道, 정자각 등을 비롯한 갖가지 부속 시설과 건물을 설치할 정도의 공간을 확보해야 하기 때문이다. 그런데 광해의 묘를 이처럼 가파르고 높은 곳에 잡은 이유는, 다른 곳으로 옮기지 않고서는 왕릉에 걸맞은 설비를 갖추기 어렵도록 하기 위한 조치였을 가능성이 매우 크다.

광해의 묘역은 어머니 공빈 김씨의 묘소인 성묘成墓와 깊은 골짜기를 사이에 두고 있으며, 더 가파르고 더 높은 곳에 자리하고 있으니, 반정을 주도했던 사람들은 한때 자신이 모셨던 군왕의 유언조차 용납할 수 없었던 모양이다.

산꼭대기 가파른 비탈에 자리하고 있는 광해의 묘는 교통이 크게 발달한 지금도 찾아가기 매우 어렵다. 묘소의 위치를 알리는 홍보물 하나 없으며, 근처에서도 이정표를 찾기가 쉽지 않다. 서울에서 자가용을 타고 가면, 신내동 나들목에서 시작하여 화도읍 샛터 삼거리 나들목으로 연결되는 경춘북로 중 자동차 전용구간이 시작되는 사릉 나들목으로 내려와야 한다. 사릉 방향으로 1킬로미터 정도를 가면 사릉천을 건너는 송능교를 지나게 되고, 송능삼거리에서 좌회전을 하면 비로소 작은 길이 보인다. 자동차 한 대가 겨우 지나갈 정도의 길을 따라 북쪽으로 1.5킬로미터 정도를 가면 왼쪽 방향에 커다란 글씨로 '영락교회 공원묘원'이라고 쓴 두 개의 돌문이 서 있는데, 돌문 오른쪽 바로 옆 초라한 모양의 작은 판자에 '광해군묘'라고 쓴 푯말이 보인다. 여기까지 오는 동안 광해군묘로 가는 길을 알려 주는 표식은 합판으로 된 작은 판때기 한두 개가 전부이다.

교회 공원묘원 안으로 차를 몰아 꼬불꼬불하고 가파른 산길을 700여 미터 더 올라가면 철조망으로 둘러쳐지고 자물통으로 잠겨 있는 광해군묘 입구에 닿는다. 철조망과 입구 문도 묘역을 보호한다는 차원에서 최근에 만든 것인데, 사릉 관리소의 관할 지역이니 아래 전화번호로 연락하라는 안내문만 입구의 자물통 앞에 매달려 있다. 제대로 된 안내도 없고, 길은 좁고 험하며, 골짜기 전체가 근처 농장에서 내뿜는 가축의 배설물 냄새로 가득 차 있어 큰 작정을 하지 않고서는 찾아갈 엄두조차 내기 어렵다. 승

광해군묘 가는 길
광해군묘에 도착할 때까지 길을 알려 주는 표식은 작은 널빤지 한두 개가 전부이다.
묘소 위치를 알리는 홍보물도, 이정표도 없다.

자의 기록인 역사는 패자를 기억하지 않는다는 말을 실감할 수 있는 현장
이 바로 광해의 묘소가 아닐까 한다.

묘소 앞 제향 공간인 제절祭砌이 너무나 좁고 짧은 데다가 가파르고 험
한 능성에 자리하고 있는 광해군묘는 왕비의 능과 나란히 있는 쌍분 형태
를 갖추고 있다. 조선시대 왕이나 왕비의 능침은 병풍석과 난간석을 모두
두르고 있거나 최소한 둘 중 하나는 갖추고 있는데, 광해의 묘는 능묘의
크기도 작은 데다가 병풍석과 난간석조차 없고 오로지 흙과 잔디로만 봉
분이 조성되어 있어 눈시울을 뜨겁게 한다. 선조의 맏아들이었지만 포악

흙과 잔디로만 봉분된 광해와 폐비 유씨의 묘

광해군묘는 조선시대 능묘의 기본 원칙들이 모두 무시된 상태로 조성되었다. 역사는 승자의 기록이라는 말이 절로 떠오르게 하는 묘이다.

한 성정 때문에 세자의 자리에 오르지 못하고 나중에 친동생인 광해에 의해 죽임을 당한 임해군의 묘소에도 봉분을 보호하는 병풍석이 둘러져 있는데 말이다.

능묘 뒤로는 곡장이 둘러 있는데, 외부의 나쁜 것으로부터 능묘를 지키는 구실을 하는 호석虎石과 양석羊石 등은 어디에도 보이지 않는다. 또한 왕과 왕비의 능묘 앞에 놓이는 혼유석도 봉분과 동일한 구역인 상계上階가 아니라 아래 층계인 중계中階에 내려와 있다. 뿐만 아니라 혼유석은 지대석을 깔고 그 위에 네 개의 고석鼓石으로 받침을 하는 것이 보통인데, 앞의 두 개는 둥근 돌로 받침을 하고 뒤의 받침은 상계와 중계의 경계를 이루는 돌에 얹어 놓은 모양으로 되어 있어서 왕실 능묘의 규범을 따르지 않았다는 것을 알 수 있다. 두 개의 받침돌 역시 도깨비 모양의 조각 없이 밋밋하고 둥근 모양으로 되어 있을 뿐이다.

봉분 양쪽에 서 있는 망주석도 능침의 영역인 상계에 있어야 하지만 문인석과 함께 중계에 자리하고 있으며, 중계에 있어야 할 장명등은 오히려 하계에 놓여 있다. 혼유석과 망주석 등은 무덤의 주인을 위한 것이므로 상계에 놓이고, 장명등과 문인석 등은 무덤의 주인을 모시면서 그것을 지키는 구실을 하므로 바로 아래에 놓는 것인데, 광해군묘에서는 이런 원칙들이 모두 무시된 것이다. 반정 세력에 의해 군君으로 강봉된 탓에 기존의 왕릉 설비와 같게 할 수는 없었다 해도 능묘의 기본적인 구도조차 지키지 않은 것은 참으로 이해하기 어렵다.

조선의 왕 중 가장 치열하면서도 굴곡 심한 삶을 살았던 광해와 관련된 유적들은 무덤이 있는 경기도 남양주시, 처음 유배지였던 강화도와 이괄의 반란으로 옮겨 갔던 충남 태안, 난이 평정된 후 다시 유배되었던 교동도를 비롯하여 죽음을 맞은 제주도까지 폭넓게 분포하지만, 제대로 관리되지도 않을 뿐 아니라 사람들이 쉽게 접근하기도 어렵다. 광해의 능묘와 어머니의 능묘인 성묘成墓, 임해군의 묘역을 하나로 연결시켜 정비하고, 강화 교동도와 제주도 등지에 있는 유배 유적지를 자료와 고증을 바탕으로 복원하기를 바라는 마음이다.

손종흠 교수의
왕릉 역사 기행

2016년 10월 25일 초판 1쇄 발행
2018년 6월 10일   2쇄 발행

지은이 ㅣ 손종흠
펴낸이 ㅣ 노경인 · 김주영

펴낸곳 ㅣ 도서출판 앨피
출판등록 ㅣ 2004년 11월 23일 제2011-000087호
주소 ㅣ 우)07275 서울시 영등포구 영등포로 5길 19(37-1 동아프라임밸리) 1202-1호
전화 ㅣ 02-336-2776 팩스 ㅣ 0505-115-0525
블로그 ㅣ bolg.naver.com/lpbook12
전자우편 ㅣ lpbook12@naver.com

ISBN 979-11-87430-05-6